丛书编委会名单

主任

　　欧新黔（工业和信息产业部副部长）

　　李勇武（中国石油和化学工业协会会长）

副主任

　　王心芳（国家环境产业协会会长）

　　谢钟毓（国家核电技术有限公司独立董事）

　　辛国斌（工业和信息产业部产业政策司司长）

特邀委员

　　翁史烈（上海交通大学原校长，中国工程院院士）

　　陈　景（昆明贵金属研究所冶金专家，中国工程院院士）

　　洪定一（中国化工学会秘书长）

委员（按姓氏汉语拼音排序）

陈红雨	程　迪	方利国	方战强	胡惠仁
贾振航	姜献友	李宏煦	李来胜	李庆祥
李勇武	刘宏喜	罗海章	马学虎	欧新黔
潘正安	任官平	孙忠国	王汝武	王社斌
王文生	王文堂	王心芳	谢钟毓	辛国斌
徐世峰	殷云龙	张　红	周永青	

节能减排丛书

能源审计原理与实施方法

华南师范大学　中国环境科学学会　组织编写

方战强　任官平　主编

化学工业出版社

·北京·

本书讲述了能源、能源审计的基本概念及相关概念等基本知识，重点阐述了能源审计的基本原理、能源审计的基本方法、能源审计的基本程序等。本书又结合化工行业、钢铁行业、建材行业和电镀行业的特点讲述了行业特性，以及能源审计在各个行业中的应用特点，并结合典型案例进行了详细分析。在本书后面摘录了国家有关能源、能源审计的政策、法规。

本书可作为大专院校与能源有关专业的本科生教材、研究生和教师的参考书，又可作为节能服务单位和大型企业开展能源审计工作的指导书，以及能源管理部门工作人员的参考资料。

图书在版编目（CIP）数据

能源审计原理与实施方法/华南师范大学，中国环境科学学会组织编写．方战强，任官平主编．—北京：化学工业出版社，2008.2（2021.2重印）
（节能减排丛书）
ISBN 978-7-122-01953-0

Ⅰ. 能… Ⅱ. ①华…②中…③方…④任… Ⅲ. 能源-能源管理-审计 Ⅳ. F239.62

中国版本图书馆CIP数据核字（2008）第007542号

责任编辑：成荣霞		文字编辑：李锦侠	
责任校对：顾淑云		装帧设计：王晓宇	

出版发行：化学工业出版社（北京市东城区青年湖南街13号　邮政编码100011）
印　　装：北京七彩京通数码快印有限公司
720mm×1000mm　1/16　印张13¾　字数254千字　2021年2月北京第1版第11次印刷

购书咨询：010-64518888　　　　　　　　　　售后服务：010-64518899
网　　址：http://www.cip.com.cn
凡购买本书，如有缺损质量问题，本社销售中心负责调换。

定　价：49.00元　　　　　　　　　　　　　　　版权所有　违者必究

本书编写人员

李耀威（华南师范大学）

徐志广（华南师范大学）

张　臣（华南师范大学）

曾荣华（华南师范大学）

黄　虹（华南师范大学）

戴　凯（北京科信环能科技中心有限公司）

任官平（中国环境科学学会）

曾宝强（香港教育学院）

方战强（华南师范大学）

序一

改革开放以来,在党中央、国务院的领导下,我国经济建设、政治建设、文化建设、社会建设取得了举世瞩目的成就,人民生活快速步入小康水平。但伴随着经济的快速发展,资源匮乏、环境污染日益凸显,经济发展与资源环境的矛盾日趋尖锐。当前我国正处于工业化和城市化加速发展的阶段,经济总量已居世界前列,对资源的需求进一步增加。与此同时,靠大量消耗资源支撑的粗放经济增长模式使资源约束矛盾更加突出,环境形势十分严峻。各种污染物排放大大超过了环境承载能力,环境压力持续加大。各类生态系统整体功能下降,生态恶化的趋势没有得到有效遏制,水、大气、土壤等污染十分突出,生态破坏范围不断扩大,严重阻碍了经济社会的全面、协调、可持续发展。而这种状况与经济结构不合理、经济增长方式粗放密切相关。加快调整经济结构,转变经济增长方式,搞好节能减排,是实现经济社会全面、协调、可持续发展的迫切要求。

党的十七大提出要建设资源节约型、环境友好型社会,这是全面建设小康社会的基本目标,也是一项带有全局性的战略任务。"十一五"规划提出单位GDP能耗和主要污染物排放总量比"十五"期末分别降低20%左右、10%的约束性指标,这是贯彻科学发展观,构建社会主义和谐社会的重大举措,是建设资源节约型、环境友好型社会的重要任务,是推进经济结构调整、转变经济增长方式的客观要求,也是提高人民生活质量、维护中华民族长远利益的必然选择。实践已经证明并将继续证明,只有坚持节约发展、清洁发展、可持续发展,才能实现国民经济又好又快发展。

近年来,温室气体排放引起的全球气候变暖备受国际社会广泛关注。加强节能减排工作,已经成为各国应对全球气候变化的紧迫任务和重要手段。节能减排蕴含着发展理念、发展道路、发展模式的创新和提升,是应对资源短缺和环境容量有限挑战的必然选择。节能减排工作必须从现在做起,从重点领域、重点行业和重点企业抓起,把加强技术改造与淘汰落后生产能力结合起来。节能减排的途径主要有三个方面:一是厉行节约;二是调整产品和产业结构;三是大力推广节能减排技术。国家节能减排手段主要包括运用经济手段、法律手段、行政手段，建立健全节能减排的体制和机制；企业要在节能减排的体制机制的保证和作用下，综合运用管理手段和技术手段，达到节能减排目的。

为推动党和国家节能减排政策的落实，化学工业出版社组织编写了这套《节能减排丛书》，对高耗能、高排放行业的实用节能减排技术进行了系统阐述，拓宽了节能减排的思路，为企业节能减排提供具体的技术指导，有助于企业加快技术创新和技术进步，实现清洁生产，从而最终实现经济社会的全面、协调、可持续发展。

节能减排是一项长期的、艰巨的重大任务，需要全社会的共同努力和支持，应该成为国家、企事业单位和每个公民的自觉行为。我们要坚持不懈，时刻不忘节能减排工作，为我们、也为子孙后代永远保护好人类共有的美好家园。

2008 年 7 月

石油和化学工业作为为人类提供物质消费的重要基础产业，为世界经济发展做出了巨大的贡献，并在世界经济贸易中占有十分重要的地位。石油和化学工业在世界范围的投资、贸易和生产要素配置，使全球日益形成相互依存、彼此互补的完整产业链，构造出利益互补和生产者与消费者共赢的世界石油化工大格局。就我国来说，石油和化学工业是国民经济的重要支柱产业，为我国的经济发展做出了巨大贡献。

对石油和化学工业来说，石油、天然气、煤炭等能源既是燃料、动力，又是生产用的原材料。石油和化学工业是能源消耗和废弃物产生的大户，每年能源消费量约占全国消费量的17%，废水、废气和固体废物排放量分别占全国工业"三废"排放的21.9%、11%和8.4%。因此，节能减排是石油和化学工业可持续发展的必由之路。"十一五"及未来期间，我国的石油和化学工业将获得新的发展机遇，但资源和环境的压力也更大。石油和化学工业要坚决贯彻"节能优先、效率为本、煤为基础、多元发展、优化结构、保护环境、立足国内、对外开放"的32字方针，以保证国民经济和社会发展的需求。"十一五"也对石油和化学工业的发展提出了明确的目标：单位生产总值能源消耗降低20%、单位工业增加值用水量降低30%、工业固体废物综合利用率提高到60%、主要污染物排放总量减少10%。这就要求我们做到以下四点：一是全行业要把思想认识统一到中央的决策和部署上来，真正把节能减排工作作为行业和企业的头等大事来抓。二是要摸清能源消耗和污染排放的具体情况，制订切实可行的行业节能减排的工作方案。三是要找准工作的切入点，例如技术进步、人才培训、经验推广等。四是要借鉴国外经验，更好地发挥节能减排的市场作用。

通过技术进步实现节能减排是当前工作的关键。研究分析显示，技术进步对节能贡献率达到40%~60%。要提高能源利用效率，缩小与国际先进水平的差距，必须依靠科技进步，不断增强自主创新能力。要通过节能技术进步，推进以企业为主体的自主创新体系和创新型行业的建设。同时，要按照走新型工业化道路的要求，大力开发和推广节能减排的先进实用技术，重点是能源节约和替代技术、能量梯级利用技术、延长产业链和相关产业链接技术等等。化学工业出版社组织编写这套《节能减排丛书》，正是为了贯彻国家节能减排政策，指导企业进行节能减排技术改造。这套丛书立足于通过技术进步实现节能减排，详细介绍了相关行业已经成熟的节能减排技术，充分展现了符合现代发展理念的节能减排新技术，借鉴了许多国外的节能应用实例，必将为众多企业的节能减排工作提供广阔的视野和具体的技术指导。这套丛书涉及石化、冶金、交通、电力、轻工等多个行业，其中有炼油、烧碱、硫酸、化肥、炭黑、电石等多个分册涉及到石化行业。这套丛书的出版，必将有助于企业加快技术创新和技术进步的步伐。

节能减排工作需要全社会付出努力，并成为全社会的自觉行动。化学工业出版社组织编写的这套《节能减排丛书》，就是这种努力的一部分；为本丛书撰稿的专家学者以无私奉献的精神，付出了辛勤劳动，也是这种努力的一部分。出版社与作者值得尊敬的这些努力，必将有效促进节能减排先进技术的开发推广，进而推进石油和化学工业节能减排目标的更快、更好实现。

2008 年 7 月

本书序

我国改革开放以来,经济持续快速增长,各项建设事业都取得了巨大成就,实现了党和国家确定的预期目标。但我们也十分清醒地看到,在经济、社会快速发展的同时,也付出了昂贵的资源和环境代价,致使经济发展与资源环境的矛盾日趋尖锐,社会民众对此反应强烈。为了缓解和解决我国经济、社会发展与资源环境的矛盾,党和政府高度重视节能减排工作,并把这项工作作为当前加强宏观调控的重点,作为调整经济结构、转变增长方式的突破口,作为落实科学发展观和构建和谐社会的重要举措来抓,切实予以加强。

在这一新的形势下,华南师范大学和中国环境科学学会组织有关专家、教授编写了《能源审计原理与实施方法》一书,实在是适逢其时。该书就能源审计的概念、沿革;能源审计原理、标准和方法;能源审计程序以及审计报告编写等,在理论与实践相结合的基础上作出了具体、详尽的叙述,内容全面、系统、完整,是当前我国节能减排工作中所急需的重要参考书之一。

为了推动资源节约型、环境友好型社会建设,强化节能减排的监督管理,国家正在加强建立和完善节能减排指标体系、监测体系和考核体系;建立健全各项法规制度以及节能减排工作责任制和问责制;全面推动清洁生产,制定和发布重点行业清洁生产标准和评价指标体系;推动以企业为主体、产学研相结合的节能减排技术创新与成果转化体系建设等。我相信《能源审计原理与实施方法》一书的出版发行,必将对上述各项工作的开展起到积极的指导作用。

与此同时,该书还进行了钢铁、化工、建材等行业能源审计案例分析,为国家有关部门组织制订和执行主要高能耗产品能源环保限额强制性标准,淘汰高能耗行业的落后产能;为加强交通运输、农业机械、新建住宅、公共建筑等行业的节能降耗等工作提供了有价值的参考。该书也可作为有关管理工作者,科研教学人员的参考书。

21世纪是人与自然不断进行协调并逐步走向和谐的世纪。节能减排是保障能源安全和避免环境污染加剧最有效、最现实的选择,也是推进资源节约型、环境友好型社会建设的必然选择。节约能源资源、保护环境是一项长期而艰巨的任务,也是全社会共同的责任,需要动员全社会的力量积极参与,从现在做起,从我做起,为促进经济、社会、环境全面协调可持续发展而努力。

愿《能源审计原理与实施方法》一书的出版发行，能为节能减排目标的实现贡献一份力量。

2008 年 6 月

前言

"十一五"规划《纲要》提出的万元 GDP 能耗降低 20% 和主要污染物排放减少 10% 的目标，是具有法律效力的约束性指标。自 2006 年以来，全国上下加强了节能减排工作，国务院发布了加强节能工作的决定，制定了促进节能减排的一系列政策措施，各地区、各部门相继做出了工作部署，节能减排工作取得了积极进展。对重点用能单位加强监督，凡与政府有关部门签订节能减排目标责任书的企业，必须确保完成目标；对没有完成节能减排任务的企业，强制实行能源审计和清洁生产审核。

作为节能工作的关键环节，能源审计在工业、建筑业等高能耗部门能有效地提高能源使用率，对企业的能源资源投入产出过程进行全面的审计，可准确合理地分析评价企业的能源利用状况和水平，以实现对企业能源消耗情况的监督管理，保证国家能源的合理配置与使用，提高能源利用效率，保护环境，持续地发展经济。

为确保国家能耗指标的落实，重点高能耗企业必须开展能源审计和节能规划工作。为方便企业开展能源审计工作，华南师范大学和中国环境科学学会组织了一批专家，编写了《能源审计原理与实施方法》一书。这本书理论联系实际、内容丰富，可作为企业开展能源审计的指导书，也可以作为能源审计专业人员的参考书。

本书内容力求全面，涵盖了能源与能源审计的基本概念、能源审计的基本原理、能源审计的基本方法、能源审计的基本程序等。本书既注重基本理论的阐述，又注重理论联系实际，重点阐述了化工、钢铁、建材和电镀行业的能源审计特点，并结合典型案例分析了能源审计在各行业中的应用情况，具有较强的操作性和指导性。

本书是集体智慧与努力的结晶，参加编写的单位有华南师范大学、中国环境科学学会、北京科信环能科技中心有限公司、香港教育学院等。在本书的编写过程中，参考了一些单位和个人的著作和资料，在此谨向他们表示衷心的感谢。由于编者水平有限，书中欠妥与疏漏之处敬请广大读者批评指正。

编者

2008 年 5 月于广州大学城

目 录

第1章 能源审计概述 ··· 1
1.1 能源的概念及其分类 ··· 1
1.1.1 能源的定义 ··· 1
1.1.2 能源的分类 ··· 1
1.1.3 能源的作用 ··· 3
1.1.4 我国能源结构及其现状 ································· 5
1.1.5 我国能源消耗状况 ····································· 7
1.1.6 能源评价 ··· 9
1.1.7 能量 ·· 10
1.2 能源审计 ··· 11
1.2.1 能源审计概念和类型 ··································· 11
1.2.2 与能源审计有关的几个概念 ··························· 13
1.2.3 能源审计的基本功能 ··································· 16
1.2.4 能源审计的重要性 ····································· 18
1.3 能源审计标准与法律法规 ··································· 20
1.3.1 我国能源审计的法律法规依据 ························ 20
1.3.2 能源审计标准 ·· 22
1.4 能源审计的发展 ··· 23

第2章 企业能源审计的原理和方法 ······························· 25
2.1 企业能源审计思路 ·· 25
2.1.1 能源审计思路 ·· 25
2.1.2 企业能源利用的四个环节 ····························· 27
2.2 企业能源审计原理 ·· 29
2.2.1 物质和能量守恒原理 ·································· 29
2.2.2 能源成本分析原理 ····································· 35
2.2.3 分层嵌入原理 ·· 35
2.2.4 反复迭代原理 ·· 36
2.2.5 穷尽枚举原理 ·· 36
2.3 企业能源审计的方法 ·· 36

- 2.3.1 企业能源审计的基本方法 36
- 2.3.2 企业能源审计的分析方法 39
- 2.3.3 能源效率的计算分析 40
- 2.3.4 综合能耗指标核算 44
- 2.3.5 节能量和节能潜力的分析 45

第3章 能源审计程序 48
3.1 审计准备 48
- 3.1.1 审计任务的确定 48
- 3.1.2 组建审计工作小组 48
- 3.1.3 制订能源审计工作计划 49
- 3.1.4 开展宣传教育 49

3.2 预审计 51
- 3.2.1 现状调研 51
- 3.2.2 现场考察 52
- 3.2.3 评价能源消耗状况 53
- 3.2.4 确定审计重点 53
- 3.2.5 设置能源审计目标 54
- 3.2.6 提出和实施无费/低费节能方案 55

3.3 审计 55
- 3.3.1 编制审计重点的工艺流程图和能流图 56
- 3.3.2 实测输入能量流 57
- 3.3.3 建立能量平衡 57
- 3.3.4 分析能源消耗大和损耗大的原因 58
- 3.3.5 能源管理状况审计 59
- 3.3.6 提出和实施无费/低费方案 64

3.4 节能方案产生和筛选 64
- 3.4.1 征集节能方案 65
- 3.4.2 筛选节能方案 65
- 3.4.3 研制节能方案 66
- 3.4.4 继续实施无费/低费节能方案 67

3.5 确定实施节能方案——可行性分析 67
- 3.5.1 节能方案简述 67
- 3.5.2 市场预测 67
- 3.5.3 技术可行性分析 68
- 3.5.4 环境可行性分析 68

3.5.5　经济可行性分析 …………………………………………………… 69
　　3.5.6　确定实施节能方案 …………………………………………………… 69
3.6　节能方案的实施 ……………………………………………………………… 69
　　3.6.1　制定实施计划 ………………………………………………………… 69
　　3.6.2　节能方案实施 ………………………………………………………… 70
3.7　持续能源审计 ………………………………………………………………… 70
　　3.7.1　建立和完善能源审计的组织机构 …………………………………… 70
　　3.7.2　完善能源审计的管理制度 …………………………………………… 71
　　3.7.3　制订节能规划 ………………………………………………………… 71
3.8　编写能源审计报告 …………………………………………………………… 71

第4章　化工行业能源审计 ………………………………………………………… 74
4.1　化工行业的特点与能源审计的节能意义 …………………………………… 74
　　4.1.1　化工行业的特点 ……………………………………………………… 74
　　4.1.2　国外化工产业发展现状特征与趋势 ………………………………… 76
　　4.1.3　国内化工产业现状特征和趋势 ……………………………………… 78
　　4.1.4　化工行业的能源审计与节能意义 …………………………………… 81
4.2　化工行业能源审计的重点 …………………………………………………… 82
　　4.2.1　能源审计的重点 ……………………………………………………… 82
　　4.2.2　主要节能改造技术方法 ……………………………………………… 85
　　4.2.3　"十一五"化工节能重点 …………………………………………… 89
4.3　两家化工企业能源审计实例 ………………………………………………… 95
　　4.3.1　某一化工总厂能源审计报告（项目要点） ………………………… 95
　　4.3.2　某碱厂能源审计报告（项目要点） ………………………………… 97

第5章　钢铁行业能源审计 ………………………………………………………… 99
5.1　钢铁行业的特点及能耗现状 ………………………………………………… 99
　　5.1.1　钢铁行业的特点 ……………………………………………………… 99
　　5.1.2　我国钢铁工业能耗现状 ……………………………………………… 100
5.2　钢铁行业生产的主要工艺路线及节能分析 ………………………………… 101
　　5.2.1　技术层面 ……………………………………………………………… 101
　　5.2.2　结构层面 ……………………………………………………………… 102
　　5.2.3　低温余热回收节能 …………………………………………………… 102
　　5.2.4　冶金流程新技术 ……………………………………………………… 103
5.3　钢铁行业的能源审计步骤与节能技术 ……………………………………… 104

5.3.1　钢铁企业能源审计 ………………………………………… 104
　　5.3.2　主要耗能工艺节能技术与设备 …………………………… 105
5.4　某新建钢铁厂项目的能耗分析及节能措施 ………………………… 108
　　5.4.1　能源结构 …………………………………………………… 108
　　5.4.2　节能措施 …………………………………………………… 108
　　5.4.3　能源绩效分析与评价 ……………………………………… 110

第6章　建材行业能源审计 …………………………………………… 111
6.1　建材行业的发展概况和能源消耗状况 ……………………………… 112
　　6.1.1　建材行业的发展概况 ……………………………………… 112
　　6.1.2　建材行业能源消耗状况 …………………………………… 113
6.2　建材行业能源审计的节能意义 ……………………………………… 114
6.3　建材行业能源审计的重点与节能技术 ……………………………… 115
　　6.3.1　建材行业能源审计的重点 ………………………………… 115
　　6.3.2　建材行业主要节能技术 …………………………………… 117
　　6.3.3　水泥生产节能潜力分析 …………………………………… 118
　　6.3.4　陶瓷生产企业节能潜力分析 ……………………………… 121
　　6.3.5　"十一五"建材行业节能与技术创新重点 ………………… 125
6.4　某陶瓷厂能源审计案例分析 ………………………………………… 127
　　6.4.1　公司概况 …………………………………………………… 127
　　6.4.2　能源结构 …………………………………………………… 128
　　6.4.3　能源消耗水平分析 ………………………………………… 128
　　6.4.4　能源消耗存在的主要问题及节能潜力分析 ……………… 128
　　6.4.5　审计结论 …………………………………………………… 130

第7章　电镀行业能源审计 …………………………………………… 133
7.1　电镀行业特点及能源消耗现状 ……………………………………… 133
　　7.1.1　我国电镀行业的特点 ……………………………………… 133
　　7.1.2　电镀行业能耗现状 ………………………………………… 134
7.2　电镀行业主要的工艺路线及主要设备 ……………………………… 135
　　7.2.1　主要的工艺路线 …………………………………………… 135
　　7.2.2　主要设备 …………………………………………………… 135
　　7.2.3　主要工艺设备的采用和计算 ……………………………… 135
7.3　电镀行业能源审计 …………………………………………………… 137
　　7.3.1　电镀工艺能源审计 ………………………………………… 138
　　7.3.2　电镀设备能源审计 ………………………………………… 140

  7.3.3 操作控制能源审计 …………………………………… 145
 7.4 某电镀厂能源审计案例分析 ………………………………… 147

附录一 中华人民共和国节约能源法 ………………………………… 150

附录二 中华人民共和国可再生能源法 …………………………… 160

附录三 温家宝在全国节能减排工作电视电话会议上的
    讲话（摘要）………………………………………………… 165

附录四 国家发展改革委关于印发节能中长期专项规划的通知 ……… 170

附录五 国务院关于加强节能工作的决定 ………………………… 174

附录六 国务院关于印发节能减排综合性工作方案的通知 ………… 181

附录七 国家发展改革委办公厅关于印发企业能源审计报告和
    节能规划审核指南的通知 ………………………………… 193

附录八 民用建筑节能管理规定 …………………………………… 197

附录九 各种能源折标准煤参考系数 ……………………………… 200

参考文献 ……………………………………………………………… 201

第1章 能源审计概述

1.1 能源的概念及其分类

1.1.1 能源的定义

"能源"这一术语，过去人们谈论得很少，正是两次石油危机使它成为了人们议论的热点。那么，究竟什么是"能源"呢？关于能源的定义，目前约有20种。例如《科学技术百科全书》中指出："能源是可从其获得热、光和动力之类能量的资源"；《大英百科全书》中指出："能源是一个包括着所有燃料、流水、阳光和风的术语，人类用适当的转换手段便可让它为自己提供所需的能量"；《日本大百科全书》中指出："在各种生产活动中，我们利用热能、机械能、光能、电能等来做功，可用来作为这些能量源泉的自然界中的各种载体，称为能源"；我国《能源百科全书》中指出："能源是可以直接或经转换提供人类所需的光、热、动力等任一形式能量的载能体资源"。可见，能源是一种呈多种形式的，且可以相互转换的能量的源泉。确切而简单地说，能源是自然界中能为人类提供某种形式能量的物质资源。

《中华人民共和国节约能源法》中定义的能源，是指煤炭、原油、天然气、电力、焦炭、煤气、热力、成品油、液化石油气、生物质能和其他直接或者通过加工、转换而取得有用能的各种资源。

能源是经济发展的原动力，是现代文明的物质基础。凡是自然界存在的、通过科学技术手段能转换成各种形式能量（机械能、热能、电能、化学能、电磁能、原子核能等）的物质资源都叫能源。

能源不是一种单纯的物理概念，还含有技术经济的含意。也就是说，必须是技术经济上合理的那些可以得到能量的资源才能称之为能源。所以，能源的内容随时间在变化。我们现在指的能源，包括：天然矿物质燃料（煤炭、石油、天然气）；生物质能（薪柴、秸秆、动物干粪）；天然能（水能、地热、风力、潮汐能等）；以及这些能源的加工转换制品，如焦炭、各种石油制品、煤气、蒸汽与电力等。

1.1.2 能源的分类

人们通常按能源的形态特征或转换与应用的层次对它进行分类。世界能源委员会推荐的能源类型分为：固体燃料、液体燃料、气体燃料、水能、电能、太阳能、生物质能、风能、核能、海洋能和地热能。其中前三个类型统称为化石燃料或化石能源。已被人类认识的上述能源，在一定条件下可以转换为人们所需的某种形式的能量。比如薪柴和煤炭，把它们加热到一定温度，它们能和空气中的氧气化合并放出大量的热能。我们可以用热来取暖、做饭或制冷，也可以用热来产生蒸汽，用蒸汽推动汽轮机，使热能变成机械能；也可以用汽轮机带动发电机，使机械能变成电能；如果把电送到工厂、企业、机关、农牧林区和住户，它又可以转换成机械能、光能或热能。

(1) 按获得的方法分类

a. 一次能源　指存在于自然界，不经过加工或转换可直接利用的能源。如煤炭、石油、天然气、水能、太阳能等。

b. 二次能源　由一次能源经过加工转换而成的能源产品。如电能、蒸汽、煤气等。

c. 耗能工质　指在生产过程中所消耗的那种不作原料使用，也不进入产品，制取时需要消耗能源的工作物质，广义上说，它也属于二次能源的范围。

(2) 按地球上的能量来源分类

a. 地球本身蕴藏的能源　如地热能等。

b. 来自地球外天体的能源　如宇宙射线及太阳能，以及由太阳能引起的水能、风能、波浪能、海洋温差能、生物质能、光合作用能、化石燃料（如煤、石油、天然气等，它们是一亿年前由积存下来的有机物质转化而来的）等。

c. 地球与其他天体相互作用的能源　如潮汐能等。

(3) 按被利用的程度分类

a. 常规能源　其开发利用的时间长、技术成熟、能大量生产并广泛使用，如煤炭、石油、天然气、薪柴燃料、水能等。常规能源又称为传统能源。

b. 新能源　其开发利用得较少或正在研究开发之中，如太阳能、地热能、潮汐能、生物质能等。

(4) 按能否再生分类

a. 可再生能源　它不会随其本身的转化或人类利用而日益减少，如水能、风能、潮汐能、太阳能等。

b. 不可再生能源　它随人类的利用而日益减少，如石油、煤炭、天然气、核燃料等。

(5) 按能源本身性质分类

a. 含能体能源　其本身就是可提供能量的物质，如石油、天然气、煤炭等。它们可直接储存，因此便于运输和传输。含能体能源又称为载体能源。

b. 过程性能源　它们是指由可提供能量的物质的运动所产生的能源，如水能、风能、潮汐能、电能等，其特点是无法直接储存。

(6) 按能否作为燃料分类

a. 燃料能源　它们可以作为燃料使用，如各种矿物燃料、生物质燃料以及二次能源中的汽油、柴油、煤气等。

b. 非燃料能源 它们是不可以作为燃料使用的能源，其含义仅指不能燃烧，而非不能作为其他功能作用，如热能等。

(7) 按对环境的污染情况分类

a. 清洁能源 对环境无污染或污染很小的能源，如太阳能、水能、海洋能等。

b. 非清洁能源 对环境污染较大的能源，如煤、石油等。

1.1.3 能源的作用

(1) 能源与经济

能源是人类社会进步和经济发展的重要物质基础。我国自1978年实行改革开放政策以来，以较高的经济增长速度备受世界瞩目。在经济高速增长的同时，我国的能源消费也在大幅度的攀升。随着原油的普遍提价、各省市相继的拉闸限电，能源危机论也随之出现了。经济理论认为，发展中国家要获得较快的经济增长并在经济全球化中获得更多的利益，必须加快工业化进程。发展工业是以能源消耗为代价的，工业发展所带来能源消费变化的一般趋势是：从工业初期阶段向中期阶段发展的过程中，能源消耗密度增强，能源需求增长超过经济增长；在工业化的后期发展阶段，能源消耗密度下降，经济增长对能源的依赖也在下降。

能源弹性系数是表征经济增长和能源消耗的一个重要指标，能源弹性系数是在假定其他影响因素不变情况下，某一时期能源消费增长与经济增长的比例关系。在不同的经济发展时期，能源消费增长与经济增长应保持什么样的比例关系在理论上仍无定论。但是，发达国家经济发展经验表明，随着经济发展，能源弹性系数变化的轨迹呈明显的倒U字形状。在经济发展的初级阶段，能源弹性系数大于1，能源消费增长大于经济增长；在经济发展水平较高阶段，能源弹性系数小于1，即能源消费增长低于经济增长。在这个规律背后，实际上是经济结构变化在起作用；三次产业的比例关系是由农业为主转向以第二产业为主，再由以第二产业为主转向以第三产业为主。工业内部产业结构的变动顺序是由轻工业向重化工业转变，由重化工业向高技术高附加值产业转变。由于第二产业的发展比第一产业、第三产业需要更多能源的支撑，同时重化工业也比轻工业和高技术高附加值产业消费更多的能源，因而发展中国家在发展的初级阶段，经济增长的同时，经济结构在变化，能源消费量也在上升。换句话说经济结构的变化会影响能源弹性系数。能源弹性系数的高低除了与经济发展水平有关外，还受经济结构变动的影响。

我国处于向工业化中期发展阶段，经济的发展仍然主要靠工业带动，经济增长速度以年均9%左右的速度递增的同时，能源需求增长速度也很快。能源消费过于向工业集中，工业的比重有小幅度的变动，都会引起能源消费有较大幅度增减，使得经济结构变动对能源消费的影响作用大大增加。在经济增长高潮期，由于能源项目建设周期长，不能很快地提高生产能力，能源供给滞后，就会出现能源短缺的问题；在经济萧条时期，生产部门首先受到冲击，由于大部分能源消费集中在工业生产部门，工业增长速度的减缓，会使能源消费大幅度下降，乃至能源出现供大于求。因此，持续的经济高增长必然伴随着高能耗，能源的短缺在短期内也就成为了必然的现象。同时，波幅较大的经济结构变动对我国的能源消费结构也产生着非常重要的影响；第一产业比重的下降使煤炭消费需求大幅度下降，工业比重的上升带动了石油的消费需求，电力将因结构的变动和经济总水平的提高而成为中国的主要消费能源。

能源短缺对经济发展肯定会产生一定的影响，但经济结构的优化和调整与广泛运用节能技术，以资本与技术替代能源要素，不仅可以实现经济增长，而且可以降低单位 GDP 的能源消耗，使经济增长对能源要素投入的依赖性大大降低。可见，能源系统中能源消费增长将随着经济对能源资源依赖的逐渐饱和而下降是一个合理假设。因此，根据经济发展的一般规律，合理地调整经济结构，使得经济增长朝着低能耗的方向发展是可以解决能源短缺现状的，换句话说，在理论上从长期的和发展的角度来看，能源不会成为经济发展的瓶颈。

（2）能源与环境

能源的利用是引起环境变化的重要原因。人类是环境的产物，又是环境的改造者。人类在同自然界的斗争中不断地改造自然。但是由于人类认识能力和科学技术水平的限制，在改造环境的过程中，会造成对环境的污染和破坏。

任何一种能源的开发利用都会对环境造成一定的影响。例如水能的开发和利用可能会造成地面沉降、地震、生态系统变化；地热能的开发利用导致地下水污染和地面下沉。在诸多能源中，不可再生能源对环境的影响最为严重。

20 世纪是社会生产力和科学技术发展最快的一百年，全球人口与经济在迅猛增长。然而，由于人类大多数成就以破坏和污染自然环境为代价，或者以少数人的利益损害多数人的利益为代价，因此人类文明的胜利是局部的，伴随人类成就达到顶峰所带来的负面影响，也达到了普遍化和严重化的程度。世界第一次出现资源全面紧缺的现象，人口老龄化现象开始出现，世界环境污染和生态破坏成为全球性问题，环境问题第一次成为社会的中心问题，等等。生态危机和环境污染对人类生存提出的挑战是严峻的和全球性的，它再一次告诫我们：人类必须依赖自然界生活。

人类发展给自然界造成了创伤，但是不能为了弥补创伤就停滞乃至倒退。环境问题引发了人们对人类与环境的关系的哲学思考，人类不能只看到现实的利益，更应看到行为可能带来的长远后果。自然环境是个复杂动态的开放性系统，人们在任何区域的活动及其后果，都可能带来全球性的影响，因而要由全球来承担其行为所造成的后果。其实，在 20 世纪 60 年代，美国生物学家蕾切尔·卡逊就曾在其出版的《寂静的春天》一书中向世人展示了未来地球上的生命走向灭绝的暗淡图景，从而拉开了现代环境运动的序幕。环境哲学就是人类在惨遭工业文明非生态的发展模式之苦，全面地反思和纠偏传统的发展理念，进而追求和建构科学技术、经济、社会、环境和人类协调及可持续发展理念的产物。

(3) 能源与社会

社会生产力的发展历史伴随着能源不断发展的过程。人类社会的发展史，从火的利用开始就一直是能源利用的发展史。无论是人类社会的生产发展过程，还是当今世界各国的经济发展，都充分说明能源是社会和经济发展的必要条件。人类社会的一切生活和生产活动都要消费能源，人类社会的发展引起了能源消费的增长。近百年来，随着人口的增长和人均能源消费量的增加，人类对能源的消费总量急剧增加。

1.1.4　我国能源结构及其现状

(1) 能源更迭与社会发展

回顾人类的历史，可以明显地看出能源和人类社会发展间的密切关系。人类社会已经经历了三个能源时期，即薪柴时期、煤炭时期和石油时期。随着社会的发展，能源时期即将进入一个崭新的时期，即清洁能源时期。具体的时期分布如下。

从人类学会利用"火"开始到18世纪，这个时期可以称为薪柴时期。在这个时期内，人类主要以薪柴、秸秆和动物的排泄物等生物质燃料来烧饭和取暖，同时以人力、畜力和一小部分简单的风力和水力机械作动力，从事生产活动。这个以薪柴等生物质燃料为主要能源的时代，延续了很长时间，生产和生活水平都很低，社会发展也比较缓慢。

18世纪到20世纪为煤炭时期。这个时期主要以煤炭为主要能源，蒸汽机成为生产的主要动力，工业得到了迅速发展。特别是19世纪末，电力开始进入社会的各个领域，电动机代替了蒸汽机，电灯代替了油灯和蜡烛，电力成为工业的主要动力，成为生产和生活照明的主要来源，人类的生活水平和文化水平得到了极大的提高。这个时期的电力主要依靠煤炭作为主要燃料，因此，这个时期属于煤炭时期。

从20世纪到现在为石油时期，这个时期主要以石油为能源。特别是20世纪50年代，美国、中东、北非相继发现了巨大的油田和气田，于是很快从以煤炭为主要能源转换到以石油和天然气为主要能源。在这个时期，汽车、飞机、内燃机和远洋客货轮的迅速发展，极大地缩短了地区和国家之间的距离，也大大地促进了世界经济的发展。特别是近40年来，世界上许多国家依靠石油和天然气创造了人类历史上空前的物质文明。

进入21世纪，随着可控核反应的实现，核能将成为世界能源的主角。同时通过太阳能、风能的大力推广，我们相信，随着社会的发展，一个新的能源时期，即清洁能源时期即将到来。

(2) 我国能源现状

谈到我国的资源时，传统观念是地大物博，资源丰富。但是，根据新的能源发展观来判断，中国的能源现状是总量大、人均少、结构差、效率低，与经济发展需求有很大的差距。

截至2005年，全球能源剩余探明储量为：煤炭9090.6亿吨，石油1635.7亿吨，天然气179.85万亿立方米，可采年限分别约为：155年、40.6年、65.1年。截至2005年，我国煤炭、石油和天然气资源的储量分别为1145亿吨、21.8亿吨和2.35万亿立方米，在世界排名中分别为第三名、第十四名和第十七名，可采年限分别约为52年、12年和47年。由于我国人口众多，能源资源相对不足，人均拥有量远低于世界平均水平，煤炭、石油和天然气人均剩余可采储量分别为世界平均水平的58.6%、7.69%、7.05%。

我国能源资源的地区分布既普遍又相对集中。我国是以煤为主要能源的国家，2005年资源总量55965.63亿吨，资源保有量10077亿吨，含煤面积55万平方公里，资源探明率18%，经济可开发的剩余可采储量1145亿吨，在探明的化石能源储量中煤炭占94.3%。我国煤炭生产主要集中在华北地区，探明储量的64%集中在华北地区，接着是西北地区，占12%。2005年我国各区域煤炭产量分布见图1-1，产量最大的仍然是华北地区，占全国年总产量的40.98%。

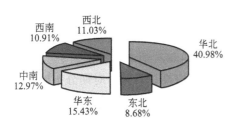

图1-1　2005年我国各区域煤炭产量分布

我国石油资源的分布极不均衡，勘探程度差别较大。目前石油探明储量多集中在黑、鲁、冀三省。这三省油田的探明储量约占全国的70%。位于黑龙江省的大庆油田是我国最大的油田，储量和产量约占全国的1/3。2005年我国五大千万吨级油田的原油产量分别是：大庆油田4495.1万吨、胜利油田2694.5万吨、克拉玛依油田1170万吨、新疆油田1165万吨、塔里木油田1033万吨。2005年我国主要油田的原油产量分布见图1-2。

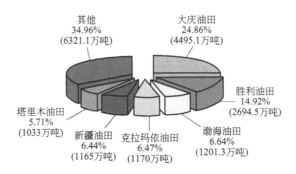

图1-2　2005年我国主要油田的原油产量分布

1.1.5 我国能源消耗状况

随着我国经济的飞速发展，能量需求量持续增长，目前我国已成为世界第二大能源消费国，能源消费总量约占世界能源消费总量的11%。改革开放以来，我国经济年均增长率为9.4%，消费年均增长率为4.2%，以较低的能源增长支持了较高的经济增长。我国能源自给率为94%，表明我国的能源消费主要靠国内供应。

从世界能源消费结构看，能源主要集中在煤炭、石油和天然气三种不可再生资源上。我国以煤为主是由能源资源条件决定的，根据煤多油少的能源资源特点，煤炭在相当长的时期内都将是能源消费的主力。虽然目前我国已成为全球第二大能源消费国，人均能源消费为1065千克煤，但仍低于世界平均水平（2055千克标准煤）的50%；同时，我国能源消费结构不平衡，石油在国民经济中的消费份额已由1985年的17.10%上升到2004年的22.7%，煤炭的消费量由1990年的76.2%下降到2004年的67.7%，水电的消费量由1978年的3.4%上升到2004年的7.0%。

从能源总量来看我国是世界第二大能源生产国和第二大能源消费国，能源消费主要靠国内供应，能源自给率为94%。2004年，我国一次能源消费总量为19.4亿吨标准煤，比2003年增长了15.2%。其中煤炭消费量（原煤）为18.7亿吨，原油为2.9亿吨，天然气为415亿立方米。

2005年，随着我国GDP强劲增长9.9%，我国能源生产和消费均创历史新高，能源生产和消费均突破20亿吨标准煤，能源消费量增长9.4%。相比2001～2004年，我国以较低的能源消费，支撑了较高的经济增长（见图1-3）。

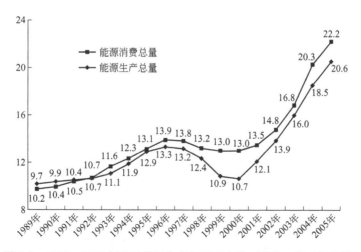

图1-3　1989～2005年我国能源生产和消费走势（单位：亿吨标准煤）

纵向比较我国的能源使用效率，自1980～2005年，我国单位GDP能耗持续下降，从1980年的4.02吨标准煤/万元GDP，下降到大约1.43吨标准煤/万元

GDP，能源使用效率大大提高，但是与世界平均水平仍然有很大的差距。2005 年，全世界能源消费强度（单位 GDP 产出消费的能源量）为 2.50 吨油当量/万美元 GDP，而我国为 8.77 吨油当量/万美元 GDP，是世界平均水平的 3.5 倍，是美国的 4.7 倍，法国的 6.8 倍，德国的 7.3 倍，日、英、意三国的近 8 倍。2005 年我国的能源消费量占世界消费总量的 14.75%，却只生产了占世界经济总量 4.20% 的 GDP。同一时期，美国使用 22.18% 的世界能源消耗量生产了 29.57% 的世界 GDP 总量（见图 1-4）。

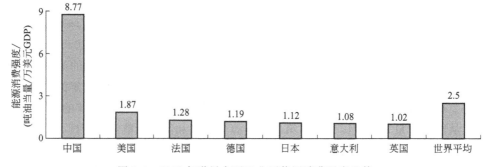

图 1-4　2005 年世界主要工业国能源消费强度比较

世界能源的消费趋势是能源消费弹性系数不断降低甚至为负。2005 年，除日本由于经济复苏缓慢，能源消耗依旧增长使得消费弹性系数较高之外，其他各工业国的能源消费弹性系数均低于过去 20 年的平均水平，其中美国、意大利、法国和德国的能源消费弹性系数均为负数（见图 1-5）。

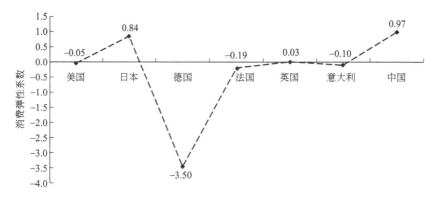

图 1-5　2005 年世界主要工业国能源消费弹性系数比较

与世界能源消费潮流相反，2001 年以来，随着我国经济新一轮的增长，我国的能源消费弹性系数每年都高于过去 20 年的平均水平。同时，我国主要大气污染物排放量一直保持较高水平。这表明我国的经济是以"高耗能、高污染、低效益"的粗放式发展，这种发展模式是不可持续的（见图 1-6）。

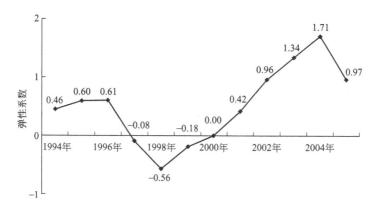

图 1-6　1994～2005 年我国能源弹性系数走势

1.1.6　能源评价

能源多种多样，各有优缺点。为了正确地选择和使用能源，必须对各种能源进行正确的评价。通常评价的方面有以下几项。

（1）储量

作为能源的一个必要条件是储量要足够丰富。在考察储量的同时还要对能源的可再生性和地理分布作出评价。比如太阳能、风能、水能等为可再生能源，而煤炭、石油、天然气则不能再生。能源的地理分布和使用关系密切，例如我国煤炭资源多在华北，水能资源多在西南，工业区却在东部沿海，因此能源的地理分布对使用很不利。

（2）储能的可能性与功能的连续性

储能的可能性是指能源不用时是否可以储存起来，需要时是否能立即供应。在这方面，化石燃料容易做到，而太阳能、风能则比较困难。功能的连续性，是指能否按需要和所需的速度连续不断地供给能量。

（3）能流密度

能流密度是指在一定空间或面积内，从某种能源中所能得到的能量。显然，如果能流密度小，就很难用作主要能源。太阳能和风能的能流密度就很小，各种常规能源的能流密度都比较大，核燃料的能流密度最大。

（4）开发费用和利用能源的设备费用

太阳能和风能不需要任何成本就可以得到。各种化石燃料从勘探、开采到加工都需要大量投资。但利用能源的设备费则正好相反，太阳能、风能和海洋能的利用设备费按每千瓦计远高于利用化石燃料的设备费。核电站的核燃料费远低于燃油电站，但其设备费却高得多。

（5）运输费与损耗

太阳能、风能和地热能等很难运输，但化石燃料却容易从产地输送到用户。核电站燃料的运输费极少，因为核燃料的能流密度是煤的几百倍，而燃煤电站的输送煤的费用却很高。

（6）品位问题

能源的品位有高低之分，例如水能能够转变为机械能和电能，它的品位要比先由化学能转变为热能，再由热能转换为机械能的化石燃料高些。另外，热机中，热能的温度越高、冷源的温度越低，则循环的热效率就越高，因此温度高的热源品位比温度低的热源高。在使用能源时，要适当安排不同品位的能源。

（7）污染问题

使用能源一定要考虑对环境的影响。化石燃料对环境的污染大，太阳能、风能对环境基本没有污染。

1.1.7 能量

"能量"在物理中的意义：能量是物理学中描写一个系统或一个过程的一个量。一个系统的能量可以被定义为从一个被定义的零能量的状态转换为该系统现状的功的总和。一个系统到底有多少能量在物理中并不是一个确定的值，它随着对这个系统的描写而变换。

举一个例子，我们观察一个质量为 1kg 的固体的能量。假如我们在研究经典力学而只对它的动能感兴趣的话，那么它的能量就是我们要将它从静止加速到它现有速度所加的功的总和。假如我们在研究热学而只对它的内能感兴趣的话，那么它的能量就是我们要将它从绝对零度加热到它现有温度所加的功的总和。假如我们在研究物理化学而只对它所含有的化学能感兴趣的话，那么它的能量就是我们在合成这个固体时对它的原料加入的功的总和。假如我们在研究原子物理而只对它所含的原子能感兴趣的话，那么它的能量就是我们从原子能为零的状态对它做功，使它达到现在状态的功的总和。

当然我们也可以用反过来的方法来定义这个固体所含的能量，举两个例子：该固体的内能是将它冷却到绝对零度所释放出来的功的总和；该固体的原子能是将它所含的所有原子能全部释放出来的功的总和，等等。可见，能量虽然是一个非常常用和非常基础的物理概念，但同时也是一个非常抽象和非常难定义的物理概念。事实上，物理学家一直到 19 世纪中期才真正理解能量这个概念。在此之前能量常常被与力、动量等概念相混。有一段时间里，物理学家使用过一个称为"活力"的、与能量非常相似的概念，其意思是一种使物体活泼起来（动起来、热起来）的力。英语中的"能量"一词"energy"是两个希腊词的组合："en"是"在……之中"的意思，"ergon"是"功、劳动"的意思。加在一起 en-ergon 就是"加进去的功"的意思。在物理学中，能量是最基础的概念之一，从开始的经典力学到宇宙学、相对论和量子力学,能量总是一个中心的概念。一般在常用语中或在科普读物中能量是指一个系统能够释放出来的,或者可以从中获得的、可以相当于做一定量的功。比如说1kg汽油含12kW·h能量,那么是指假如将1kg汽油中的化学能全部释放出来,可以做12kW·h的功。

能量在物理中的符号一般是E,其国际单位是焦耳(J)。除焦耳外常用的还有千瓦时(kW·h)和卡(cal):

$$1J = 0.24cal = 2.78 \times 10^{-7} kW \cdot h$$

除此之外在物理中,尤其在原子物理和粒子物理中还常使用电子伏特:

$$1eV = 1.60 \times 10^{-19} J$$

1.2 能源审计

1.2.1 能源审计概念和类型

能源审计是经济效益审计中的一项专业审计分支。能源审计是依据国家有关节能法律、法规和标准,由专门的审计机构对企业和其他用能单位能源利用的物理过程和财务过程进行检验、核查和分析评价。它是建立在一定的财务经济责任关系基础上的一种经济监督或公正证明的职能工作。能源审计由独立的审计人对被审计人履行能源管理的财务经济责任的情况,所进行的审查、判断、评价,并向审计授权人或委托人提出报告的一系列行为,它包括运用财务收支的各种经济手段,反映能源在财务、经营、管理各个环节的所有问题。能源审计主要是依据国家的能源政策、法律、法规和标准,对能源使用的合理性、法规运用的合法性、经济效益、能源使用的业务和管理体制进行审查、分析和评价,并将审计结论和决定通知被审计单位及其主管部门,并向审计授权人提出报告的一项能源经济活动。

1997年,国家质量技术监督局组织制定了国家标准《企业能源审计技术导则》(GB/T 17166—1997),按照该项标准,能源审计的定义应是能源审计单位依据国家有关节能法规和标准,对企业和其他用能单位能源利用的物理过程和财务过程进行的检验、核查和分析评价。

为了保证国家能源政策法规的贯彻执行,达到制止浪费、节能降耗,提高企业经济效益的目标,在对用能单位进行能源审计时,主要应对以下内容进行审计:

a. 用能单位的能源管理概况,包括能源管理制度、能源采购、出入库制度等;

b. 用能单位的用能概况及能源流程,主要包括各种能源的使用状况、能源管理和使用的流程及主要负责部门等;

c. 用能单位的能源计量及统计状况,包括能源计量器具的配备状况及精度、计量器具的检定周期、送检率及检定合格率、能源统计的准确率等;

d. 用能单位能源消费指标的计算分析,包括分品种的能源消耗数量、分品种的能源消耗及有关的分摊指标计算等；

　　e. 主要用能设备的运行效率计算分析，主要是针对主要用能设备的运行效率，根据统计资料进行计算和分析，找出存在的问题，对效率特别低的主要耗能设备应进行检测，找出问题，提出改进措施；

　　f. 产品综合能耗和产值能耗指标计算分析；

　　g. 能源成本指标计算分析；

　　h. 节能量计算；

　　i. 评审节能技改项目的财务和经济分析。

　　目前我国的能源审计工作刚刚起步，工作的重点仍放在能源指标方面，通过审计可使用能单位的能耗指标计算更加合理，对企业有效合理的利用能源起到监督的作用。目前我国还没有把能源审计工作作为能源管理方面的一项重要工作来抓，特别是我国尚未形成一套完整的审计机构和工作程序。为了提高我国能源审计机构的独立性、公正性和权威性，建议能源审计工作应由国家授权的独立机构来完成，而审计机构必须依据相应的法律、法规行使监督权力，促进用能单位节能管理水平的提高。

　　按照能源审计的翔实程度可分为初步能源审计和详细能源审计。

　　（1）初步能源审计

　　如果被审计单位的生产规模较小，生产工艺比较简单，往往可以在较短的时间内只做初步能源审计就可完成审计任务。初步能源审计包括两方面的工作：一是进行企业能源管理调查；二是进行能源数据调查、统计与分析。通过调查可以了解企业能源管理的实际状况，查明影响节能技术改造的因素，确定技改决策的标准。

　　（2）详细能源审计

　　如果企业规模大、能源系统复杂，进行初步能源审计后，还要对企业能源系统进行进一步分析与评审，即详细能源审计。首先要搜集企业能源信息，必要时通过能源监测补充一些重要数据；其次进行企业能量平衡分析，对重点耗能设备与系统进行分析，寻找可以节能的机会，提出节能技术改造方案，并对方案进行技术评价和环境效益评估，对重大节能技改项目要进行可行性研究、环保评价，还要讨论投资风险和资金筹措的问题；最后提出可行的节能方案建议，并出具能源审计报告。

　　能源审计按工作范围不同，可分为专项能源审计和全面能源审计。

　　（1）专项能源审计

　　经常应用的专项能源审计有节能技措项目审计和产品能耗性能指标审计。

　　① 节能技措项目审计　其审计内容主要是：项目投入总资金、节能量及节能效益、项目其他辅助效益及项目的财务经济分析评价。审计结果可为节能示范项目的验收和推广应用提供客观公正的依据。

　　② 产品能耗性能指标审计　其审计内容主要是：比较基准期产品的产量、产

值和能耗，审计期产品的产量、产值和能耗，生产系统主要耗能设备能源效率，企业产品能耗性能指标的分析评价。审计结果要提出产品能耗变化的原因。

（2）全面能源审计

企业全面能源审计是对企业全部用能状况进行的审计，其审计内容主要是：能源管理系统、能源计量系统、能源消耗和能源利用状况、节能技措项目及各项能耗性能指标的分析评价。

1.2.2　与能源审计有关的几个概念

（1）审计期（audit period）

指审计所考察的时间区段。一般考察期间为一年或其他特定的时间区段。

（2）能源效率

世界能源委员会在1995年出版的《应用高技术提高能效》中，把能源效率定义为："减少提供同等能源服务的能源投入"。一个国家的综合能源效率指标是增加单位GDP的能源需求，即单位产值能耗；部门能源效率指标分为经济指标和物理指标，前者为单位产值能耗，在工业部门物理指标为单位产品能耗，服务业和建筑业为单位面积能耗和人均能耗。

根据上述定义，衡量能源效率的指标可分为经济能源效率和物理能源效率两类。经济能源效率指标又可分为单位产值能耗和能源成本效率（效益）；物理能源效率指标可分为物理能源效率（热效率）和单位产品或服务能耗，见图1-7。

图 1-7　能源效率指标

① 能源成本效率　使用能源必须考虑能源费用成本，如果不计算成本，就可能出现物理能源效率高而成本效率低的结果，造成企业经济效益低。

国际上能源成本效率的计算和评估广泛采用寿命周期成本分析（life cycle cost analysis，LCC）方法。寿命成本分析是把一个项目在给定时期内的所有费用按贴现率折算成现值。寿命周期成本分析可以真实地反映节能的经济效益，是使节能与开发平等竞争的重要依据。

② 物理能源效率　物理能源效率通常用热效率来表示。联合国欧洲经济委员会的定义是：在使用能源（开采、加工、转换、储运和终端利用）的活动中所得到的起作用的能源量与实际消耗的能源量之比。按照这个定义，能源系统的总效率由三部分组成：一是开采效率，即能源储量的采收率；二是中间环节效率，包括加工

转换效率和储运效率;三是终端利用效率,即终端用户得到的有用能源量与过程开始时输入的能源量之比。

(3) 节能

《中华人民共和国节能法》中定义的节能是指加强用能管理,采取技术上可行、经济上合理以及环境和社会可以承受的措施,减少从能源生产到消费各个环节中的损失和浪费,更加有效、合理地利用能源。

这个定义参考了第13届世界能源会议对节能所下的定义。它包含了5层意思。

第一,加强用能管理。是指国家通过制定节能法律、政策和标准体系,实施必要的管理行为和节能措施;用能单位注重提高节能管理水平,运用现代化的管理方法,减少能源利用过程中的各项损失和浪费。加强管理是节能的重要途径。20世纪80年代以前,我国工业企业普遍存在着能源管理无制度、使用无计量、消耗无定额的现象,被人们形象地称为"电糊涂"、"煤糊涂"、"油糊涂"等。我国的节能工作就是从抓管理开始的,管理对于节能有着十分突出的重要地位。这也是《节能法》在节能定义中"把管理放在突出位置"的原因所在。

第二,技术上可行。是指符合现代科学原理和先进工艺制造水平。技术上可行是实现节能的前提。这个问题的道理再简单不过,任何节能措施,如果在技术上不可行,它不仅不具有节能效果,甚至还会造成能源浪费,造成经济上的损失,严重的还可能造成安全事故等。

第三,经济上合理。是指经过技术经济论证,投入和产出的比例合理,经济效益好。通俗来讲就是节能要节钱。有一些节能措施具有明显的节能效果,但是没有经济效益,也就是节能不节钱,甚至节能费钱。

第四,环境和社会可以接受。是指符合环境保护要求。节能措施要安全实用、操作方便、价格合理、质量可靠,并符合人们的生活习惯。

如果某项节能措施不符合环保要求,即使经济上合理,也不能作为法律意义上的节能措施加以推广。夏时制是一项非常有效的节能措施,实行夏时制可以充分利用太阳光照,节约照明用电,现在好多国家特别是西方发达国家都在实行。而在我国就没有推广,为什么?主要原因是不符合我们的生活习惯。

第五,从能源生产到消费各个环节更加有效、合理地利用能源。能源生产到消费各个环节是指对生产、加工、转换、输送、供应、储存,一直到终端使用等所有过程。在所有的环节中,都要对能源的使用做到综合评价、合理布局、按质用能、综合利用,对于终端用能设备做到高效率并符合环保要求,经济效益好。

节能的根本,是强调更加有效合理地利用能源,进一步说就是通过节能让我们自己生活得更加便利、便捷、舒适、美好。省着电钱买眼镜在什么情况下都是不可取的,封车节油可以作为应付石油短缺的应急措施,但不是节油措施,就像粮食不足每顿吃个半饱不是节约粮食一样。只有真正理解了节能的含义,才能准确地把握节能的方向和重点。

（4）节能量与节能率

节能量是统计报告期内能源消耗量与按比较基准值计算的总量之差。这个比较基准值根据不同的目标和要求，可选择单位产品能耗、单位产值能耗等作为比较的基准。节能量就是节约能源消耗的数量，是指在生产的一定可比条件下，采取了相应的节能措施后，所获得的节约能源消耗的数量指标，而不是某个企业或某个地区能源消耗总量的简单增加或减少。

计算的节能量有两种，一是当年节能量，即当年与上一年相比，节约能源的数量；另一个是累计节能量，即以某个年份为基数，在它达到的节能水平基础上，逐年的节能量之和。

节能率是在生产的一定可比条件下，采取节能措施之后节约能源的数量，与未采取节能措施之前能源消耗量的比值。它表示所采取的节能措施对能源消耗的节约程度，也可以理解为能源利用水平提高的幅度。节能率的计算也分为当年节能率和累计节能率两个指标。

（5）节能监测

节能监测是指依据国家有关能源节约的法规（或行业、地方规定）和能源标准，对用能单位的能源利用状况进行的监督检查、测试和评价工作。

能源利用状况是指用能单位在能源转换、输配和利用系统的设备及网络配置上的合理性与实际运行状况、工艺及设备技术性能的先进性及实际运行操作水平，能源购销、分配、使用管理的科学性等方面所反映的实际耗能情况及用能水平。

节能监测的最终目的是要求企业改进自己的能源管理措施，改进用能状况，提高能源利用效率，减少能源环境污染。节能监测国家标准要求节能监测结构在作出"合格"或"不合格"判断的同时，应当向企业提出改进的建议，指出改进的途径。

（6）合同能源管理

自20世纪70年代中期以来，一种新型的市场化节能机制——"合同能源管理"在市场经济国家逐步发展起来，尤其是在美国、加拿大和欧洲迅速发展。

合同能源管理（energy performance contracting，EPC）是一种基于市场的、全新的节能新机制，其实质是一种以减少的能源费用来支付节能项目全部成本的节能投资方式。这样一种节能投资方式允许用户使用未来的节能收益为工厂和设备升级，以及降低目前的运行成本。

合同能源管理机制的特点主要有：

a. 面向市场的节能投资新机制；

b. 以减少的能源费用来支付节能项目的投资；

c. 允许客户使用未来的节能收益实施节能项目；

d. 帮助企业排除节能项目的资金和技术障碍，促进节能项目的实施。

合同能源管理机制的运作模式包括节能效益分享型、节能量保证型和能源费用托管型三种商业运作模式。

其中节能效益分享型是指合同能源管理机构提供节能项目资金，合同期内合同能源管理机构与客户按照合同约定分享节能效益，合同结束后设备和节能效益全部归客户所有。

节能量保证型是指客户提供全部或部分项目资金，合同能源管理机构实施节能项目，若没有达到承诺的节能量，合同能源管理机构赔付全部未达到的节能量的经济损失。

能源费用托管型是指合同能源管理机构为客户管理和改造能源系统，合同能源管理机构的经济效益来自能源费用的节约，客户的收益来自能源费用的减少。

（7）能源审计报告

能源审计报告是能源审计工作的书面总结。它提供了能源审计工作中的有关信息和评价结论。审计工作每一步骤的方法、过程和结论都清楚、详细地包含在能源审计报告中。

我国《企业能源审计报告审核指南》中规定，企业能源审计报告必须涵盖以下内容，未能涵盖的，应视为报告不完整，建议进行修改。

① 企业概况（含能源管理概况、用能管理概况及能源流程）。
② 企业的能源计量及统计状况。
③ 主要用能设备运行效率监测分析。
④ 企业能源消耗指标计算分析。
⑤ 重点工艺能耗指标与单位产品能耗指标计算分析。
⑥ 产值能耗指标与能源成本指标计算分析。
⑦ 节能效果与考核指标计算分析。
⑧ 影响能源消耗变化因素的分析。
⑨ 节能技术改进项目的经济效益评价。
⑩ 企业合理用能的建议与意见。

并且要求能源审计报告要企业法人代表签字确认，以确保能源审计报告内容的真实可靠。

1.2.3 能源审计的基本功能

能源审计是能源监测的一种形式。能源审计是对企业的整体节能管理、能源利用状况及能源效益等方面进行督查、检测及综合分析评价，并提出节能改进措施的活动。实践证明，能源审计是政府加强对企业的用能情况实行有效监督、服务，以达到引导企业节能降耗、提高经济效益的一种行之有效的办法。开展能源审计工作，在当前至少有以下几方面的作用。

① 国家能源监管的有效手段。能源审计是在市场经济条件下政府加强能源监

管的有效手段。政府通过能源审计,可以准确合理地分析评价本国的能源开发利用状况和水平,以实现对能源消耗状况的监督管理,保证国家能源的合理配置使用,提高能源利用效率,节约能源,保护环境,实现经济的可持续发展。

② 对企业的能源消费进行监督和考核。通过能源审计督促企业建立内部节能基础管理制度,有效推进企业依法节能自我约束机制的建立。能源审计督促企业建立能耗与奖惩相结合的考核制度,加强和完善对产品能源消耗的考核,降低产品能耗,提高能源利用效率。

③ 对企业组织生产与进行能源管理发挥指导作用。企业通过能源审计可以使企业的生产组织者、管理者真实地了解本企业的能源利用状况、能源管理水平以及存在的薄弱环节,不断地降低能源消耗和生产成本,达到提高能源管理水平和经济效益的目的。

④ 服务功能。对政府来说,是节能管理的很好手段;对企业来说,是节能降耗的有效方法;对节能技术服务行业来说,是在新形势下寻找新的工作出路、开辟新的节能服务领域、不断提高节能技术服务工作档次和水平,更好地为企业和政府做好"两个服务"的作用。

随着我国社会主义市场经济体制的建立与完善,能源审计作为推进节能与提高能效的有效手段,其在推动节约型社会建设方面的意义是巨大的。能源审计有助于形成全社会共同节约能源的机制,调动各个微观主体节能的积极性。能源审计工作的加强必将对节能工作起到更加积极的促进作用。

能源审计评价与节能监测不同,但可以包容节能检测的内容。能源审计是在现场全面考察、进行统计计量分析、实施必要检测的基础上,并依据有效的客观尺度对审计单位的能源利用状况进行的评价判断。节能监测的重点,是企业的重点用能系统或重点用能设备,并以几个有代表性的技术参数的水平来评价其能源性能、作为节能行政执法的依据;节能监测考察的重点是用能系统或设备的技术方面,能源审计不仅要评估技术内容,还要研究生产组织和经营管理;节能监测主要是考察有代表性的瞬时状况,能源审计则是重点研究一个特定的时间段,是对一个时期平均状况的检测、考核和评价。企业能源审计有其时段性、整体性及系统配置全面优化方面的特点。

能源审计是科学地、规范地对用能单位能源利用状况进行的定量分析,是对能源效率、消耗水平及能源经济效果与环境影响的客观评价。

随着我国经济体制改革的逐步深化,为适应市场经济运行规律的要求,企业能源审计作为市场经济条件下推进节能与提高能效的有效办法,是最适合目前体制下对能源管理的新要求的。为了规范节能市场,推进节能向产业化发展,调动企业加强节能管理和进行节能技改的积极性,通过企业能源审计来建立节能确认机制,为实施合同能源管理、节能奖励办法提供依据,也是企业取得政府节能优惠政策、基金援助和节能技改优惠贷款的依据。所以企业能源审计方法不仅适用于政府对企业用能的宏观监督与管理,更适用于企业对能源和物料的合理配置使用、节能降耗、降低成本、提高能效。我国节能法规体系建设和法制管理正逐步加强,同时具有"监管职能"、"公正职能"、"服务职能"的企业能源审计,必将对节能工作起到更加积极的促进作用。

1.2.4 能源审计的重要性

企业能源审计是一套集企业能源核算系统、合理用能的评价体系和企业能源利用状况审核考察机制为一体的科学方法,它科学规范地对用能单位能源利用状况进行定量分析,对企业能源利用效率、消耗水平、能源经济与环境效果进行审计、监测、诊断和评价,从而寻求节能潜力与机会。它的基本原理是依据企业的能量平衡原理、物料平衡原理、能源成本分析原理、工程经济与环境分析原理以及能源利用系统优化配置原理。

开展企业能源审计的基本方法,便是依据上述基本原理,对企业的能耗、物耗的投入产出情况进行审计、诊断、评价。企业能源审计的具体实施,就是以企业经营活动中能源的收入、支出的财务账目和反映企业内部消费状况的台账、报表、凭证、运行记录及有关的内部管理制度为基础,以国家的能源政策、能源法规、法令,各种能源标准,技术评价指标、国内外先进水平评价标准为依据,并结合现场设备测试,对企业的能源使用状况系统地审计、分析和评价。能源审计的主要方法包括产品产量的核定、能源消耗数据的核算、能源价格与成本的核定、企业能源审计结果的分析等。

企业通过能源审计可以掌握本企业能源管理状况及用能水平,排查节能障碍和浪费环节,寻找节能机会与潜力,以降低生产成本,提高经济效益。所以企业能源审计方法既适用于政府对企业用能的宏观监督与管理,也适用于企业对能源和物料的合理配置使用、节能降耗、降低成本、提高能效。

能源审计是发达国家20世纪70年代末期开始倡导的由政府推动节能活动的一种管理方法。它是由专职的能源审计机构或具备资格的能源审计人员受政府主管部门或有关部门的委托,对用能单位的部分或全部能源活动进行检查、诊断、审核,对能源利用的合理性作出评价,并提出改进措施的建议,以增强政府对用能活动的监控能力和提高能源利用的经济效果。能源审计通常是制定和实施节能技术方案的一个必备步骤,还可以作为取得政府和有关部门财政援助、税收优惠和筹集节能资金资格的一个信贷保证。20世纪80年代以来,随着能效市场的发展能源审计已扩展到商业性的咨询服务领域,如电力公司和能源服务公司把对企业的用电审计作为实施DSM计划的一个先行步骤。

中国政府在20世纪80年代开始实行大规模的企业能源审计活动,是政府推动节能活动的一个主要工具，收到了显著的节能效果。主要进行了企业能源计量和企业能量平衡验收定级审计，企业能源消费总量、主要产品单耗、节能量的校核性审计，企业能源管理评价和节能定级审计，节能先进企业和个人的表彰奖励审计等。1989年中国政府与亚洲开发银行签署了开展企业能源审计的工业节能技术援助协议（TA-1021），由国家计委组织中国专家与国际专家合作在纺织、造纸、炼油、水泥和化肥五个行业的试点工厂开展了企业能源审计，并获得1.06亿美元的节能技术贷款。除包括企业能源管理评价、产品能耗校核、节能效果审定外，以节能潜力分析、节能措施诊断、节能措施经济评价、国际节能贷款的可行性为重点审计对象。这是我国首次成功开展的大型能源审计活动，历时3年，为寻求适合中国市场经济特点的能源审计方法提供了有价值的经验。1994年亚行援华工业节能项目（TA-2087）又对八个工厂进行了能源审计，并贷款1.87亿美元进行节能技术改造。随着政企分开的改革和市场化取向的加强，1993年以后基本上停止了由政府主导的能源审计活动。

能源审计在国际上已经得到了广泛的应用，一些国家和机构把能源审计用来作为寻求节能机会、安排节能技术措施项目的依据；有些国家和组织利用能源审计作为改进企业自身能源管理，寻求节能潜力的方法。国外采取的能源审计方法主要是以第三方专家的实地调查为基础，进行能源消费的统计计量分析，有针对性地进行必要的检测，通过专家的分析与经验判断作出能源审计的评价结果，提出具体的改进建议。

从某种意义上讲，企业能源审计是被我国日趋严峻的能源形势逼出来的。有关分析人士认为，开展能源审计的目标在于政府出手，推动企业节能降耗。

从宏观上看，我国正处于工业化、城镇化加快发展的重要阶段，能源已成为当前制约经济社会发展的主要瓶颈。在能源供求关系偏紧的同时，由于增长方式粗放，结构调整进展缓慢，一些高耗能行业发展较快，使我国单位GDP能源消耗比世界平均水平高出许多。比如，我国水泥行业综合能耗比世界平均水平高出1/5，钢铁行业大中型企业吨钢能耗高出1/6，电力行业火电供电煤耗高出1/5。

就微观层面来讲，能耗的居高不下实际上是吞噬了企业的利润。因此，企业节能降耗既是全社会节能的关键所在，也是提高企业自身竞争力的客观需要。在全社会的能源消耗中，企业是大头。近几年，在全社会能源消费总量中，工业企业用能占比达七成以上。而在工业中，钢铁、建材、化工、石油加工和有色金属五大行业能耗约占全部工业能耗的69%。

能源审计需要创新。有关专家认为，要使企业能源审计取得应有的效果，必须将审计方法与能源管理相结合，进行必要的创新。具体来说，可以在以下几方面努力。

首先，督促企业建立规范的能源管理体系。重点耗能企业应强化基础管理工作，搞好企业成本核算，特别是完善能源消耗计量、统计制度；建立健全原始记录和统计台账。企业财务人员应向管理层提供能耗变化对当期利润的影响分析数据，从而让管理层感受到节能降耗的压力。

其次，促进有关部门的能源审计信息共享。长期以来，我国审计部门一直以企业财务审计为主，专业的能源审计人才相对缺乏。统计部门中能源统计的力量也相当薄弱，据有关数据显示，全国有一半的省区尚无专职的能源统计人员。如果能将企业能源审计的计量、统计、审计等机构的力量相结合，实现信息共享，将可以起到事半功倍的成效。

再次，将能源审计与企业发展和企业领导人考核相联系。节能工作"说起来重要，忙起来不要"的情况，在许多能耗大户中并不鲜见，许多企业只求产品产量、销量，不管能耗高低。实际上，这是因为企业的管理层没有看到降低能耗就是提升利润，而且还应将企业能耗情况作为国有大中型企业负责人经营业绩考核的重要内容，使节能降耗成为政府、企业和社会各方面的共同任务。

能源审计是一种专业性的审计活动，它为节能管理提供了一种有效的评价方法与模式。政府通过能源审计对用能大户进行监管，达到合理使用资源、节约能源、保护环境、持续发展经济的目的；企业通过能源审计实现科学用能管理、节约能源、降低成本、增强竞争力的效果。

通过能源审计不仅可以摸清企业家底，找到能耗居高不下的根源，从而降低成本提升效益，而且，还能为企业今后的能源管理培养专门人才。

能源审计对实现我国"十一五"单位 GDP 能耗下降 20% 的目标有着重要作用。把能效标准作为强制性门槛，将遏制高耗能行业过快增长，也将促使企业追求科技进步，实现"绿色发展"。这表示，今后能源审计的范围将逐步扩大，目前已经从年用能超过 18 万吨的重点企业，扩展到 1 万吨、甚至 5000 t 的用能单位，最终会成为一种持续的日常工作。

1.3 能源审计标准与法律法规

1.3.1 我国能源审计的法律法规依据

《中华人民共和国节约能源法》经过十余年的准备、起草、修改，于 1997 年 11 月 1 日全国人民代表大会常务委员会第二十八次会议通过，1998 年 1 月 1 日开始执行；2007 年 10 月 28 日经第十届全国人民代表大会常务委员会第十三次会议修订，将于 2008 年 4 月 1 日起开始实施。

在该法律中明确规定："节约资源是我国的基本国策。国家实施节约与开发并举、把节约放在首位的能源发展战略。国务院和县级以上地方各级人民政府应当将节能工作纳入国民经济和社会发展规划、年度计划，并组织编制和实施节能中长期专项规划、年度节能计划。国家实行有利于节能和环境保护的产业政策，限制发展高耗能、高污染行业，发展节能环保型产业。国务院和省、自治区、直辖市人民政府应当加强节能工作，合理调整产业结构、企业结构、产品结构和能源消费结构，推动企业降低单位产值能耗和单位产品能耗，淘汰落后的生产能力，改进能源的开发、加工、转换、输送、储存和供应，提高能源利用效率。国家鼓励、支持开发和利用新能源、可再生资源。用能单位应当按照合理用能的原则，加强节能管理，制定并组织实施本单位的节能技术措施，降低能耗。用能单位应当建立节能目标责任制，对节能工作取得成绩的集体、个人给予奖励。用能单位应当定期开展节能教育和岗位节能培训。用能单位应当加强能源计量管理，按照规定配备和使用经依法检定合格的能源计量器具。用能单位应当建立能源消费统计和能源利用状况分析制度，对各类能源的消费实行分类计量和统计，并确保能源消费统计数据真实、完整。能源生产经营单位不得向本单位职工无偿提供能源"。这些规定都为企业开展能源审计工作提供了法律依据。对于企业来讲，施行节能措施的前提就是进行能源审计，通过能源审计，对企业整个生产过程的能源利用情况进行详细的调查分析，找出能耗高的原因，并提出节能措施加以实施。因此，企业进行能源审计是企业开展节能的前提和主要途径。

《中华人民共和国可再生能源法》，2005年2月28日颁布，于2006年1月1日起实施。在该法律中明确了国家鼓励和发展可再生能源，并给予政策和资金上的支持。

1999年3月10日国家经济贸易委员会发布的《重点用能单位节能管理办法》中规定，年综合能源消费量1万吨标准煤以上（含1万吨，下同）的用能单位为重点用能单位，重点用能单位应建立能源消费统计和能源利用状况报告制度。重点用能单位应指定专人负责能源统计，建立健全原始记录和统计台账。重点用能单位应在每年1月底前向主管经济贸易委员会报送上一年度的能源利用状况报告。报告应包括能源购入、能源加工转换与消费、单位产品能耗、主要耗能设备和工艺能耗、能源利用效率、能源管理、节能措施和节能经济效益分析、预测能源消费等。

《国家发展改革委关于印发节能中长期专项规划的通知》，发改环发〔2004〕2505号中规定：落实《重点用能单位节能管理办法》和《节约用电管理办法》，加强对年耗能1万吨标准煤以上重点用能单位的节能管理和监督。组织对重点用能单位能源利用状况的监督检查和主要耗能设备、工艺系统的检测，定期公布重点用能单位名单、重点用能单位能源利用状况及与国内外同类企业先进水平的比较情况，做好对重点用能单位节能管理人员的培训。重点用能单位应设立能源管理岗位，聘用符合条件的能源管理人员，加强对本单位能源利用状况的监督检查，建立节能工作责任制，健全能源计量管理、能源统计和能源利用状况分析制度，促进企业节能降耗水平的提高。

2006年1月1日起施行的《国务院关于加强节能工作的决定》中规定：建立固定资产投资项目节能评估和审查制度。有关部门和地方人民政府要对固定资产投资项目（含新建、改建、扩建项目）进行节能评估和审查。对未进行节能审查或未能通过节能审查的项目一律不得审批、核准，从源头杜绝能源的浪费。对擅自批准项目建设的，要依法依规追究直接责任人的责任。发展改革委要会同有关部门制定固定资产投资项目节能评估和审查的具体办法。

《国家发展改革委办公厅关于印发企业能源审计报告和节能规划审核指南的通知》，发改办环资〔2006〕2816号，2006年12月6日，根据《千家企业节能行动实施方案》的要求，为指导千家企业开展能源审计和编制节能规划，并规范相关审核工作，现将《企业能源审计报告审核指南》和《企业节能规划审核指南》印发给你们，请在审核工作中参照执行。在该通知中，把企业能源审计报告的有关审核内容和企业节能规划审核的主要内容进行了统一的规定，为开展企业能源审计提供了具体的操作依据。

《国务院关于印发节能减排综合性工作方案的通知》，国发〔2007〕15号；加快建立项目节能评估和审查制度，组织编制《固定资产投资项目节能评估和审查指南》，加强对地方开展"能评"。"十一五"期间全国千家重点耗能企业实现节能1亿吨标准煤，今年实现节能2000万吨标准煤。加强对重点企业节能减排工作的检查和指导，进一步落实目标责任，完善节能减排计量和统计，组织开展节能减排设备检测，编制节能减排规划。重点耗能企业建立能源管理制度。实行重点耗能企业能源审计和能源利用状况报告及公告制度，对未完成节能目标责任任务的企业，强制实行能源审计。今年要启动重点企业与国际国内同行业能耗先进水平对标活动，推动企业加大结构调整和技术改造力度，提高节能管理水平。中央企业全面推进创建资源节约型企业活动，推广典型经验和做法。

1.3.2 能源审计标准

根据文献查阅，目前我国还未建立一套能源审计的标准。与能源审计有关的标准主要有：

GB 3484—90　企业能量平衡通则

GB 15316—1994　节能监测技术通则

GB/T 2588—81　设备热效率计算通则

GB/T 2589—90　综合能耗计算通则

GB/T 6422—86　企业能耗计量与测试导则

GB/T 13234—91　企业节能量计算方法

GB/T 15587—1995　工业企业能源管理导则

GB/T 16614—1996　企业能量平衡统计方法

GB/T 16615—1996　企业能量平衡表编制方法
GB/T 16616—1996　企业能源网络图绘制方法
GB/T 17167—1997　企业能源计量器具配备与管理导则
GB/T 3486—1993　评价企业合理用热技术导则
GB/T 3485—1998　评价企业合理用电技术导则
GB/T 7119—1993　评价企业合理用水技术通则
GB/T 17166—1997　企业能源审计技术通则

1.4　能源审计的发展

20世纪70年代，由于各种原因，美国发生了能源危机，在那10年中工业能源使用者的成本增加了6倍，并且阿拉伯石油禁运，使能源短缺成为现实。能源成本成为人们关心的一个主要问题。消费者认识到，旧的能源供应受到限制，并且价格或许会继续上涨，依靠外国的石油对国家的外汇平衡是一个不利的影响，因此必须加强能源保护。能源保护不仅是一个经济问题，而且也是一个爱国问题。很多公司也认识到，能源保护对公司来说命运攸关。能源成本这样高，制订长远的保护规划肯定能为公司提供巨大的利润。当大部分公司考虑到控制能源成本时，他们想到了会计师。一些会计公司和公司的内部审计机构适应这种需要便开展了能源审计。这就是能源审计的起源。

20世纪70~80年代以来，美国、英国、联合国开发计划署（UNDP）亚太经社理事会（ESCAP），亚洲开发银行（ADP），欧盟（EC）等西方发达国家和国际经合组织都逐步开展了能源审计，主要是在安排节能项目，取得节能贷款的企业必须进行能源审计，以确定节能项目的节能效益，提高节能资金的使用效率。英国利用能源审计调查行业和企业能源利用状况；挪威和瑞典进行了"能源环境"审计；丹麦、荷兰、韩国、日本也都进行了能源审计；美国杜邦公司有35名专家长年从事本公司在全球各地子公司的能源审计。

在国外众多开展能源审计的国家中，英国的能源审计工作开展得最具特色，规模也最大。20世纪70年代以来，英国政府制订和实施了多次推进节能的政府支持计划，他们把能源审计作为一项基础性工作，并给予了大量的资金补助。由于能源审计既是政府掌握能源使用方面的信息进行宏观指导的根据，又是企业申请节能示范项目或其他节能补助的有效依据，且又没有给企业增加其他负担，所以能源审计深受企业的欢迎，政府也对这一工作评价很高，社会舆论很好。在20世纪80年代，全英国九万多家企业中，有四万多家企业进行了初步能源审计，其中有两千多家企业还进行了详细能源审计。同时，能源审计动员了广大的社会节能技术力量，能源审计期间培训了成千上万的能源经理。英国能源部认为，正是由于进行了大规模的能源审计，才使得英国在经济有一定增长的情况下国内能源消费量却逐年有所下降。除英国外，美国、法国、荷兰等西方国家都在不同程度上开展了类似的工作，日本进行类似的工作叫"能源诊断"，世界银行、亚洲开发银行都把能源审计的结果作为争取到援助项目或工业节能贷款项目的先决条件。

我国开展企业能源审计活动已有 20 多年的历史，1983 年，原国家经贸委就曾组织进行过企业能源审计的研究和试点，到 1985 年已经做了相当多的试点实践，并编写了相应的培训资料和教材。联合国开发计划署（UNDP）、联合国亚太经社理事会（ESCAP）、日本通产省省能中心、亚洲开发银行（ADP）等国际机构都在国内举办过不同的企业能源审计培训。20 世纪 80 年代亚洲开发银行（ADP）又资助我国国家经贸委做了企业能源审计试点，并把企业能源审计的结果作为取得亚洲开发银行节能技术改造贷款的条件和依据。1993 年国家经贸委资源节约和综合利用司组织制定了企业能源审计管理条例草案，1998 年国家质量技术监督局组织制定了"企业能源审计导则"国家标准。2000 年，国家经贸委支持与资助了黑龙江省农垦总局节能中心以贯彻《企业能源审计技术通则》国家标准为内容的能源审计，在此之前还确定了河南省南阳市作为进行"能源与资源综合利用审计"试点地区。

随着我国加入 WTO，为使节能工作与世界接轨，尽快地找到一种科学合理的节能监督管理方法已成为当务之急。我国政府在吸收国际先进的节能管理经验的基础上，有计划地在全国逐步开展了企业能源审计工作：河南省南阳市能源监测所作为国家经贸委的"能源审计试点"单位，经过 10 多年的工作实践，先后对本市的化工、建材、冶金、纺织、机械、电子、医药、轻工、电力等行业的 300 多家企业进行了能源审计，排查和提出 4000 多项问题和整改建议，挖掘节能潜力 2 亿多元，经企业整改后取得经济效益 1 亿多元。

上海市节能监测中心也开展了能源审计，目前已审计 180 多户各类企业（占重点用能单位总数的 80%），其中，149 户工业企业年综合能耗为 2310 万吨标煤，如对审计中发现的问题进行整改，年可节约 84.8 万吨标煤，价值 2860 万元。浙江省能源利用监测中心，受浙江省经贸委委托，从 2000 年下半年起对省重点用能企业进行能源审计试点工作，2000 年完成 20 家，截至 2002 年 10 月已完成能源审计 240 家，通过审计，发现普遍存在的问题有：①节能意识不强，节能基础管理"滑坡"；②淘汰设备仍在使用的较普遍；③节能统计数据失准；④节能技改无投入或不愿投入。

目前，我国节能法规建设和法制管理正在逐渐加强，节能技术服务的市场机制正在形成。我们预计，同时具有"监管职能"、"公证职能"和"服务职能"的企业能源审计，将可以发挥更加积极的节能促进作用。基于上述认识，已有一些国际机构表示愿意在能源审计领域与我国开展合作。

第 2 章 企业能源审计的原理和方法

本章主要论述组织开展能源审计的思路及有关的原理和方法，描述能源审计的思路如何贯穿于整个审计过程，以及如何体现在审计对象中。

2.1 企业能源审计思路

2.1.1 能源审计思路

能源审计是对用能单位（单元）的能源生产、转换和消费进行全面检查和监督，了解造成能量损耗和损失的原因、分布等情况，然后有的放矢地提出对策，制定节能方案，以促进节能，制止浪费，不断提高能源利用率和经济效益，从而实现"节能、降耗、增效"的目的。

分析用能单位能源利用状况，寻找节能潜力，提出节能降耗的整改措施，能源审计思路可用一句话概括，即判明能源浪费和效率低的部位，分析产生能源浪费和效率低的原因，提出节能降耗的整改措施。图 2-1 表述了能源审计思路。

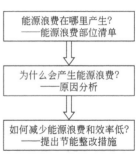

图 2-1 能源审计思路

审计思路中提出要分析能源浪费和效率低产生的原因和提出节能降耗的整改措施，这两项工作该如何去做呢？为此需要从生产过程中能源利用的主要途径入手。生产过程千差万别，抛开它们的个性，概括出它们的共性，可以得出生产过程，如图 2-2 所示。

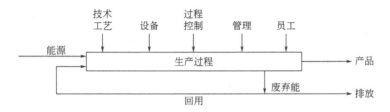

图 2-2 生产过程框图

从图 2-2 可以看出，一个生产和服务过程中的能源利用可以抽象成八个方面，即能源、技术工艺、设备、过程控制、管理、员工六个方面的输入，得出产品和废弃能两方面的输出。产生的废弃能，要采用回收和循环使用措施，从能源利用的角度看，能源效率低和能源浪费的原因跟这八个方面都可能相关，这八个方面的每一个方面都有可能直接导致能源利用效率低和能源浪费的产生。

根据上述生产过程框图，对能源利用效率低和能源浪费的原因分析就要针对这八个方面进行。

（1）能源

能源本身所具有的质量和种类等，在一定程度上决定了生产过程中能源利用的效率，因此选择与生产相适应的能源是能源审计所要考虑的重要方面。能源方面是否存在能源效率低和能源浪费，可以查看能源的供应、储存、发放、运输是否存在流失；能源投入量和配比是否合理；能源本身是否与生产相适应；能源的质量是否有保证。

企业是我国能源消耗的主体，以冶金、电力、石化、有色、建材等行业为主，尤其对于重点能耗企业（国家规定年综合能耗 1 万吨以上标煤企业为重点能耗企业；各省市部委将年综合能耗 5000t 以上标煤企业也列为重点能耗企业）节约能源是常抓不懈的主题。我国的节能方针是"开发和节约并重，以节约为主"。可见节能降耗将是我国今后经济发展相当长时期内的主要任务。

（2）技术工艺

生产过程的技术工艺水平基本上决定了能源的种类和数量，先进技术可以提高能源利用效率，从而减少或避免能源浪费。结合技术改造提高能源利用效率是实现节能降耗的一条重要途径。连续生产能力差、生产稳定性差或技术工艺水平落后等都有可能导致能源利用效率低和能源浪费的产生。

（3）设备

设备作为技术工艺的具体体现，对能源转换和能源利用具有重要的作用。设备的搭配（用能设备之间、用能设备和公用设施之间）、自身的功能、设备的维护保养、设备的自动化水平、设备先进程度等均会影响设备的运行效率，从而会产生能源利用效率低和能源浪费。

（4）过程控制

过程控制对生产用能过程十分重要，反应参数是否处于受控状态并达到优化水平（满足技术工艺要求）对能源利用效率都具有直接影响。计量检测、分析仪表不齐全或精度达不到要求，过程控制水平不能满足技术工艺要求，都可能导致能源利用效率低和能源浪费。

（5）管理

能源审计本身就属于管理审计的范畴，目前我国大部分企业的能源管理系统不健全、不完善、能源管理水平低，这也是导致能源浪费和能源利用效率低的重要原因。加强管理是企业发展的永恒主题，任何管理的松懈和遗漏，如能源消耗定额的制定和考核不合理、岗位操作过程不够完善或得不到有效的落实，缺乏有效的奖惩制度等，都会影响到能源利用效率，企业应把能源管理融入到企业全面管理中。

（6）产品

产品本身决定了生产过程，同时产品性能、种类和变化往往要求生产过程作出相应的调整。产品在储存和搬运过程中的破损、流失，产品的转化效率低于国内外先进水平，都会影响能源利用效率，导致能耗指标偏高。

（7）员工

任何生产过程，无论自动化程度多高，从广义上讲均需要人的参与，因而员工素质的提高和积极性的激励也是有效提高能源利用效率的重要途径。员工的素质不能满足生产的要求，缺乏优秀的管理人员、专业技术人员、熟练的操作人员，缺乏激励员工参与节能降耗的措施，都会影响到能源利用效率。

（8）废弃能

废弃能本身具有的特性和状态都直接关系到它是否可再用和循环回收。废弃能的循环回收和梯级利用都是提高能源利用效率的重要手段。

能源审计的一个重要内容就是通过提高能源利用效率，减少能源消耗，达到能源与经济"双赢"的目的。以上对生产过程八个方面的划分并不是绝对的，在许多情况下存在着相互交叉和渗透的情况。例如一套设备可能就决定了技术工艺水平问题，过程控制不仅与仪器仪表有关，还与员工及管理有很大的关系等，但八个方面仍各有侧重点，原因分析时应归结到主要的原因上。

注意，对于每一个能源利用瓶颈都要从以上八个方面进行原因分析并针对原因提出相应的解决方案，但并不是说每个能源利用瓶颈都存在这八个方面的原因，它可能是其中的一个或几个。

2.1.2 企业能源利用的四个环节

在能源审计中，企业用能系统可简化成一种标准形式，系统由能源供入企业，按照能源流向将企业能源利用的过程依次划分为购入储存、加工转换、输送分配和最终使用四个环节，能源系统简图如图2-3所示。

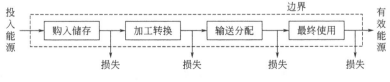

图2-3 能源系统简图

按照能源购入储存、加工转换、输送分配、最终使用这四个环节，根据用能单位的生产机构设置，通过与用能单位人员交流和查看相关资料，考察整个系统、各个车间或单元的能源输入量和输出量,并计算其当量值,从而了解企业能源的消费状况和能源流向。

(1) 购入储存

能源的购入储存环节是企业能源的进口,一般包括企业的供销、计划、财务、储运等部门,是了解企业能源消耗总量的关键环节。企业购入储存的能源种类一般包括一次能源和二次能源,即煤炭、原油、天然气、电力、焦炭、蒸汽、煤气、石油制品等。

在购入储存环节,根据用能单位统计的能源消费种类、数量和用能单位提供的能源消费统计表,考察购入能源状况和审计期初、期末存储量、存储消耗及能源流向。全面了解用能单位审计期内的能源消费状况。在企业能量平衡计算时,要从企业购入能源总量扣除外销量、库存增量,计算出企业直接消费的能源总量。但要注意,有些企业能量平衡计算中,还应将一些可作为能源利用的余热资源考虑在内,这些余热资源并不计入企业的总能耗量中,而只是作为平衡计算过程中保证合理平衡的一种计算手段。

加强企业能源购入储存环节的管理与核算是十分重要的。目前一些企业能源费用占产品总成本的比重较高,而且呈逐渐增长的趋势,降低能源费用也是企业内部节能潜力的重要组成部分,受到人们普遍关注。在企业购入储存能源的过程中,对煤炭的发热值、灰分,对天然气、煤气、蒸汽等液态与气态能源的热值、压力、温度、流量等物理量要进行严格的监测与核算,这些数量的统计、审核是企业能量平衡与分析的基础数据,必须给予关注。

(2) 加工转换

加工转换是企业工艺所需直接消耗的能源转换环节,包括一次转换和二次转换。一次转换部门有发电站(或热电站)、锅炉房、炼焦厂、煤气站等;二次转换部门有变电站、空气压缩站、制冷站等。要特别注意,一次转换部门是一个企业耗能较大的部门,是企业能量平衡与节能工作的重点。

在加工转换环节,要考察输入能源实物量和输出能源品种、量的情况,并了解各个单元输入量占总输入量的比重。加工转换环节中重大耗能设备多,也是节能潜力大的环节,应注意它们的负荷、运行,加强计量与管理是很重要的。

(3) 输送分配

输送分配是将企业用能送到各终端用能部门的一个重要环节,如各种输电线路,蒸汽、煤气管网等,均可列入输送分配系统。

在输送分配环节,主要了解管路、线路的去向,管线始端和末端计量的能源量。对大多数企业来说,能源的输送分配损失并不构成企业总能量损失的主要部分,因此,在考察企业能源利用的过程中,输送分配系统是一个相对次要的部门。但是,我国企业管道漏失现象严重,特别是对水资源重视不够,此外,热力管网保温也是十分重要的节能部分，各企业应该加强这方面的计量与管理。

（4）最终使用

最终使用是企业能源系统最为复杂的一个环节，对不同的企业，特别是不同部门之间的企业构成差异很大。一般来说，可以将企业的最终用能环节划分为几个主要部分：主要生产、辅助生产、采暖（制冷）、照明、运输、生活及其他。更进一步细分，还可将主要生产和辅助部门细分成各生产车间，生产车间又可按用能设备细分。至于具体应用中将最终用能环节分至何等详细程度，应视问题复杂程度而定。在最终使用环节，主要考察各个单元（车间、工序、部位、设备等）的能源输入量和输出量。

通过这部分内容的审计，对用能单位的能源概况和能源流程有一个清晰的了解和认识。在审计过程中要特别注意以下两个方面：首先要了解企业内部机构设置和生产工艺流程，熟悉企业内部经济责任制（有的企业称之为经济效益考核办法或经济活动分析）以及责任制的具体落实情况，只有这样才能摸清企业的管理状况（如机构、人员、职能、制度、办法、指标等）和能源流程，为下一步的能源审计分析打下基础。其次要详细了解用能单位的计量和统计状况，确定计量仪表的准确程度和统计数据的真实程度。

2.2 企业能源审计原理

能源审计是一套科学的、系统的和操作性很强的程序。如前所述，这套程序由三个层次（能源浪费在哪里产生、为什么会产生能源浪费、如何减少能源浪费和效率低）、八个方面（能源、技术工艺、设备、过程控制、产品、管理、员工、废弃能）、四个环节（购入储存、加工转换、输送分配、最终使用）组成。这套程序引用的原理可概括为：物质和能量守恒原理、能源成本分析原理、分层嵌入原理、反复迭代原理、穷尽枚举原理。

2.2.1 物质和能量守恒原理

能量既不能创造，也不能消灭，它只能从一个物体转移到另一个物体，或者在一定条件下从一种形式转变为另一种形式，在转移或转变的过程中，能量的总量保持不变，即能量守恒与转化定律。物质和能量守恒这一大自然普遍遵循的原理，是能源审计中最重要的一条原理，是进行能源审计的重要工具。

（1）热力学第一定律

能量守恒与转换定律用在热现象或热功转换中，即成为热力学第一定律。它表现了能量转换过程中的数量关系。热力学第一定律指出了热能可与诸如机械能、化学能等其他形式能的相互转化，并保持总量不变。

针对不同的热力学系统，热力学第一定律有不同的数学表达式：

① 闭口系统：$$Q=\Delta U+W$$

式中　Q——代表输入系统的热量；

　　　ΔU——代表系统中的内能的增量；

　　　W——代表系统在此过程中向外界所做的功。

② 开口系统：$$Q=\Delta H+\frac{m\Delta C^2}{2}+mg\Delta Z+W_s$$

式中　Q——代表输入系统的热量；

　　　ΔH——代表系统中的内能的增量；

　　　W_s——热力系统向外界所做的功；

　　　$\dfrac{m\Delta C^2}{2}$——系统的动能；

　　　$mg\Delta Z$——系统的势能。

应用热力学第一定律的关键在于明确热力学的边界。

（2）热力学第二定律

热力学第二定律是阐述与热现象有关的各种过程进行的方向、条件以及进行限度的定律。它规定了不同形式能量传递、转换过程的方向性。它有多种表述方式如下：

① 热量不可能自发地、不付任何代价地从低温物体传到高温物体；

② 不可能制造出单一热源吸取热量并使之完全转变为功而不留下其他任何变化的热机；

③ 自然界的一切自发的变化过程都是从不平衡状态趋于平衡状态，而不可能相反；

④ 热力学第二定律表明，能量不但有量的多少，还有品质的高低。

（3）卡诺循环与卡诺定理

从热机循环热效率的角度来描述的热力学第二定律。

卡诺循环是由两个可逆定温过程和两个可逆绝热过程组成，以理想气体为工质的热机循环。可以导出卡诺循环的热效率为：

$$\eta_c=1-\frac{T_2}{T_1}$$

式中　η_c——热效率；

　　　T_1——热源的温度；

　　　T_2——冷源的温度。

由热力学第二定律可以推导出卡诺定理如下：

在两个给定的热源之间工作的任何热机的热效率不可能大于在相同热源间工作的可逆热机的热效率。

推论1：在两个不同温度的恒温热源之间工作的所有可逆热机，其热效率相等，且与工质的性质无关。

推论2：在两个不同温度的恒温热源之间工作的任何不可逆循环，其热效率必小于在同样热源间工作的可逆循环。

能量在转换和传递过程中，必须遵守热力学第一定律和第二定律，而热力学和传热学正是以此为研究对象，研究热能的性质和规律（包括转移和转换）的。一般情况下，物体之间不是相互孤立的。在对各类热力设备进行热力学分析时，都会涉及许多物体。为便于分析，人为地将分析的对象从周围物体中分离开来，研究它与周围物体之间的能量传递。这种作为热力学分析的对象称为热力系统。热力系统之外的物体称为外界。热力系统与外界之间是相互作用的，它们可以通过边界进行能量和物质交换。

（4）能量平衡计算

① 能量平衡原理　能量平衡是按照能量守恒原则，对生产中一个系统（设备、装置、车间或企业等）的输入能量、有效利用能量和输出能量在数量和能的质量上的平衡关系进行考察，分析用能过程中各个环节的影响因素。使用能量平衡方法，可以对用能情况进行定性分析和定量计算，为提高能量利用水平提供依据。

根据热力学第一定律，各种形式的能量可以相互转换，而其总量保持不变。所以，对于一个确定的体系，输入体系的能量应等于输出体系的能量与体系内能量的变化之和。即

$$E_{输入} = E_{输出} + \Delta E_{体系} \tag{2-1}$$

式中　$E_{输入}$——输入体系的能量；

$E_{输出}$——输出体系的能量；

$\Delta E_{体系}$——体系内能量的变化。

若工质在各个地点的状态不随时间的改变而变化，体系内的能量不发生变化，即

$$\Delta E_{体系} = 0$$

故能量平衡方程为

$$E_{输入} = E_{输出} \tag{2-2}$$

② 能量平衡模型　进行能量平衡分析时，首先要确定能量平衡的对象，然后由能量平衡的具体目标和要求，建立相应的能量平衡模型。能量平衡模型中用方框表示体系，方框的边界线区分体系和外界，从而明确哪些是输入能量，哪些是输出能量，哪些是体系内的能量。然后把那些进入与排出体系的所有能量分别用箭头画在方框的四周。如图2-4所示，工质或物料带入体系的能量 $E_入$、带出体系的能量 $E_出$、外界进入体系的能量 $E_进$ 和体系排出的能量 $E_排$ 分别画在方框的左侧、右侧、下面和上面；体系回收的能量 $E_回$ 画在方框的中间。

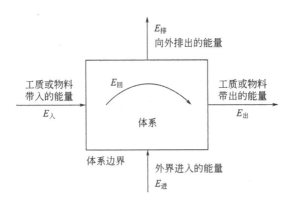

图 2-4 能量平衡模型

对于进行能量平衡的任何体系，均可用上述通用模型表示。进行能量平衡分析时，主要通过考察进出体系的能量在数量方面的增减来分析，而对其体系内的详细变化不考虑。显然，可以通过把一个大体系分割成许多子体系的方法来进行不同范围和不同要求的能量平衡。

③ 能量平衡的类型　不同行业中，对能量平衡的具体要求和目的不同，因而需要进行考察的项目也不同，因此能量平衡方程有不同的形式。根据能量平衡的基础不同，能量平衡可分为供入能平衡、全入能平衡和净入能平衡三种类型。

• 供入能平衡

以供给体系的能源为基础的能量平衡称为供入能平衡。供给体系的能源包括煤、油、天然气等燃料或电、蒸汽、焦炭、煤气等二次能源。供入能平衡主要是考察外界供给体系的能量的利用情况，这种能量平衡使用最多。典型的设备有锅炉、加热炉、干燥箱等。令 $E_{供入}=E_{能源}$，并将

$$E_{输入}=E_入+E_进=E_入+E_{能源}+E_{化放}$$

$$E_{输出}=E_出+E_排$$

代入式（2-2）中可得到供入能平衡方程式为

$$E_{供入}=E_进-E_{化放}=(E_出-E_入)+(E_排-E_{化放}) \qquad (2-3)$$

• 全入能平衡

全入能平衡是以进入体系的全部能量为基础的能量平衡。它主要是考察所有进入体系的总能量的应用状况，特别是能量回收利用情况。全入能平衡在石油化工等行业应用较多。

进入体系的全部能量有 $E_入$、$E_{能源}$、$E_{化放}$ 和体系回收的能量 $E_回$，即

$$E_{输入}=E_入+E_{能源}+E_{化放}+E_回=E_{全入}$$

而

$$E_{输出}=E_出+E_排+E_回$$

按能量守恒定律，全入能的平衡方程式为

$$E_{全入} = E_入 + E_{能源} + E_{化放} + E_回 = E_出 + E_排 + E_回 \tag{2-4}$$

- 净入能平衡

当主要考察净输入体系的能量利用程度时，一般采用净入能平衡方程。它是以实际进入体系的能量为基础的能量平衡。例如，为了计算换热器的保温效率，需要通过净入能平衡方程得到散热损失的大小。体系的净入能 $E_{净入}$ 是输入能和损失能之和，即

$$E_{净入} = E_{输入} + E_{损失}$$

而

$$E_{输出} = E_出 - E_入$$

所以根据能量守恒式 (2-2)，体系的净入能平衡方程式为

$$E_{净入} = E_出 - E_{持出} = (E_出 - E_入) + E_{损失} \tag{2-5}$$

式中　$E_{能源}$——一次能源和二次能源所提供的能量；

$E_{化放}$——工艺过程中的化学反应放热；

$E_{损失}$——各种损失能；

$E_{持出}$——体系向外界的持出能。

④ 能量的计算。

- 工质带入（出）能

若系统入口（出口）处为质量为 D 的蒸汽，则供给能量为蒸汽的焓减去基准温度下水的焓，即

$$E_汽 = D(h_汽 - h_{0水}) \tag{2-6}$$

若为空气、烟气、燃气或其他高温流体，则供给能量为相应载能体在体系入口（出口）处的焓与基准温度下焓之差，即

$$E = m(h_入 - h_0) = m(c_{p入}t_入 - c_{p0}t_0) \tag{2-7}$$

式中　m——流体质量；

t_0——基准温度，一般以环境温度为基准温度；

c_p——定压比热容。

- 外界进入体系的燃烧能

燃料燃烧时，所供给的能量 $Q_{燃烧}$ 包括燃料带入的能量 $Q_{燃料}$、空气带入的能量 $E_{空气}$、雾化用蒸汽带入的能量 $E_{雾汽}$，即

$$Q_{燃烧} = Q_{燃料} + E_{空气} + E_{雾汽} \tag{2-8}$$

$$E_{空气} = H_入 - H_0$$

式中　$Q_{燃料}$——燃料带入能量；

$E_{空气}$——空气带入能量；

$H_入$——体系入口处空气的焓；

H_0——基准温度下的焓。

雾化用蒸汽带入的能量，为体系入口处蒸汽的焓与基准温度下水的焓之差

$$E_{雾汽} = D_{雾汽}(h_{雾汽} - h_{0水})$$

式中　$D_{雾汽}$——蒸发量。

- 外界供给体系的电和功

$$E_{进} = N + W \tag{2-9}$$

式中　N——电量，kJ；

　　　W——功量，kJ。

- 外界向体系的传热量

$$Q = KA\Delta t \tag{2-10}$$

式中　K——传热系数；

　　　A——换热面积；

　　　Δt——外界和系统的温差。

- 有放热反应的化学反应发生时的反应热（不包括燃料燃烧时所提供的能量）

$$Q_{化放} = mQ_{放} \tag{2-11}$$

- 损失能量的计算

损失能量一般是指在系统的供给能量中，未被利用的能量，即供给能量除有效能量以外的部分能量，主要是散失于环境中的能量。

- 能量衡算的基本程序

能量衡算的基本程序概括为以下几步：

a. 根据问题，把过程或设备分为若干个体系；

b. 建立能量平衡模型，在图上标明已知条件；

c. 选择计算基准，基准状态的选择要使计算方便，一般以过程中某物料的温度作为基准温度；

d. 列出能量平衡方程式，进行求解。

⑤ 能量平衡分析　审计小组应根据用能单位所提供的统计期内能量平衡表或能源消费实物量平衡表（如果用能单位不能提供能量平衡表，应提供能源实物量平衡表），利用有关数据和各项统计数据审查平衡表的正确性。平衡表采用统计计算的方法，按照能源流程的四个环节，以全入能平衡为基础，研究能源进入和支出量的平衡关系。在统计资料不足，统计数据需要校核及特殊需要时，应进行实测。应将测试结果折算为统计期的平均水平。通过对能量平衡表（或能源实物量平衡表）的分析，审查各项损失的数量及原因，对不合理或者损失大的部位进行原因分析，挖掘节能潜力。

企业能量平衡是以企业为对象，研究各类能源的收入与支出平衡、消耗与有效利用及损失之间的数量平衡，进行能量平衡与分析。根据国家标准 GB/T 13484—93《企业能量平衡通则》规定，企业能量平衡的目的是掌握企业的能耗情况，分析企业用能水平，查找企业节能潜力，明确企业节能方向，为改进能源管理，实行节能技术改造，提高企业能源利用率和进行企业用能的技术经济评价提供科学依据。在获得被审计用能单位的资料后，可以测算能源投入量、产品的产量，在此期间建立一种平衡，则将大大有助于弄清用能单位的能源管理水平及其物质能源的流动去向，帮助发现用能单位的能源利用瓶颈所在。物质和能量守恒这种工具是对企业用能过程进行定量分析的一种科学方法与手段，是企业能源管理中一项基础性工作和重要内容，开展企业能源审计必须借助这一原理。

2.2.2 能源成本分析原理

根据用能单位消耗能源的种类、数量、热值和价格，计算用能单位的能源成本。能源费用的计算应根据企业能源消耗收支平衡表和能源消耗量表考虑审计期内各购入能源品种的输入、输出、库存及消费关系，只计算用能单位自己消费的部分。

（1）用能单位总能源费用的计算

$$R = \sum_{i=1}^{n} R_i \qquad (2\text{-}12)$$

式中　R——用能单位总能源费用，万元/年；

　　　R_i——用能单位消费第 i 种能源的全部费用，万元/年。

通常情况下以年为单位，若审计期不是 1 年，审计单位或人员可根据情况自行确定计算单位。

能源审计所使用的能源价格与用能单位财务往来账目的能源价格相一致，在一种能源多种价格的情况下产品能源成本用加权平均价格计算。

（2）单位产品能源成本

直接生产过程中的单位产品能源成本按照单位产品所消耗的各种能源实物量及其单位价格进行计算。

单位产品实物能源消耗量可根据用能单位在审计期内生产系统的实物能源消耗量和合格产品产量来计算。

能源审计应考察用能单位间接能源消耗水平，分析间接能源消耗在总能源消耗中所占的比例。通过对用能单位能源成本分析，可以直观地反映能源消耗的成本与经济效益的对比关系，提高节能降耗意识，并通过能源替代等措施节约能源、降低能源成本、提高效益。

2.2.3 分层嵌入原理

分层嵌入原理是指在能源审计中，能源利用流程的四个环节（购入储存、加工转换、输送分配、最终使用）都要嵌入能源利用效率低和能源浪费在哪里产生、为什么会产生能源利用效率低和能源浪费、如何解决能源利用效率低和能源浪费这三个层次，在每一个层次中都要嵌入能源、技术工艺、设备、过程控制、管理、员工、产品、废弃能这八个方面。在能源审计的各个阶段都要从四个环节出发，利用三个层次，从八个方面入手弄清位置，找准原因，解决问题。

2.2.4 反复迭代原理

能源审计的过程，是一个反复迭代的过程，即在能源审计的过程中要反复地使用上述分层嵌入原理。分层嵌入原理这一方法适用于现场考察，也适用于产生节能方案阶段，有的阶段应进行三个层次、八个方面的完整迭代，有的阶段不一定是完整迭代。

2.2.5 穷尽枚举原理

穷尽枚举原理的重点，一是穷尽、二是枚举。所谓穷尽，是指八个方面（能源、技术工艺、设备、过程控制、管理、员工、产品、废弃能）构成了用能单位节能方案的充分必要集合。换言之，从这八个方面入手，一定能发现自身的节能方案；任何一个节能方案，必然是循着这八个方面中的一个方面或几个方面找到的。因此，从这八个方面入手可以识别用能单位所有的节能方案。所谓枚举，即是不连续的、一个一个地列举出来。因此，穷尽枚举原理意味着在每一个阶段、每一个步骤的每一个层次的迭代中，要将八个方面作为这一步骤的切入点。因此，要深化和做好该步骤的工作，切不可合并，也不可跳跃。

要搞好节能，就要了解造成能量损耗和损失的原因、能量损耗和损失的分布、科学用能的基本原则、节能的对策等。掌握能源审计的原理将极大程度地提高能源审计人员的工作质量。

2.3 企业能源审计的方法

2.3.1 企业能源审计的基本方法

企业能源审计的基本方法是依据能量平衡、物质平衡的原理，对企业的能源利用状况进行统计分析，包括企业基本情况调查、生产与管理现场调查、数据搜集与审核汇总、典型系统与设备的运行状况调查、能源与物料的盘存查账等项内容，必要时辅以现场检测，对企业生产经营过程中的投入产出情况进行全方位的封闭审计，分析各个因素影响企业能耗、物耗水平的程度，从而排查出存在的浪费问题和节能潜力，并分析问题产生的原因，有针对性地提出整改措施。

具体方法有：

a. 产品产量核定方法；

b. 能源消耗数据的核定方法；

c. 能源价格与成本的核定方法；

d. 企业能源消耗技术经济指标评价分析方法；

e. 企业能源利用状况的综合评价方法；

f. 企业能源管理（管理节能）诊断分析评价方法；

g. 装备和工艺技术对标分析评价方法。

（1）产品产量的核定方法

产品产量（或半成品产量）是计算单位产品能耗（或车间单耗）的基准，产品产量统计不准确，必将导致能耗指标的失真。由于多方面的原因（如物资盘存误差等），有的企业存在着产品产量统计失真现象。因此在收集整理产品产量时，应多方面调阅资料，核实产品产量。

产品产量仅指合格品数量。产品产量核定时，一要考虑到制成品、在制品或半成品的数量，在制品或半成品应折算为相当的制成品，二要考虑到标准品与非标准品的区别，非标准品应折算为相当的标准品；产品产量的核定必须通过仓库物资盘查与往来账目进行核定，对同时生产多品种产品的情况，应按实际耗能计算；在无法分别进行实测时，或折算成标准产品统一计算，或按产量分摊。

（2）能源消耗数据的核定方法

企业各种数据是企业能源审计的重要依据，一方面，企业必须真实、全面地提供，切忌假数、虚数；另一方面，审计组不能以数论数，算死数，要对各种数据和资料进行多渠道、多方式的检查、校验、核对，去假存真，确保数据准确。能源消耗数据的核定应遵循以下原则。

① 企业能源消耗数据和与之对应的产品（或半成品）产量的时间计算区段及所属范围应一致。

② 企业外购能源的品质，对企业的能耗产生的影响很大。如对进厂原煤的质量把关，有的企业做得比较好，能够严格扣水扣杂，按照企业内部规章制度严格计量，准确化验、验收、结算，监督制约机制非常完善，但大部分企业在这方面存在着一定的不足。因此对进厂能源换算的折标准煤系数，原则上应以实测值为准，无条件时可以以国家标准为准。

③ 企业产品能耗的核定要考虑到生产过程中外协加工部分的能源消耗。

④ 企业能源审计时应编制企业能源网络图或企业能源消费实物平衡表。

⑤ 企业能源消耗的数据核定应分品种进行非生产系统用能与损失能源量的计算，并对其合理性加以分析，采用合理的方式分摊到产品的企业能源消耗指标中去。

⑥ 企业产品能耗分析必须具有可比性，不同原料、不同生产工艺、消耗不同能源等所生产的产品，不能进行简单的对比。在综合能耗无法进行简单对比时，可

对主要生产工序或重点耗能设备（如同型号的磨机、立窑等）的能源指标进行分析比较，以期寻找节能的潜力。

（3）能源价格与成本的核定方法

企业能源审计所使用的能源价格与企业财务往来账目的能源价格相一致，在一种能源多种价格的情况下产品能源成本用加权平均价格计算。

（4）企业能源消耗技术经济指标评价分析

企业能源消耗技术经济指标包括：生产系统单位产品能耗（可分解成分厂、车间、工段小指标）、企业单位产品能耗（含辅助生产体系、办公、机修、化验、研发等分摊）、企业单位产值能耗（对多种产品，产品计量单位不同时）、主要用能系统和设备的能源利用效率或消耗指标。

对上述技术经济指标，主要是依据国家、行业、地方有关的标准及同行业或本企业先进水平等相关能耗定额指标来进行评价分析的。

（5）企业能源利用状况的综合评价

对企业能源利用状况的综合性评价，有以下几个方面。

a. 企业能源转换系统或主要耗能设备的能源转换效率与负荷调整的合理性评价。

b. 企业生产组织与能源供应系统合理匹配的分析评价。

c. 按照能源流程进行合理用热、合理用电、合理用水、合理用油的评价。

d. 能源利用经济效益的比较分析。

e. 企业用能设备及工艺系统的分析评价。

f. 企业资源综合利用水平（或热电联产水平）及环境效益的评价分析。

（6）企业能源管理（管理节能）诊断分析评价方法

合理组织生产：提高劳动生产效率，提高产品产量和质量，减少残次品率，利用电网低谷组织生产，均衡生产，减少机器空转，各种用能设备是否处在最佳经济运行状态，排查生产管理方面的"跑冒滴漏"，提高生产现场的组织管理水平，减少各种直接和间接能耗、物耗损失等。

合理分配能源：不同品种、质量的能源应合理分配使用，减少库存积压和能源、物资的超量储备，提高能源和原材料的利用效率。

加强能源购进管理：提高运输质量，减少装运损耗和亏吨，强化计量和传递验收手续，提高理化检验水平，按规定合理扣水扣杂等。

加强项目的节能管理：新上和在建、已建项目是不是做了"节能篇"论证，核算其经济效果、环境效果和节能效益是否达标。

规章制度落实情况：企业能源管理各种规章制度是否健全合理，是否落实到位，如能源、物资的招标采购竞价制度，对质量、计量、定价、验收、入库、票据、成本核算是否严格把关，要认真细致地排查、分析、诊断问题。一般企业在管理方面存在的问题比较多,漏洞多,浪费大,管理节能是不花钱的节能,只要加强管理,严格制度,就能见效。

(7) 装备和工艺技术对标分析评价方法

通过检测,检查耗能设备运行状况及存在问题;检查生产工艺的技术状况及存在问题;调查了解工人的操作水平、岗位技能状况及存在问题;通过调查了解,弄清企业资源综合利用状况,如余热、废气、废水、废渣的回收利用情况;弄清企业能源的梯级利用状况,如热电联产、热电冷三联动、连轧连铸,多发增效等;供电和供热管网和设备的运行状况及维修保养、保温等以及企业产品结构的合理性等。

2.3.2 企业能源审计的分析方法

对企业进行能源审计的目的在于通过对企业各种能耗指标的计算分析,查找节能潜力,提出合理化建议,提高企业的经济效益。因此,能源审计查找问题、提出整改建议主要从以下三个方面着手。

(1) 管理途径

管理途径指合理组织生产经营,合理分配能源和物资以及合理的管理制度等。

a. 杜绝"跑冒滴漏"。目的是在于督促职工从小处做起,树立良好的节能意识,从根本上杜绝浪费(如制定严格的能源消耗定额、加强生产现场的巡察管理等)。

b. 合理分配使用能源。是指将各种不同品种、质量的能源、资源,分配至最合适的用途。

c. 节约各种物资消耗量,减少间接能耗。

d. 提高产品产量和运输效率,实现规模效益。

e. 提高产品质量和运输质量。产品质量的好坏,包括产品合格率和品级率两个指标。合格率高,能源和原材料的利用率就高;产品品级率高,其使用寿命延长,提高产品的使用效果;提高运输质量,降低装运损失,相应地节约能源。

f. 节约资金占有量。能源、原材料、半成品的超定额储备,设备、厂房超过实际需要,都是对国家能源资源的浪费。

g. 合理组织生产,提高能源利用率。诸如各工序之间的生产能力和设备利用程度不平衡、供能与用能环节不协调以及设备大马拉小车、低负荷生产等都是造成能源浪费的主要因素。

h. 加强管理,提高原燃材料进厂质量(如严格化验,无条件化验的企业应委托专业部门化验;强化计量,减少亏吨和损耗,合理扣水扣杂)。

i. 对新上基建和技改工程项目必须严把节能关,做好"节能篇"论证,严禁选用淘汰落后的高耗能设备和工艺。

(2) 技术途径

通过技术管理,实现节能目标,主要有以下六个方面。

a. 淘汰或改造落后的耗能设备,如更新改造高耗能的变压器、锅炉等。

b. 改进落后的工艺。

c. 改进和提高操作技能,加强职工业务技能培训。

d. 对余热余能的回收利用,如冷凝水封闭回收技术等。

e. 能量的分级利用,如热电联产、热电冷三联产、多效蒸发器连轧连铸等。

f. 加强管网和设备的保温、保冷等。

(3) 结构节能

通过对产品、产业结构的调整,合理配置资源,是一条行之有效的节能途径。

a. 产业结构的调整,合理调整区域内一、二、三产业结构,达到合理用能的目的。

b. 产品结构的调整,淘汰落后的高耗能产品,提升产品的档次。

c. 企业组织结构和技术结构的调整。

2.3.3 能源效率的计算分析

在企业能源审计中,为了编制企业能源平衡表和企业能源网络图,涉及企业能源系统各环节的有效能的计算,而计算有效能的基础是各生产工序及耗能设备的能源效率的计算。即

$$E_{有效} = \eta E_{输入} \tag{2-13}$$

工业企业能源系统的能效有两类:一是能源转换效率;二是能源利用效率。

2.3.3.1 能源转换效率

能源转换效率是指那些发生在企业内的不同能源种类之间转换工序的能源效率。如企业内的发电厂(或热电厂)、锅炉系统、空气压缩机系统等。

根据热力学第一定律,系统的能源转换效率定义为

$$\eta = \frac{W_s + \Delta U}{Q_i} \tag{2-14}$$

或

$$\eta = \frac{Q_i + Q_0}{Q_i} \tag{2-15}$$

式中 Q_i ——输入系统的总能量;

W_s ——系统对外输出的功(或有效能);

Q_0 ——系统损失排出的总能量;

ΔU ——系统内能的增加量,当系统初终状态相同时,$\Delta U = 0$。

依据能量平衡的概念,以公式(2-14)为基础计算的效率称为正平衡效率,以公式(2-15)为基础计算的效率称为反平衡效率。理论上两种不同方式计算的效率应相等,但是由于测量误差等原因,采用这两种不同方式计算的效率会有所差别,

一般约定相差小于5%即视为正常。

依据热力学第二定律，可以看出，不同形式的能量转换受到一定条件的限制，如热能只能部分地转变为机械能或电能，而机械能则可以全部转变为其他形式的能量（包括热能），由此可以引入相对能量转换效率 ε 的概念，即定义

$$\varepsilon = \frac{\eta_{实际}}{\eta_{理论}} \tag{2-16}$$

式中　　$\eta_{理论}$——理论上能量转换的最高效率。

在热-功转换过程中，$\eta_{理论} = 1 - \frac{T_2}{T_1}$，即卡诺循环的效率，而在功-热转换过程中，显然

$$\eta_{理论} = 1.0 \quad 或 \quad \eta_{实际} \leq \eta_{理论} \quad \varepsilon \leq 1.0$$

从能量转换效率角度分析，能量转换过程的理论节能潜力就是实际效率与理论效率的差值。产生这一差值的原因就是在实际能量转换的过程中，存在着各种不可逆因素，如传热温差的存在，各种机械摩擦损失，等等。为了实现节能潜力，我们应从减小不可逆因素的影响着手。

分析能量转换过程的节能潜力，采用系统的反平衡效率往往更加有利。因为在计算反平衡效率时，我们对系统能量损失的分布和数量进行分析和计算或测量。因此也就能发现影响各项损失的因素和减小损失的途径。

2.3.3.2　能源利用效率

企业能源利用效率是一项综合性技术指标，它不仅是每个设备状况的反映，而且反映了包括管理、运行、操作、负荷、工艺、原料、产品、环境等多种因素与环节的情况，它是企业真正用能水平和实际能力的集中表现。

$$企业能源利用效率 = \frac{企业有效能量之和}{企业总综合能量}$$

即

$$\eta = \frac{\sum Q_{有效}}{\sum Q_{能源}} \times 100\% \tag{2-17}$$

企业总综合能耗量 $Q = Q_1 + Q_2 + Q_3 - Q_4 - Q_5$。

式中　Q_1——一次能源消耗量；

　　　Q_2——二次能源消耗量；

　　　Q_3——耗能工质的能源消耗量；

　　　Q_4——生活用能消耗量；

　　　Q_5——非能源转换企业自产外销的二次能源消耗量；

在计算时，往往是先计算各种用能系统的效率，然后再按各系统的耗能量进行加权平均。

$$系统效率 = 购入(储存)效率 \times 转换效率 \times 传输效率 \times 使用效率$$

$$企业能源利用效率 = \frac{\sum(系统效率 \times 系统耗能量)}{各系统耗能量之和}$$

串联系统效率:$\eta_{系统} = \eta_{购入(储存)} \times \eta_{转换} \times \eta_{输送} \times \eta_{利用} = \eta_1 \times \eta_2 \times \eta_3 \times \eta_4 = \prod_{i=1}\eta_i$

并联系统效率:
$$\eta_{系统} = \frac{\sum_i Q_i \eta_i}{\sum_i Q_i}$$

式中 Q_i——用能单元 i 的能源消耗总量;

η_i——用能单元 i 的能源利用率。

由上述可以看出,Q_i 和 η_i 大的单元对系统影响显著。

2.3.3.3 设备热效率

设备热效率是衡量设备能量利用的技术水平和经济性的一项综合指标,对进一步改进生产工艺、提高设备制造水平、改善管理、降低产品能耗具有重要意义。审计时主要查看各项统计资料,通过询问统计、设备人员,审核设备供入能量、有效能量、损失能量的统计计算数据和设备效率的计算核实。

(1) 供入能量、有效能量或损失能量的范围

① 供入能量 外界供给体系的能量。供入能量通常包括下列诸项中的一项或几项。

a. 燃料燃烧所供给的能量。

ⅰ. 燃料带入能量 包括燃料收到基低(位)发热量和燃料由基准温度加热到体现入口温度的显热。

ⅱ. 空气带入热量 为体系入口处的焓与基准温度下的焓之差。计算中认为空气的含湿量不变。

ⅲ. **雾化蒸汽带入热量** 为体系入口蒸汽的焓与基准温度下水的焓之差。

b. 外界供给体系的电、功。

c. 外界向体系的传热量。

d. 载能体带入体系的能量。

ⅰ. 若载能体为蒸汽,则供给能量为体系入口蒸汽的焓与基准温度下水的焓之差。

ⅱ. 若载能体为热空气、烟气、燃气或其他热流体,则供给能量为相应载能体在体系入口处的焓与基准温度下的焓之差。

e. 物料带入体系的显热。

f. 有化学反应时,放热反应的反应热。

g. 其他供给能量。

② 有效能量 达到工艺要求时,理论上必须消耗的能量。有效能量通常包括在下列诸项中的一项或几项。

a. 在一般的加热工艺中，从体系入口状态加热到出口状态所吸收的热量。

b. 在工艺要求温度高于出口温度的加热工艺中，从体系入口温度加热到工艺要求温度所需要的热量。

c. 有化学反应时，吸热反应的反应热。

d. 在干燥、蒸发等工艺中，从体系入口状态加热到出口状态所吸收的热量。

e. 产品或同时产生的副产品本身包含有部分可燃物时，有效能量包括这部分可燃物收到基低位发热量。

f. 体系向外界输出的电、功。

g. 未包括在以上各项中的其他有效能量。

③ 损失能量　供给能量中，未被体系利用的能量。损失能量通常包括下列诸项中的一项或几项。

a. 设备排出的烟气带走的显热。

b. 燃料未完全燃烧时的热损失。

ⅰ. 化学热损失　气体未完全燃烧时的热损失，为燃烧产物中可燃气体低位发热量。

ⅱ. 机械热损失　固体未完全燃烧时的热损失。

c. 设备外表面的散热损失。

d. 设备的盖、门等开启时的辐射和逸气热损失。

e. 设备排渣、飞灰、残料带走的显热。

f. 设备的蓄热损失。

g. 有冷却装置时冷却液带走的热损失。

h. 有排风机时排风带走的热损失。

i. 未包括在以上各项中的其他能量损失。

(2) 设备热效率的确定

设备热效率是指热设备为达到特定目的，供入能量利用的有效程度在数量上的表示，它等于有效能量占供入能量的百分数。通过供入能量、有效能量或损失能量的统计计算辅助测试来确定。有效能量等于供入能量与损失能量之差。在能量转换、传递过程中总有一部分损失，有效能量总是小于供给能量，因此设备热效率的数值总小于1。

$$设备热效率 = \frac{有效能量}{供入能量} \times 100\%$$

即
$$\eta = \frac{Q_{有效}}{Q_{供入}} \times 100\% = (1 - \frac{Q_{损失}}{Q_{供入}}) \times 100\% \tag{2-18}$$

对于用能设备：$Q_{有效}$为工艺有效能量；$Q_{供入}$为供入设备的所有能量；$Q_{损失}$为损失能量。

根据设备的特性划定设备的体系，明确设备的状态。连续工作的设备是指稳定工况下的效率，间歇工作的设备为正常工作时的效率。核算用能单位提供的主要设备热效率时，应根据统计期设备体系核对供入能量、有效能量、损失能量的数量和单位，核实其正确性和完整性。

通过主要设备效率的计算，与国家标准、国内外先进水平、设备最佳运行工况进行比较，找出差距，分析原因，提出改进措施。

2.3.4 综合能耗指标核算

综合能耗是规定的耗能体系在一段时间内实际消耗的各种能源实物量及热值按规定的计算方法和单位分别折算为当量值的总和。综合能耗指标包括企业综合能耗、企业单位产值综合能耗、单位增加值综合能耗、产品单位产量综合能耗、产品单位产量直接综合能耗、产品单位产量间接综合能耗和产品可比单位产量综合能耗。用能单位计算综合能耗指标，是政府对用能单位的管理要求，也是与同行业进行比较，寻找差距，挖掘潜力的重要手段。审计时主要审计企业综合能耗、产品单位产量综合能耗指标。

（1）企业综合能耗计算

企业综合能耗：指在统计报告期内企业的主要生产系统、辅助生产系统、附属生产系统综合能耗总和。能源及耗能工质在企业内部进行储存、转换及分配供应（包括外销）中的损耗，也应计入企业综合能耗。

综合能耗的计算：企业综合能耗等于企业消耗的各种能源实物量与该种能源的当量值的乘积之和。

$$E = \sum_{s=1}^{n}(e_s \times \rho_s) \tag{2-19}$$

式中　E——企业综合能耗，t（标煤）；

　　　e_s——生产活动中消耗的第 s 种能源实物量，实物单位；

　　　ρ_s——第 s 种能源的当量值；

　　　n——企业消耗的能源总数。

（2）产品单位产量综合能耗的计算

产品单位产量综合能耗　指产品单位产量直接综合能耗与产品单位产量间接综合能耗之和。

产品单位产量综合能耗的计算　某种产品的单位产量综合能耗等于该产品单位产量直接综合能耗与该产品单位产量间接综合能耗之和。

a. 产品单位产量直接综合能耗是生产某种产品时主要生产系统的综合能耗与生产期内产出的合格品总量的比值。

b. 产品单位产量间接综合能耗是企业的辅助生产系统和附属生产系统在产品

生产的时间内实际消耗的各种能源及企业综合能耗中所列损耗折算为综合能耗后分摊到该产品上的综合能耗量。

综合能耗指标体现用能单位的能源利用水平，通过与消耗定额、消耗限额、国内外先进水平比较，找出差距，为用能单位提出节能目标、制定节能措施提供依据。同时也要注意到单项能耗指标的优点和作用，它既可以直观地反映出所用的能源种类、品位和结构，又可了解企业能源的消费构成，节省优质能源，发现耗能过大的环节。

（3）确定准确的能源消耗量

根据财务部门的财务成本年（月）报表，原材料、燃料、动力账，电费、水资源费缴纳凭证，购入原煤凭证；进厂物资过磅单、仓库物资实物单、盘存表；化验分析台账；生产部门的统计台账和报表；动力车间的抄表卡、记录簿等原始数据考虑其互相对应性，核对各种能源折算的正确性，核算能源消耗量的准确性。

① 质量和发热量以审计期内实际计量和测量为准，并计算其当量值。

② 用能单位实际消耗的各种能源，包括一次能源和二次能源，以及耗能工质所消耗的能源。各种能源消耗不得重计或漏计。

③ 用能单位实际消耗的各种能源，是指用于生产的各种能源。它包括主要生产系统、辅助生产系统、附属生产系统消耗的能源，不包括用于生活目的所消耗的能源。

④ 在企业实际消耗的各种能源中，作为原料用途的能源，原则上应包括在内。

⑤ 审计期内企业的各种能源实物消耗量可按下式进行计算：

能源实物消耗量＝企业购入的能源实物量＋期初库存能源实物量－外销的能源实物量－生活用能源实物消耗量－期末库存能源实物量

2.3.5 节能量和节能潜力的分析

2.3.5.1 企业节能量计算

节能量是指在某一统计期内的能源实际消耗量，与某个选定的时期作为基准相对的能源消耗量进行对比的差值。节能量是一个相对的数量，针对不同的目的和要求，需采用不同的比较基准。

（1）以前期单位能源消耗量为基准

前期，一般是指上年同期、上季同期、上月同期以及上年、上季、上月等。也有以若干年前的年份（例如五年计划的初年）为基准。由于基准期选择不同，节能量的计算结果也会不同。特别是在计算累计节能量时，有以下两种方法。

a. 定比法　将计算年（最终年）与基准年（最初年）直接进行对比，一次性计算节能量。

b. 环比法　将统计期的各年能耗分别与上一年相比，计算出逐年的节能量后，累计计算出总的节能量。表2-1所列为两种节能量计算方法的结果比较。

表 2-1　定比法与环比法计算的节能量差异

项　目		1992 年	1993 年	1994 年	1995 年	累计节能量
钢产量/万吨 A_i		200	210	220	230	
年综合耗能量/万吨标煤 B_i		560	525	528	506	
吨钢综合能耗/(吨标煤/吨钢) $C_i = B_i/A_i$		2.8	2.5	2.4	2.2	
节能量/万吨标煤	定比法　$E=(C_0-C_n)A_n$					138
	环比法　$E_i=(C_i-C_{i+1})A_{i+1}$	—	63	22	46	131

一般评价某一年比几年前的某一年节能能力或节能水平的高低时，用定比法计算节能量；评价某年至某年的节能量时，用环比法累计计算。

（2）以标准能源消耗定额为基准

由行业主管部门根据机器设备、生产工艺、操作水平、原材料、技术和管理等情况，制定符合当前实际的标准能耗定额、先进能耗定额，以此作为比较的基准。这时，计算的节能量有以下两种。

a. 名义节能量　与标准能耗定额相比的节能量，它反映企业的实际用能水平。

b. 实际节能量　与企业自身前期相比的节能量，它反映企业在能源利用上的提高和进步。

国标 GB/T 13234《企业节能量计算方法》（见附录）中规定了企业产品总节能量、企业产值总节能量、企业技术措施节能量、企业产品结构节能量、企业单项能源节约量的计算方法。具体分类如图 2-5 所示。对用能单位节能量的计算，应以计算期和基准期进行计算。

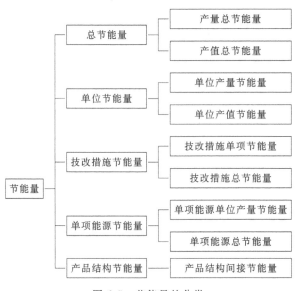

图 2-5　节能量的分类

2.3.5.2 节能潜力分析

根据企业产品单位产量综合能耗计算结果，对比国内外同行业先进能耗水平、本企业历史先进水平、基本能耗定额指标，全面分析用能单位节能潜力。节能潜力可用简单比较的方法进行计算分析。公式如下：

$$节能潜力 = (产品单位产量综合能耗 - 先进水平) \times 产品产量$$

先进水平是指国内外同行业先进能耗水平、本企业历史先进水平、基本能耗定额指标。如果企业能耗水平达到国内外同行业先进水平，处于本企业历史最好时期，并低于基本能耗定额，也可以对照理论能耗指标，确定其节能潜力。

2.3.5.3 提出节能改进建议，并对技改项目作出财务和经济评价

所提出的节能改进建议，应包括改进管理和技术改造项目两类。技术改造项目应按照相关的经济和财务评价方法进行评价分析，保证节能技术改造项目经济和财务的可行性。

通过对以上各项内容的审计，对发现的问题应根据情况提出改进建议，改进建议应在充分与企业（政府委托的要征求政府意见）交换意见的基础上提出。

改进建议应从管理水平和员工素质的提高、废弃能的回收利用、能源和原辅材料的改进、技术工艺水平的提高、设备的先进性、改进过程控制、产品的性质等方面入手，通过广泛发动员工、与同行业进行对比、咨询行业专家等各种渠道全面地提出。

提出的改进建议应遵循以下原则：

a. 对于违反节能各项法律法规和标准规定的，应明确提出整改要求；

b. 对于技术方面的建议，应根据技术的成熟程度和发展趋势提出意见；

c. 对于各项管理方面的建议，应在与管理人员沟通的基础上提出改进建议，可行的应立即实施。

对提出的节能技改项目应作出初步的财务分析和经济评估，包括静态分析（总投资费用、年净现金流量、投资回收期）和动态分析（净现值、净现值率、内部收益率）。动态分析与静态分析中以动态分析为主（考虑货币的时间价值）。

第3章 能源审计程序

对于拟开展能源审计的单位，可以是企业，也可以是机关、事业单位或一幢建筑，本章重点以企业能源审计为主，介绍能源审计的程序。能源审计是对企业目前的能源利用状况的综合分析与评价。分析高能耗、低能效的部位，并提出相应对策措施，使企业能源投入成本下降，产品和服务更具有竞争性，以推动经济繁荣，更公正地分配能源资源，减轻环境压力。

能源审计可以在通用清洁生产审计方法学的基础上进行，不同的是能源审计侧重点不同。

能源审计程序主要分为7个阶段，包括审计准备、预审计、审计、节能方案产生和筛选、节能方案可行性分析、节能方案实施、持续能源审计。

3.1 审计准备

3.1.1 审计任务的确定

能源审计，首先要明确确立是否开展能源审计。一般要求签订能源审计合同。政府监管能源审计由地方发改局和节能监测中心向能源审计机构下达能源审计委托书和审计计划，审计机构根据政府要求开展能源审计。能源审计由审计机构与企业签订能源审计合同，合同中要表明委托方和受委托方的责任、义务和审计范围等内容。

3.1.2 组建审计工作小组

计划开展能源审计的企业，首先要在本企业内组建一个有权威的审计工作小组，这是企业顺利实施能源审计的组织保证。审计工作小组人员包括审计小组组长、小组成员、外聘专家。审计工作小组机构可根据企业规模的大小，设置能源审计领导小组、工作小组和能源审计办公室。审计小组成员一般包括管理、技术、财务、生产、质量、设计、节能安全等方面的负责人。

（1）审计小组组长

审计小组组长是审计小组的核心，应当由企业主要领导人（厂长、总经理或由主管生产或节能的厂长、总经理、总工程师）担任，也可由企业高层领导任命一位熟悉企业生产、工艺、管理和技术，掌握能源消耗大的工段、工序或环节，并熟悉相关节能法规和政策，了解能源审计工作程序的职工担任。

组长职责主要是：讨论、决定企业的能源审计目标；检查、监督能源审计目标的实施；讨论、决定能源审计工作小组成员、能源审计办公室成员；讨论、决定能源审计计划，并监督其实施；确定能源管理组织结构并进行职能分配；提供人力、财力、物力的支持等。

（2）审计小组成员

审计小组成员数目根据企业的实际情况来定，一般情况下为3~5人。小组组员应具备三个条件：

a. 具备企业能源审计的知识或工作经验；

b. 掌握企业的生产、工艺、管理等方面的情况及新技术信息；

c. 熟悉企业的能源使用、消耗与管理情况以及国家和地方有关节能法律、法规和政策等。

（3）外聘专家

当企业内部缺乏必要的技术力量时，应当考虑外聘行业专家加入审计小组。外聘专家的种类有：

a. 能源审计专家　传授能源审计基本思想，传授能源审计每一步骤的要点和方法，发现明显的节能机会；

b. 行业生产工艺专家　及时发现工艺技术和实际操作问题，提出节能方案建议。

（4）能源审计办公室

能源审计办公室的职责和权限包括：

a. 作为企业能源审计常设机构，负责能源审计的日常工作；

b. 做好能源审计的准备工作；

c. 指导组织宣传、培训工作；

d. 组织编写能源审计报告；

e. 做好各部门的协调工作；

f. 做好对外联络工作。

3.1.3　制订能源审计工作计划

制订一个比较详细的能源审计工作计划，有助于审计工作按一定的程序和步骤进行，组织好人力与物力，各负其责，通力合作，这样审计工作才会获得满意的效果。编制审计工作计划表，内容包括审计过程的所有主要工作，如项目内容、进度、负责人、参与部门、参加人员、各项工作成果等。具体内容见表3-1。

3.1.4　开展宣传教育

（1）宣传、动员和培训

广泛开展宣传教育活动，争取得到企业各部门和广大职工的支持，尤其是能源

表 3-1　能源审计工作计划表

阶　　段	工　作　内　容	需要时间
审计准备	学习能源审计资料,提高节能意识,取得高层领导的支持与参与; 组建能源审计小组; 制定能源审计大纲; 开展宣传教育	7天 7天 7天 7天
预审计	生产现状调查:收集资料,发动群众,提出问题和建议; 能源消耗环节及消耗量; 确定审计重点及需监测能流的部位; 设置节能目标权重打分,编写预审计报告; 提出和实施低费和无费的节能方案	7天 7天 7天 7天 7天
审计	确定能源的输入; 建立能量平衡; 能量浪费原因分析	15天 10天 7天
节能方案产生和筛选	针对能源浪费的原因和存在的问题,提出可行的节约能耗、降低成本的能源审计方案; 分类汇总节能方案; 权重总和计分筛选节能方案; 继续实施无费/低费节能方案	7天 7天 7天 7天
确定实施节能方案	对筛选后的节能方案进行可行性分析; 对已实施节能方案的成果汇总并分析总结效果; 纠正审计过程中的问题	10天 10天 10天
节能方案实施	节能方案实施	15天
编写能源审计报告	描述企业生产现状; 企业目前能源消耗的位置、数量等; 说明能源浪费的原因及对策; 客观地总结能源审计所取得的经济效益、社会效果和环境效益,指出存在的问题和今后努力的方向; 已实施的节能方案的成果总结; 拟实施的能源审计方案的效果预测; 是否达到所设置的能源审计目标	2天 2天 2天 2天 2天 2天 2天
成果评审备案	资料的整理,提出成果评审大纲; 评审前的准备工作,明确评审程序; 负责评审会务等	
持续能源审计	建立和完善能源审计组织; 建立和完善能源审计管理制度; 制定持续能源审计计划(主要为节能方案实施计划)	

消耗大的生产环节一线工人的积极参与,是能源审计工作顺利进行和取得更大成效的基础条件。

宣传教育内容包括:企业实施能源审计目的、意义;能源审计工作的基本知识、内容及要求;企业开展能源审计的决定和决策,包括鼓励措施,尤其是要宣传节能政策和管理制度;企业开展能源审计的成功案例;能源审计中的障碍及克服的可能性。

宣传内容要随审计工作阶段的变化而作相应调整，主要包括：能源审计的基本知识；能源审计和清洁生产的内容；国内外企业能源审计的成功案例；能源审计中的障碍及克服的可能性；能源审计工作的内容与要求；企业本身鼓励能源审计的各种措施；开展能源审计可能或已经产生的绩效。

宣传方式可多样化，如召开职工大会；利用企业内部的广播、电视、板报等媒体；也可召开专题研讨会，举办讲座、培训班等。

（2）克服障碍

企业开展能源审计会产生各种障碍，有观念障碍、技术障碍、经济障碍和管理障碍。

观念障碍的表现是认为能源审计太麻烦，需要增加新的投入，很难产生经济效益；技术障碍的表现是缺乏本行业能源审计的可行技术，难获得生产过程中的能耗确切数据，能源平衡统计困难；经济障碍的表现是缺乏实施能源审计方案的资金；管理障碍的表现是部门独立性强，协调困难。针对不同的障碍要采用不同的解决办法，克服和解决障碍，促进能源审计的顺利实施。

（3）物质准备

进行必要的物质准备是开展能源审计的基础和前提。物质准备主要包括：对生产设备要进行必要的检修，准备必要的能耗计量仪器、仪表和采样分析检测设备等。

3.2 预审计

预审计是能源审计的第二阶段，是在对企业基本情况进行全面调查了解的基础上，通过定性和定量分析寻找能耗最大的部位，从而确定能源审计重点和能源审计目标，并提出和实施无费/低费节能方案的过程。能源审计的预审计可由能源审计小组组织并会同有关部门共同进行，所确定的能源审计重点通常是实施能源审计潜力最大的地方，它可能是一个车间，可能是一个工段或一个单元设备，也可能是一幢建筑的某几层楼或中央空调设施等。

这一阶段的工作具体可分为六个步骤：现场调研→现场考察→评价能耗现状→确定审计重点→设置能源审计目标→提出和实施无费/低费节能方案。

3.2.1 现状调研

现状调研主要是对整个企业和所在区域基本概况和能源使用情况进行摸底调查，为下一步的现场考察作准备，主要通过收集资料、查阅档案及与有关人士座谈等方式来进行。收集的资料应包括企业基本概况、生产状况、能耗情况和管理状况等。

(1) 企业概况

企业概况的调研资料主要包括：企业名称、性质、发展简史、厂址、规模、产品、产量、产值、利税、组织结构、人员状况和发展规划等，还包括企业所在地的地理、地形、水文、气象和生态环境等基本情况。

(2) 生产状况

企业生产状况的调研主要包括：企业主要原辅材料、主要产品、能源及用水情况，其中对原辅材料要了解涉及的种类、产地、成分、单耗、总耗、资源利用率等；还要了解企业的主要工艺流程，包括工艺原理、主要反应方程、流程步骤、主要指标、设备条件等。

(3) 能源使用与消耗情况

企业能源使用与消耗情况调研主要包括：一、能源利用情况，包括供能类型、供能来源、能源品质；二、能源输入量与产出量（综合效益），可以通过实测法或能源衡算或经验估算获得；三、节能潜力及环节；四、涉及的有关节能法律法规，如最常见的空调最低温度设置等。

(4) 能源使用与管理状况

企业能源使用与管理状况调研主要包括：能源管理系统的机构与各项制度、职工培训工作以及持证上岗情况；各岗位的能源消耗定额文件和考核结果；能源计量机构与管理制度，设备、器具台账，设备维修记录，计量仪器仪表检定证书、校验记录；燃料、动力账等，电费、水费缴纳凭证，购入原煤发票凭证及产成品销售凭证等；动力车间抄表卡、记录簿、各车间用电及各种能源的消耗平衡表等；能源购进、消费台账、品质化验分析台账及原始记录；进厂能源过磅单、盘存表；重点耗能设备的运行记录；辅助生产系统能源消耗原始记录；各车间、部门统计产品产量的原始资料（包括制成品、在制成品或半成品、次品数量及根据行业规定的折算方法折算成的标准产品等）。

(5) 区域能源发展规划

企业所在区域是否有能源发展规划和新能源替代计划，是否能考虑一起纳入企业能源审计。比如一个区域拟新建集中供热设施，那就可以免去企业内部新建或扩建锅炉，节约企业内部能耗，并改善周围环境质量。

3.2.2 现场考察

如果调研收集的数据比较陈旧，就不能确切反映企业当前的运行情况，而且随着企业生产规模的不断扩大，一些工艺流程、设备装置和管线可能已改变，无法在图纸、说明书、设备清单及有关手册上反映出来。此外，实际生产操作和工艺参数控制等往往和原始设计及规程不同。因此，需要进行现场考察，进一步核对和充实所获得的有关资料，为确定审计对象提供准确可靠的依据。同时，可通过现场考察，在全厂范围内发现明显的无费/低费节能方案。

（1）现场考察的重点

包括以下内容：

a. 能耗较大的生产部位；

b. 生产设备陈旧和工艺落后的部位；

c. 操作控制难度大、容易引起生产波动的部位；

d. 设备容易出现故障和事故多发部位。

（2）现场考察方法

① 现场考察最好沿产品生产线进行，一一对应分析和核对能源的输入、温度、压力、管辖布局等参数和信息，并记录有关的变化。

② 查阅并核对有关的岗位记录，如生产报表、原料购置与消耗、能源消耗报告单、事故记录与报告表、检修记录、公众反映情况。

③ 检查岗位操作规程的执行情况，如是否准时准量添加能源、是否作好了记录。

④ 与车间主任、技术员和实际操作工人座谈，了解生产运行的实际情况。

⑤ 向行业专家咨询，了解国内外同行业生产情况，分析对比企业生产中存在的能耗问题和差距。

3.2.3 评价能源消耗状况

在前面现状调研、现场考察以及专家咨询的基础上，汇总国内外同类型企业的生产、能耗及产出等情况，进行列表对照、类比分析，初步分析本企业潜在能源浪费的原因，并对单位产品能耗等情况作出评价。

在进行分析评价时，可以先根据国内外同类型企业的先进水平，结合本企业实际情况，确定一个本企业的理论能耗值，再调查汇总本企业目前的实际能耗，二者之差，就可看出本企业的能耗中的一些问题，对二者的差距可以从原辅材料、技术工艺、过程控制、设备、产品、管理、废物和员工等影响生产过程的八个方面出发进行分析、找原因，由此评价在企业现有的原料、工艺、设备及管理水平下，单位产品能源消耗状况的合理性。

3.2.4 确定审计重点

通过前面三步的工作，审计小组已基本探明了企业生产中能耗方面存在关键的薄弱环节，可以从中确定本轮审计重点。审计重点的确定，应根据企业的实际情况及具备的条件而定，可以是企业的某一生产线、某一车间、某个工段，也可以是某个操作单元，还可以是某一类型产品等。对于工艺复杂、生产单元多、生产规模大的大中型企业要先进行备选审计重点的确定，确定的备选审计重点一般为3～5个，然后再按一定的原则确定审计重点。而对工艺简单、产品单一、生产规模小的中小型企业，可不必经过备选审计重点这一阶段，而依据定性分析，直接确定审计重点。

(1) 确定备选审计重点

确定备选能源审计重点的原则是：能源消耗大的环节（单元设备、工段、车间）；生产效率低、构成企业生产"瓶颈"的环节；生产工艺落后、设备陈旧的环节；事故多发和设备维修较多的环节。

(2) 备选重点情况分析

一般以表格的形式来分析，见表 3-2。内容包括：废物量（废水、废气、固体废物和噪声）；内部环境代价（能耗、水耗、原材料消耗、废物回收费用、末端处理处置费用、产品质量下降损失费用）；外部环境代价（排污费、罚款等）；管理水平高低。

表 3-2 能源审计备选审计重点情况分析

序号	备选审计重点	耗电量	耗汽量	耗气量	…	能源管理水平
1						
2						
⋮						

(3) 确定能源审计重点

从备选能源审计重点中确定能源审计重点一般有两种方法。

① 简单对比法　根据备选审计重点的各种能源消耗指标及能源审计潜力和机会等情况，通过对比、分析和讨论，将能源消耗最大、能源审计机会最明显的环节列为能源审计重点。

② 等效换算标准能源排序法　对于生产工艺较复杂、使用能源品种较多的企业，一般难以通过定性比较确定出审计重点，通常采用等效换算标准能源再排序的方法。该法是通过将各种能源换算成同一种能源（如标准煤）后，得到单位产品能耗量，再进行定量比较来作出选择的方法。

3.2.5　设置能源审计目标

能源审计重点确定后，要针对审计重点设置定量化的硬性指标，以便能据此考核和检验，达到节约能源的目的。同时，还可激励企业今后开展能源审计工作。

设置能源审计目标考虑的因素包括：节能法规、标准；企业和所在区域能源发展远景和规划要求；国内外同行业的水平、本企业存在差距；审计重点的生产工艺技术水平和设备能力；企业的实力；有无资金支持等。

设置能源审计目标应与企业经营目标和方针相一致，而且要纳入企业的发展规划乃至企业所在区域的能源发展规划，成为企业发展的重要组成部分。能源审计目标主要是针对审计重点而提出的目标；要定量化并具灵活性，可以根据需要和实际情况适当调整；要具有可操作性，是切实可行的，易于被人理解、易于接受、易于实现；要具有激励作用，具有挑战性，又有明显的效益。经济增长目标不仅要有节能的绝对量，还要有相对量指标，当与现状对照具体设置时，可把目标分成近期目标和中远期目标。近期目标是能源审计某一阶段或某一个项目要达到的具体指标，一般到本轮审计结束时必须完成，而中远期目标则可成为企业长期发展规划的一个重要组成部分，更富挑战性，一般为2~3年，甚至可长达4~5年。

3.2.6 提出和实施无费/低费节能方案

在确定审计重点和确定能源审计目标的过程中，可以发现很多能源审计的机会和存在的问题，通过发动群众提出节能方案。这些方案分为两类：一类为投资相对较高，技术性较强，投资期较长才能解决的问题，需要进行技术经济比较的中、高费的节能方案；另一类为基本不需要投资或只需少量投资，技术性不强，很容易在短期内解决的问题，这类方案属无费/低费节能方案。无费/低费节能方案多是由于企业生产管理或技术工艺及设备上出现的问题而引起的，如阀门关闭不严，物料堆放与储存不合理，计量设备不准确或损坏等。这些问题一般不需要论证，在领导和有关部门的支持下会很容易得到解决，而且节能效果也较为明显。这些问题在预审计阶段就可以解决，以后遇到一个就解决一个，而且贯穿于整个能源审计过程中。

常见的无费/低费节能方案内容如下。

① 原辅材料　有些原辅材料需要加热生产，可以考虑用其他不需加热（高温）或低温反应的原辅材料替代。

② 产品　改进产品性能及产品设计，使其生产过程尽量少耗能。

③ 技术工艺　改进配料方法和技术工艺等；增加密封装置，减少能源损失。

④ 过程控制　选择最佳配料比进行生产；增加检测计量仪表；校准检测计量仪表；改善过程控制及在线监控；调整优化反应的参数，如温度、压力等。

⑤ 设备　改进并加强设备定期检查和维护，减少跑、冒、滴、漏；及时修补输热、输汽管线，确保隔热保温。

⑥ 管理　严格岗位责任制及操作规程。

⑦ 废物　冷凝液的循环利用；现场分类收集可回收的能源；余热利用。

⑧ 员工　加强员工技术与节能意识的培训；采用各种形式的精神与物质激励措施等。

3.3 审计

审计是企业能源审计工作的第三阶段，对审计重点进行能源的输入定量测算。对生产全过程即从原材料投入到产品产出全面进行审计。寻找能源使用与管理等方面存在的问题，分析能源、能量损失的原因。工作重点是实测输入能流，建立能源平衡，分析能量损失产生原因。

审计与预审计的区别在于预审计需要了解企业所有生产过程，而审计仅仅关注预审计确定的审计重点。

这一阶段的工作具体可分为五个步骤：编制审计重点的工艺流程和能流图→确定能源输入→建立能量平衡图→能量损失原因分析→提出和实施无费/低费节能方案。

3.3.1 编制审计重点的工艺流程图和能流图

工艺流程图和能流图是以图解的方式整理、标示进入审计重点的能流的情况，它是分析生产过程中能源、能量损失产生原因的基础依据。在编制能流图前，审计重点的资料必须充足完善。因此，审计小组需进一步详细收集有关审计重点的资料，并对所有资料作认真综合分析，确保准确无误。

（1）准备审计重点资料

① 工艺资料　包括工艺流程图；工艺设计的能源、热量平衡数据；工艺操作手册和说明；设备技术规范和运行维护记录；管道系统布局图；车间内平面布置图。

② 原辅材料和产品资料　如原辅料消耗统计表、消耗定额；原辅料进厂检验记录；产品检验及质量报表；产品和原辅材料库存记录。

③ 能源消耗资料　能量（水、电、气、燃料）使用记录，年度能源消耗报告；设备运行和维护费；余热数据报告。

④ 国内外同行业资料　国内外同行业单位产品能源消耗情况；国内外同行业单位产品能耗情况。

⑤ 其他资料　承担费用分析报告；财务报表；生产进度表等。

收集完这些资料，还必须到现场进行调查，进一步补充验证已有的数据。现场调查采用现场提问、现场考察、追踪记录等方式进行，调查不同操作周期的取样、化验。现场考察的重点是各项能源使用管理制度的落实情况；各种设备和主要生产工艺流程；仪器仪表的配备、安装的位置与工作状态；以及其他有疑问的环节。现场调查要求调查时间与生产周期相协调，同一生产周期内应不同班次取样。现场调查最好能请厂内外专家、顾问参加，使他们充分发现问题。现场调查时还应与现场操作人员多讨论，征求和收集合理化建议。现场调查越充分，能源审计机会就越多。

（2）编制审计重点的工艺流程图和能流图

要在收集审计重点有关资料、调查掌握其情况的基础上，编制审计重点的工艺流程图和能流图，并了解审计重点所有单元操作的功能和它们的相互关系，以及单元操作和工艺之间的关系。如果单元操作比较复杂，则应在审计重点工艺流程图和能流图的基础上分别编制各单元操作的详细工艺流程图、能流图和功能说明表。

除了编制工艺流程图和能流图外，对于工艺复杂的操作单元，还应编制工艺设备流程图。设备流程图要求按工艺流程，分别标明重点设备的输入能流及监测点。

3.3.2 实测输入能量流

对审计重点做更深入更细致的能量输入、转换、分配与传输平衡和能量损失的原因分析，应进行实测审计重点的输入能流。这是能源审计工作的核心。实测审计重点的能源和能量的输入，建立能量转换平衡，可准确判断审计重点的能流损耗量及其去向，这也是寻找审计重点能源审计机会的重要手段。

在实测审计重点的输入能流前，首先要制定周密的现场监测计划，包括监测项目、点位、时间、周期、频率、监测仪器、监测条件和质量保证等。监测项目包括审计重点输入能流，包括用电量、用煤量等。监测点的设置须满足能源衡算的要求，即主要的能流输入口要计量，但对因工艺条件所限无法监测的某些中间过程，可用理论计算数值代替。

实测时间和周期应按企业一个正常的生产周期（即一次配料投入到产品产出为一个生产周期）进行逐个工序实测，并且至少实测三个周期。对于连续生产的企业，应连续监测72h。正常工况条件下，按正确的检测方法进行实测。边实测边记录，及时记录原始数据，并标出测定时的工艺条件（如温度等）。

数据收集的单位要统一，对间歇操作的产品最好采用单位产量对应的输入与能流数，连续生产的产品，可用月或年产量进行统计。在抓好实测准备后，就可进入现场实测。

将现场实测的数据经过整理、换算、按输入、汇总成表。一个单元操作填一张表，然后把所有单元操作的数据汇总成一张审计重点的输入数据汇总表，达到清楚明了的效果（见表3-3）。

表3-3 审计重点各单元操作数据汇总　　　单位：吨标煤/单位产品

单元操作	输入能源1	输入能源2	输入能源3	…	总计
数据					

3.3.3 建立能量平衡

进行能源平衡的目的是准确地判断审计重点的输入能流，定量确定能耗的数量以及去向，从而发现过去未被注意的能源流失，并为产生和研制能源审计方案提供科学依据。

（1）预测平衡测算

根据实测或核算的输入数据，考察输入能流的总量和能量转换、分配与传输的情况。一般说来，如果输入总量与转换总量之间的偏差在5%以内，则可以用能源平衡的结果进行随后的有关评价与分析；反之，则需检查造成较大偏差的原因，可能是实测数据不准或存在漏算等情况，这种情况下应重新实测或补充监测。

(2) 编制能流平衡图

在预测平衡测算的基础上根据生产工艺流程图绘出能流平衡图。能流平衡图是针对审计重点编制的，即用图解的方式将预平衡测算结果标示出来。能流平衡图以单元操作为基本单位，各单元操作用方框图表示，输入画在左边，分配按流程标示，而转换和损耗则画在右边。

(3) 能源平衡结果

在实测输入能流及能源平衡的基础上，寻找能源消耗大和损耗多的部位，阐述能源平衡结果，对审计重点的生产过程作出评价。主要内容包括：

a. 能源平衡的偏差；

b. 实际能源利用率；

c. 能源流失部位、环节。

3.3.4 分析能源消耗大和损耗大的原因

针对每一个能源流失部位进行分析，找出产生的原因，分析可从影响生产过程的八个方面来进行。

(1) 原辅材料及能源

因原辅料及能源而导致能源损失主要有以下几个方面的原因：

a. 原辅料不纯或未净化；

b. 原辅料储存、发放、运输的流失；

c. 原辅料的投入量和（或）配比不合理；

d. 原辅料及能源的超定额消耗；

e. 耗能原辅料的使用。

(2) 技术工艺

因技术工艺而导致产生能源损失有以下几个方面的原因：

a. 技术工艺落后，能源转化率低；

b. 设备布置不合理，无效传输线路过长；

c. 反应及转化步骤过长；

d. 连续生产能力差；

e. 工艺条件要求过严；

f. 生产稳定性差。

(3) 设备

因设备而导致能源损失有以下几方面原因：

a. 设备破旧、漏损；

b. 设备自动化控制水平低；

c. 有关设备之间配置不合理；

d. 主体设备和公用设施不匹配；

e. 设备缺乏有效维护和保养；

f. 设备的功能不能满足工艺要求。

（4）过程控制

因过程控制而导致能源损失主要有以下几个方面原因：

a. 计量检测、分析仪表不齐全或监测精度达不到要求；

b. 某些工艺参数（例如温度、压力、流量、浓度等）未能得到有效控制；

c. 过程控制水平不能满足技术工艺要求。

（5）产品

因产品而导致能源损失主要有以下几个方面原因：

a. 产品设计本身不合理，生产过程中需要消耗大量能源才能出成品；

b. 产品性能不稳定，能源使用转化率低于国内外先进水平。

（6）废物

因废物而导致能源损失主要有以下几方面的原因：

a. 可利用的余热、煤渣等未进行再用和循环使用；

b. 单位产品余热和煤渣等产生量高于国内外先进水平。

（7）管理

因管理而导致能源损失有以下几个方面的原因：

a. 有利于能源审计的管理条例，岗位操作规章等未能得到有效执行；

b. 管理制度不完善；

c. 岗位操作规程不够严格；

d. 生产记录不完整；

e. 信息交换不畅；

f. 缺乏有效的奖惩办法等。

（8）员工

因员工而导致能源损失主要有以下几方面原因：

a. 员工的素质不能满足生产需求，缺乏优秀管理人员、专业技术人员、熟练操作人员；

b. 缺乏对员工主动参与能源审计的激励措施。

3.3.5 能源管理状况审计

能源管理是企业管理的一项重要内容。建立和完善能源管理系统，制定并严格落实各项管理制度,对企业节能降耗、提高效益起着重要的作用。

3.3.5.1 能源管理系统审计

企业能源审计阶段,应建立健全企业的能源管理系统,包括完善组织机构,落实管理职责,配备计量器具,制定和执行有关文件,开展各项管理活动。该系统应能保证安全稳定地供应生产所需能源,及时发现能源消耗异常情况,予以纠正,并不断挖掘节能潜力。审计时应考核以下内容。

(1)是否确定了本单位的能源管理方针

企业领导应根据本单位总的经营方针和目标,在执行国家能源政策和有关法律、法规的基础上,充分考虑经济、社会和环境效益,确定能源管理方针和能源管理目标。能源管理方针和目标应以书面文件形式颁发,使有关人员明确并贯彻执行;根据企业自身特点,能源管理的内容应包括能源输入、能源转换、能源分配和传输、能源使用(消耗)、能源消耗状况分析、节能技术进步的管理。

(2)组织机构是否完善

企业必须建立、保持和完善能源管理系统,确定能源主管部门,并且配备足够的了解相关节能法律法规政策与标准、具有一定工作经验、相应技术和资格的人员来承担能源管理和技术工作,明确规定其职权范围和领导关系,能源管理人员应经过培训并持证上岗。

(3)管理职责是否落实

系统地分析本单位能源管理的主要环节及其各项活动的过程,分层次把各项具体工作任务落实到相关部门、人员和岗位,授予履行职责所必要的权限,企业各部门和人员按照能源主管部门的协调安排,完成各项具体能源管理工作。

(4)有关文件的制定是否完备并得到贯彻执行

系统地制定各种文件,包括管理文件、技术文件和记录,并严格贯彻执行。

管理文件是对能源管理活动的原则、职责权限、办事程序、协调联系方法、原始记录要求等所作的规定,例如管理制度、管理标准及各种规定等。制定管理文件应该做到程序明确、相互协调、简明易懂、便于执行。

技术文件是对能源管理活动中有关技术方面的规定,包括技术要求、操作规程、测试方法等。制定技术文件应该参照国家、行业和地方能源标准,规定的内容应该准确、先进、合理。

记录是对能源管理中的计量数据、检测结果、分析报告等所作的记录,应按规定保存,作为分析、检查和评价能源管理活动的依据。

(5)其他管理活动

对所有文件的制定、批准、发放、修订,以及废止文件的回收作出明确规定,确保文件准确有效。企业领导应该定期对能源管理系统进行检查和评价,促使其正常运行,及时发现问题,并予以改进。

3.3.5.2 能源输入管理审计

企业应该对能源输入进行严格管理,保证输入的能源满足生产需要,准确掌握控制输入能源的数量和质量,为合理使用能源和核算总的能源消耗量提供依据。审计时应考核以下内容。

(1) 是否合理选择能源供方

选择能源供方除了考虑价格、运输等因素外,还要对所供能源的质量进行评价,确认供方的供应能力,选定符合要求和稳定的能源供方。

(2) 能源采购合同是否全面规范

采购合同应该明确的内容有:输入能源的数量和计量方法;输入能源的质量要求和检查方法;对数量和质量发生异议时的处理规则。

(3) 输入能源的计量是否全面准确

应该按合同规定的方法对输入能源进行计量,明确规定相应人员的职责和权限、计量和计算方法、记录以及发现问题时报告、裁定的程序。

(4) 输入能源质量的检测是否符合要求

根据能源使用要求,合理确定输入能源质量检测的项目和频次,采用国家和行业标准规定的通用方法,检验输入能源的质量。同时明确规定有关人员的职责、抽样规则、判定基准、记录,以及发现不合格时报告、裁定的程序。

(5) 储存管理是否合理

应制定和执行能源储存管理文件,规定储存消耗限额,在确保安全的同时,减少储存损耗。

3.3.5.3 能源转换管理审计

企业所用能源需要通过转换时,应重点审计转换设备的运行、维护监测、定期检修等管理措施。

① 是否有使转换设备保持最佳工况的运行调度规程。应该制定转换设备调度规程,根据生产要求、设备状况和运行状况,确定最佳运行的节能方案,各方面相互配合,使转换设备接近和保持最佳工况。

② 是否制定全面、合理的操作规程并严格执行。为了使转换设备安全经济运行,应制定运行操作规程,对转换设备的操作方法、事故处理、日常维护、原始记录等作出明确规定,严格执行;运行操作人员必须经过相关培训后持证上岗。

③ 是否定期测定转换设备的效率并确定其最低基限。应该定期测定转换设备的效率,确定其转换效率允许最低限度,作为安排检修的依据。

④ 是否制定并执行检修规程和检修验收技术条件。为了保证检修质量,掌握设备状况,应该制定并执行检修规程和检修验收技术条件。

3.3.5.4 能源分配和传输管理审计

为保障能源安全连续供给,降低损耗,企业应该制定和执行能源分配和传输管理文件。审计时应考核以下内容。

① 是否制定了分配和传输管理的文件，内容是否明确界定了其范围、规定了有关单位和人员的职责和权限，以及管理工作原则和方法。

② 能源分配传输系统布局是否合理，是否进行合理调度，优化分配，适时调整，以减少传输损耗。

③ 是否对输配管线定期巡查，测定其损耗，是否根据运行状况，制订计划，合理安排检修。

④ 是否有能源领用制度并制订用能计划，对于各有关部门用能是否准确计量，建立台账，定期统计。

3.3.5.5 能源使用管理

能源使用管理是企业能源管理的主要环节，要通过优化工艺、耗能设备经济运行和定额管理，合理有效地利用能源。审计时应考核以下内容。

① 生产工艺的设计和调整中是否考虑到合理安排工艺过程，充分利用余能使加工过程能耗量最小；各工序是否通过优化参数、加强监测调控、改进产品加工方法来降低能耗。

② 耗能设备是否为节能型设备，是否使耗能设备在最佳工况下运行，是否严格执行操作规程并加强维护和检修。

③ 是否合理地制定能源消耗定额并将能耗定额层层分解落实；是否对实际用能量进行计量、统计和核算；是否对定额完成情况进行考核和奖惩，是否对定额进行及时修订。

用能单位应制定能源消耗定额，作为判断能耗状况是否正常的重要依据，并考核完成情况。对于能源消耗定额的制定、下达和责任，实际用能量的计算、核算和考核，应该制定管理文件，作出明确规定。

用能单位应分别制定各用能单元主要耗能设备和工序的能源消耗定额。能源消耗定额应该按规定的程序逐级下达，明确规定完成各项定额的责任部门、单位和责任人，落实有关人员的职责，按规定的方法对各用能单元、主要耗能设备和工序的实际用能量进行计量、统计和核算，并及时报告。

用能单位应对定额完成情况进行考核和奖惩，当实际用能量超出定额时，应该查明原因采取纠正措施，用能单位根据生产条件变化和定额完成情况，及时修订能源消耗定额。

3.3.5.6 能源计量器具的配置与管理

考察企业配备的能源计量器具是否充分考虑现行国家标准、行业标准和企业标准的指导作用，并满足生产工艺和使用环境的具体要求，具体如下。

① 是否满足能源分类计量的要求。

② 是否满足企业实现能源分级分项考核的要求。

③ 是否满足关于企业设备能源利用监测的要求。

④ 是否配备必要的便携节能检测仪表,以满足对主要用能部位自检自查的要求。

⑤ 用能单位能源计量器具的配备要求,能源器具配备率应符合表3-4的要求。

表 3-4　能源计量器具配备率要求　　　　　　　　　单位:%

能源种类		进出用能单位	进出主要次级用能单位	重要用能设备
电力		100	100	95
固态能源	煤炭	100	100	90
	焦炭	100	100	90
液态能源	原油	100	100	90
	成品油	100	100	95
	重油	100	100	90
	渣油	100	100	90
气态能源	天然气	100	100	90
	液化气	100	100	90
	煤气	100	90	80
耗能工质	蒸汽	100	80	70
	水	100	95	80
可回收利用的能源		90	80	—

⑥ 对于从事能源加工、转换、输运性质的企业(如火电厂、输变电企业等),其所配备的能源计量器具应满足评价其能源加工、转换、输运效率的要求。

⑦ 对从事能源生产的企业(如采煤、采油企业等),其所配备的能源计量器具应满足评价其单位产品能源自耗率的要求。

⑧ 企业的能源计量器具准确度等级应满足表3-5的要求。

对于能源计量器具的管理要做到以下几方面。

① 要查看能源计量的管理体系,即各项管理措施是否形成文件,并保持和持续改进其有效性。主要查看计量仪表的维护更新及计量器具是否满足生产变化的要求。

② 查看计量器具管理制度,主要查看管理人员和职责是否明确以及计量器具的订购、验收、保管、使用、检定、维修、报废处理等方面的管理制度及落实情况。

③ 查看能源计量器具一览表,了解计量器具的名称、安装使用地点、各仪表计量的作用,重点查看能源流程中主要计量器具位置是否合理、计量是否规范。

④ 查看能源计量器具档案,了解器具的型号规格、准确度、数量、生产厂家、检定周期及最近检定日期,主要查看逾期未检定器具的位置和数量。

表 3-5 用能单位能源计量器具准确度等级要求

计量器具类别	计量目的		准确度等级要求
衡器	进出企业燃料的静态计量		0.1
	进出企业燃料的动态计量		0.5
电能表	进出企业有功交流电能计量	Ⅰ类	0.5
		Ⅱ类	0.5
		Ⅲ类	1.0
		Ⅳ类	2.0
		Ⅴ类	2.0
	进出企业的直流电能计量		2.0
油流量表(装置)	进出企业的液体能源计量		成品油 0.5
			重油、渣油 1.0
气体流量表(装置)	进出企业的气体能源计量		煤气 2.0
			天然气 2.0
			蒸汽 2.5
水流量(装置)	进出企业的水量计量	管径不大于 250mm	2.5
		管径大于 250mm	1.5
温度仪表	用于液态、气态能源的温度计量		2.0
	与气体、蒸汽质量计算相关的温度计量		1.0
压力仪表	用于液态、气态能源的压力计量		2.0
	与气体、蒸汽质量计算相关的压力计		1.0

⑤ 查看能源计量器具检定、校准和维修人员,是否具有相应的资质。
⑥ 查看企业能源计量器具是否有专人管理。

3.3.6 提出和实施无费/低费方案

主要针对审计重点,根据能源损失、转化率不高的原因分析,提出并实施无费/低费节能方案。

3.4 节能方案产生和筛选

本阶段的任务是根据审计重点的能源平衡和能源浪费、转化率低的原因分析结果,组织企业全体员工,针对审计重点在生产管理、生产过程控制、生产工艺及设备、原辅材料、产品及能源的充分利用等方面存在的问题,制定节能方案,并对其进行初步筛选,确定出三个以上最可能实施的节能方案,特别是中费/高费的节能方案，供下一阶段进行可行性分析。

3.4.1 征集节能方案

征集节能方案是组织全体职工为企业实施能源审计出谋划策，提出能源审计方案。能源审计方案的数量、质量和可行性直接关系到企业能源审计的成效，是审计过程的一个关键环节，因而应广泛发动群众征集、产生各类节能方案。

（1）介绍能源和能量平衡图以及能源浪费、利用率低的原因

能源审计工作小组将审计阶段的成果介绍给全体职工，讲解审计重点的能源和能量平衡图、能源管理中的不足，对每一个操作单元的能源、能量损失原因等情况作详细介绍，为征集能源审计方案作准备。

（2）广泛采集、提出节能方案

组织企业职工根据审计重点的能源和能量的平衡情况、损失原因，针对原辅材料和能源代替、技术工艺改造、设备维护和更新、过程优化控制、产品更换或余热充分回收利用、加强能源管理、员工素质的提高这八个方面存在的问题，提出能源审计方案。

广泛收集国内外同行业先进技术。类比是产生方案的最有效快捷的办法之一，组织企业工程技术人员广泛采集国内外同行业的先进技术，找出差距，以此为基础，结合本企业的实际情况，提出能源审计方案。

组织行业专家进行技术咨询。当企业利用本身的力量难以完成某些节能方案的产生时，可以借助于外部力量，组织行业专家进行技术咨询，这对启动思路、畅通信息会很有帮助。

能源审计方案的基本类型分类为：加强能源管理与生产过程控制；原辅材料的改变；产品更新或改变；技术工艺改造。

（3）分类汇总节能方案

对所有的能源审计方案，不论已实施的还是未实施的，不论是属于审计重点的还是其他的，均按原辅材料和能源代替、技术工艺改造、设备维护和更新、过程优化控制、产品更换或改进、余热回收利用、加强能源管理、员工素质的提高以及积极性的激励这八个方面简述其原理和实施后的预期效果。

3.4.2 筛选节能方案

对节能方案的筛选方法有简易的初步筛选方法和权重总和计分排序方法两种。能源审计中，一般采用简易的初步筛选方法较多，权重总和计分排序筛选法由于打分时个人的出发点、认识水平、了解程度不同，可能出现较大的偏差，因此实际使用较少。

(1) 简易初步筛选

初步筛选是对已产生的能源审计方案进行简单检查和审计，从而分出可行的无费/低费节能方案、初步可行的中费/高费节能方案和不可行方案三大类。其中，可行的无费/低费节能方案可立即实施，初步可行的中费/高费节能方案进行下一步研制和进一步筛选；不可行的方案则搁置或否定。

初步筛选节能方案时，主要从4个方面考虑其可行性。

① 技术可行性　技术是否先进，是否已在同行业采用过；是否对产品质量有不利影响。

② 环境可行性　比如替代能源是否新增对环境有害的污染数量。

③ 经济可行性　是否降低企业成本，是否降低运行维护费用；是否减少基建投资等。

④ 可实施性　实施的难易程度；是否可在较短时间内实施；实施过程中对正常生产和产品的影响大小等。

(2) 权重总和计分排序筛选

该方法与确定审计重点时所用的方法相同。适合于中费/高费节能方案的筛选。其权重因素权重值（W）可参考如下规定。

① 技术可行性　主要考虑技术是否成熟、先进，权重值 $W=6\sim8$。

② 环境可行性　主要考虑是减少了对环境有害物质的排放量及其毒性；是否减少了对工人安全和健康的危害，权重值 $W=8\sim10$。

③ 经济效益　主要考虑费用效益比是否合理，权重值 $W=7\sim10$。

④ 可实施性　对生产影响小，施工容易，周期短，工人易于接受，权重值 $W=4\sim6$。

⑤ 对生产和产品的影响　主要考虑是否影响产量和产品的质量，权重值 $W=5\sim7$。

(3) 汇总筛选结果

按不可行方案、可行的无费/低费节能方案、初步可行的中费/高费节能方案列表汇总节能方案的筛选结果。

3.4.3　研制节能方案

经过筛选得出的初步可行的中费/高费能源审计方案，因为投资额较大，而且一般对生产工艺过程有一定程度的影响，因而需要进一步研究，提供三个以上节能方案作可行性分析。

节能方案的研制内容包括以下四个方面：节能方案的详细内容；节能方案的主要设备清单；节能方案的费用和效益估算；编写节能方案说明。

对初步可行的中费/高费能源审计方案均应编写方案说明，主要包括技术原理，主要设备，主要的技术及经济指标，可能的环境、产品影响等。

3.4.4 继续实施无费/低费节能方案

继续实施经筛选确定的可行的无费/低费节能方案,对已实施的无费/低费节能方案,包括在预审计和审计阶段所实施的无费/低费节能方案,应及时核定其效果并进行汇总分析。核定及汇总内容包括节能方案编号、名称、实施时间、投资、运行费、经济效益和环境效益。

3.5 确定实施节能方案——可行性分析

通过前期的能源审计,得出了较多的能源审计方案,对于一些投资大、技术难度大的能源审计方案,应通过可行性分析才能确定。

可行性分析是企业进行能源审计的第五个阶段。本阶段的目的是对筛选出来的中费/高费能源审计方案进行分析和评估,以选择最佳的、可实施的能源审计方案。工作重点是:在市场调查和收集资料的基础上,进行节能方案的技术、环境、经济的可行性分析,从中选择技术上先进适用、经济上合理有利、环境效益明显的最优节能方案进行实施。可行性分析应按照技术、环境、经济可行性分析的先后顺序进行,技术分析认为不可行的方案不必进行进一步的分析,同时环境分析认为不可行的方案也不必进行经济分析。

对于一些能源审计方案,还需进行环境经济损益分析,以便进一步衡量能源审计方案需要投入的投资所能收到的经济和环境保护效果。

3.5.1 节能方案简述

节能方案简述是对筛选出来的中费/高费能源审计方案进行简单介绍,说明方案的具体内容以及方案所需解决的问题。节能方案简述为可行性分析提供必要的信息和资料。节能方案简述的基本内容包括:节能方案的名称、类型、基本内容、实施要求、实施后可能对生产状况的影响(原材料使用的变化、产品变化、能量消耗变化、水资源消耗变化等)、实施后对环境的影响(污染物的产生、排放变化)、可能产生的经济效益等。

3.5.2 市场预测

若能源审计方案涉及产品调整、新增或原材料调整和新增时,需要进行市场预测。内容包括以下几方面。

① 市场现状调查 弄清社会对产品的需求状况和调查项目产品的市场容量现状、价格现状以及市场竞争力现状。

② 产品供需预测 主要考虑国内外市场发展趋势及市场总需求状况,市场对

产品的改进意见等。

③ 价格预测 进行价格预测一般可以采用回归法和比价法。通过对历史资料数据的充分分析，考虑影响价格因素的变化趋势，进行价格预测。

④ 竞争力预测 竞争力分析主要包括：资源占有的优势与劣势，工艺技术和装备的优势与劣势，规模效益的优势与劣势，新产品开发的优势与劣势，产品质量性能的优势与劣势，价格的优势与劣势，商标、品牌的优势与劣势，项目地区的优势与劣势，人才资源的优势与劣势。

⑤ 市场风险分析 应根据项目的具体情况，找出项目存在的主要风险并分析风险程度。新技术、新材料、新工艺的出现，对传统工艺可能产生冲击；新竞争对手的加入，导致项目产品市场份额的减少等。

3.5.3 技术可行性分析

技术可行性分析是对审计重点筛选出来的中费/高费节能方案技术的先进性、适用性、可靠性、安全性和经济合理性等进行系统地研究和分析。先进性主要体现在产品质量性能、产品使用寿命、单位产品能耗、劳动生产率、自动化水平、装备现代化水平等。适用性是指采用的技术应与国内的资源条件、经济发展水平和管理水平相适应。可靠性是指采用的技术和设备质量应可靠，且经过生产实验检验，证明是成熟的。安全性是指采用的技术在正常实施的情况下应能保证安全生产运行。经济合理性是指采用的技术是否有利于降低投资成本和产品成本，提高综合经济效益。

此外，还应了解节能方案中的技术与国家有关的技术政策和能源政策的相符性；技术的成熟程度，国内有无实施的先例；节能方案对产品质量有无影响，能否保证产品质量；对生产能力的影响（生产率、生产量、生产质量、劳动强度和劳动力等）以及对生产管理的影响（操作规程、岗位责任制、生产检测能力、运行维护能力）；另外还有一些公共设施、设备安装、操作控制等要求。

技术可行性分析应注意的几个问题是：对可能影响产品质量和生产效率的节能方案，必须进行更为细致的调查、研究，必要时要进行一定规模的试验；对需要改变生产工艺和原辅材料的节能方案，必须确定该节能方案对最终产品质量的影响程度；对于节约了某些环节的能耗而又可能增加其他环节能耗的节能方案，在技术评估时需要进行全面而充分的考虑；技术可行性分析的原则是，节能方案中采用的技术要有利于节省能源、提高生产效率，确保经济效益和环境效益统一。

3.5.4 环境可行性分析

环境可行性分析是对拟选节能方案能源降低等方面的情况进行全面分析，同时也注意分析某些节能方案是否产生新的污染物，是否对环境产生新的影响。

环境可行性分析对以下内容要特别重视：

a. 产品和过程的生命周期分析；

b. 固、液、气态废物和排放物的变化；
c. 对人员健康的影响；
d. 安全性。

3.5.5 经济可行性分析

经济可行性分析是从企业角度分析节能方案的经济效益，将筛选节能方案的实施成本与可能获得的各种经济收益进行比较，确定节能方案实施后的盈利能力，从中选出投入少、经济效益最佳的节能方案，为投资决策提供依据。

分析的主要指标为：

① 总投资费用（I）　总投资费用＝建设投资＋建设期利息＋流动资金－补贴
② 净现金流量（F）　净现金流量＝现金流入－现金流出
③ 投资偿还期（N）　投资偿还期＝总投资费用/净现金流量
④ 净现值（NPV）　净现值用于考查项目周期（或折旧年限）内的获利能力。净现值等于项目经济寿命期内（或设备折旧年限内）将每年的净现金值流量按规定的贴现率折算到同一时间点的现值总和。
⑤ 内部收益率（IRR）　内部收益率反映投资效益，可视为项目投资的利率。内部收益率等于项目在经济寿命期内（或设备折旧年限内）各年净现金流量现值累积为零时的贴现率。

经济上可行的节能方案要求：首先，投资偿还期小于基准年限（由项目具体情况而定）；其次，净现值大于零；还有，内部收益率大于基准收益率或银行贷款利率或行业收益率。

当有多个节能方案比较时，选择内部收益率值最大的节能方案。

3.5.6 确定实施节能方案

经过技术、环境和经济可行性分析（有些节能方案还有环境经济损益分析）后，应列表说明不同节能方案的评价结果，确定最佳可行的推荐节能方案。

3.6 节能方案的实施

节能方案的实施是企业能源审计的第六个阶段，目的是使通过对可行性分析确定的节能方案得到实施，使企业实现技术进步，获得明显的环境和经济效益。通过评估已实施的能源审计方案成果，激励企业继续推行能源审计。

3.6.1 制定实施计划

实施能源审计方案，是企业的一件大事，需要各部门积极参与和全体员工协同配合。所以，企业必须根据自身的实际状况，统筹安排，制订科学的、切实可行的行动计划，并按计划实施能源审计方案。

在实施阶段，企业应根据能源审计方案的难易程度，进行实施时间的排序，并量力制订切实可行的实施计划。计划内容包括：资金筹措、设备安装与调试、人员培训、原辅材料准备、场地清理准备、试运行和验收。计划的每项内容还应明确其计划实施时间进度及负责部门与人员。

3.6.2 节能方案实施

当资金到位后，即开始在企业领导或能源审计领导小组的主持下按计划实施能源审计方案，直至方案实施完成。方案实施完成后还要进行跟踪分析，总结取得的环境效益和经济效益以及实施方案的经验，并与实施前进行对比，说明能源审计的效果。

能源审计方案实施效果的评价主要是进行技术、环境、经济和综合评价。技术评价主要评价各项技术指标是否达到原设计要求，若没有达到要求，如何改进；环境评价主要通过调研、实测和计算，分别对比各项环境指标，主要是能耗、水耗指标以及废水量、废气量、固废量等废物产生指标在实施前后的变化。经济评价主要是分别对比产值、原材料费用、能源费用、公共设施费用、水费、污染控制费用、维修费、税金以及净利润等经济指标在方案实施前后的变化以及实际值与设计值的差距。综合评价，是在前面技术、环境、经济评价的基础上，对已实施节能方案的成功与否作出综合评价。

3.7 持续能源审计

持续能源审计是企业能源审计的最后一个阶段。目的使能源审计工作在企业内长期、持续地推行下去。本阶段工作的重点是建立和完善能源审计的组织机构，完善能源审计的管理制度和制订节能规划。

3.7.1 建立和完善能源审计的组织机构

能源审计是一个动态的、相对的概念，是一个连续的过程，因而需要有固定的机构、稳定的工作人员来组织和协调这方面的工作，以巩固已取得的能源审计的成果，并使能源审计工作持续地开展下去。

企业能源审计组织机构的任务主要有：

a. 组织协调并监督实施本次审计提出的节能方案；

b. 定期组织对企业员工的能源审计教育和培训；

c. 选择下一轮能源审计重点，并启动新的清洁生产审计；

d. 负责能源审计活动的日常管理。

3.7.2 完善能源审计的管理制度

能源审计管理制度包括把审计成果纳入企业的日常管理轨道，建立激励机制和保证稳定的清洁生产资金来源。

3.7.3 制订节能规划

俗话说"企业的能源节省没有最省，只有更省"。持续的能源审计工作需要持续的节能规划（计划）。节能规划主要是指下一轮的能源审计、节能新技术的研究与开发计划和企业员工的能源审计培训计划，同时也应包括本轮节能方案的实施计划。

3.8 编写能源审计报告

编写能源审计报告的目的是总结能源审计成果，汇总分析各项调查、实测结果，寻找废弃物的产生原因和能源审计的机会，实施并评价能源审计方案，为企业持续实施能源审计提供一个重要的平台。

企业经过前期审计工作，已基本掌握了生产中产生的污染源种类、数量和性质，明确了污染物产生的原因，全面系统地提出了能源审计污染预防措施和方案，并通过无费/低费节能方案的实施，取得了一定的成果。至于筛选出的中费/高费节能方案，考虑到节能方案的实施需要经费上的支持，如果企业一时难于筹措资金，中费/高费节能方案实施将受到影响，因而企业推行能源审计工作也受到制约，有可能拖延较长时间。但作为一个能源审计过程可以认为已经完成，因为能源审计的目的是为了判定出企业不符合能源审计的地方和做法，并提出节能方案解决这些问题，而这些工作已基本完成。因此，在此编制能源审计报告有合理性。

当然如果企业能在较短的时间内筹措资金，实施中费/高费能源审计方案，那么能源审计报告应该包括能源审计方案实施的内容，只有中费/高费能源审计全面实施才能取得更大成果，才能检验与衡量审计的效果，成为能源审计工作的归宿。

能源审计报告书应全面、概括地反映能源审计的全部工作，文字应简洁、准确，并尽量采用图表和照片，以使提出的资料清楚，论点明确，便于审查。原始数据、全部计算过程等不必在报告书中列出，必要时可编入附录。所参考的主要文献应按其发表的时间次序由近至远列出目录。审计内容较多的报告书，其重点审计项目可另编分项报告书；主要的技术问题可另编专题技术报告。能源审计报告书的主要内容有：总则、审计准备、预审计、审计、节能方案的产生和筛选、确定实施的节能方案、结论。对这些主要内容分别阐述如下。

(1) 总则

① 编制能源审计报告书的目的。

② 能源审计任务说明。

③ 编制依据主要包括：相关法律法规（国家、地方标准或拟参照的国外有关标准）；企业生产工艺技术文件；能源审计计划；相关的能源审计技术资料等。

④ 能源审计目标。

(2) 审计准备

① 组建能源审计小组。

② 制订能源审计工作计划。

③ 组织节能宣传和教育。

(3) 预审计

① 企业概况　内容包括企业名称；地点；占地面积；厂区平面布置；土地利用情况；发展规划；产品规模；主要生产工艺；设备；人员及节能设施等概况。

② 工程分析　能源审计报告应对企业生产进行工程分析。主要内容包括主要原料、能源及其来源和储运；工艺过程（附工艺流程图），污染物排放情况；余热回收利用方案；交通运输情况及场地的开发利用。

③ 能源消耗状况分析　进行能源消耗状况分析总体说明企业涉及使用的能源名称、种类、性质及检验报告及参数；国内外同类企业生产水平及使用能源情况，初步分析企业能耗大的原因和能源管理情况等。

④ 确定审计重点　确定审计重点主要适用于能源消耗大、节能潜力大的工段（环节），对于某些工艺简单、产品单一、生产规模小的企业可不进行审计重点的确定而直接确定出审计重点。

⑤ 能源审计目标　按近期、中期和远期分别提出降低能耗、提高能源利用率的目标。包括的图表有：平面布置简图；组织机构图；主要工艺流程图；输入能源汇总表；产品汇总表；主要废物特性表；历年能流情况表；能源审计目标一览表。

(4) 审计

① 审计重点概况　包括：审计重点名称；工艺流程图；能流图；工艺设备流程图和各单元操作流程图等内容。

② 企业能源利用经济指标　包括企业能源消费统计；产品能耗指标；能源成本；能耗趋势分析。

③ 能源利用系统　包括企业能源利用系统流向与平衡分析；主要用能工序及能耗分析；主要用能设备能源效率；列入国家淘汰设备在用情况；企业余热余能利用情况；企业节能潜力分析。

④ 能耗大的原因分析　包括的图表有：审计重点工艺流程图、能量平衡图；审计重点各单元操作工艺流程图和能量平衡图；审计重点单元操作功能说明表；审

计重点工艺设备流程图；审计重点能流实测准备表；审计重点能流实测数据表；审计重点能流图；审计重点能源平衡图；审计重点能耗大原因分析表。

⑤ 企业能源管理体系　包括企业的能源管理机构与职责；企业能源管理制度建设；企业能源计量管理；企业能源统计和分析管理；企业节能技改管理；企业重点耗能设备的能效监测；企业能源消耗定额管理；企业现有能源管理存在的问题。

(5) 节能方案的产生和筛选

① 节能方案汇总　包括所有的已实施、未实施、可行、不可行的方案。

② 节能方案筛选。

③ 节能方案研制。

主要针对中费/高费能源审计方案。包括的图表有：方案汇总表；方案分析或方案的权重总和计分排序表；方案筛选结果汇总表；方案说明表。

(6) 确定实施的节能方案

① 确定实施节能方案。主要内容是技术可行性分析、环境可行性分析、经济可行性分析。

② 确定推荐的节能方案并制订实施计划。

③ 汇总已实施的节能方案成果。

④ 已实施的节能方案对企业的影响分析。

包括的图表有：节能方案简述及可行性分析结果表；已实施的能源审计方案节能效果对比一览表；已实施的能源审计方案经济效益对比一览表；审计前后企业综合能耗指标对比表。

(7) 持续能源审计

① 建立和完善能源审计的组织机构。

② 完善能源审计的管理制度。

③ 制订节能规划。

(8) 结论

① 概括地描述企业生产现状及目前企业能源审计水平。

② 简单明了地说明企业目前能源利用的种类、数量，综合能耗水平等。

③ 简单明了地说明能耗大环节的原因。

④ 简单明了地说明采取的节能对策。

⑤ 说明是否达到了所设置的能源审计目标。

⑥ 客观地总结能源审计所取得的效益，指出存在的问题和今后努力的方向。

⑦ 进行已实施的能源审计方案的成果总结。

⑧ 确定能源审计方案实施计划。

⑨ 说明拟实施的能源审计方案的效果预测。

⑩ 确定持续能源审计方案。

第4章 化工行业能源审计

能源审计的目的在于引导企业实施先进的节能技术,节能降耗,不断提高能源利用效率,保证国民经济持续、快速、健康地发展,其重点在于如何应用和实施先进的节能技术。

在国家发改委、能源办、统计局、质监检总局、国资委五个部门组织开展的"千家企业"节能行动中,石油和化学工业占340家。千家企业2004年能源消费量6.7亿吨标准煤,占全国能源消费总量的33%,占工业能源消费量的47%。石油、石化、化工340家的能源消费量占千家能源消费量的25%左右,占全行业能耗的一半以上。抓好这些重点企业,将对整个行业乃至我国的节能事业产生巨大的影响。中国石油和化学工业协会要协助政府制订节能降耗目标,开展能源平衡测评、技术服务和达标认定工作,组织专家到企业"诊断",帮助重点企业搞清能耗高在哪里,浪费在什么地方,潜力从哪里挖掘,做到心中有数。重点企业要制订用能规划,提出节能降耗目标、产品能耗标准及具体措施。

4.1 化工行业的特点与能源审计的节能意义

4.1.1 化工行业的特点

化学工业是国民经济中的重要原材料工业。我国生产的化工产品中,有70%以上直接为农业、轻纺工业提供化肥、农药、配套原料和生活必需品,所以同农业、轻纺工业和国民经济各部门的发展以及人民生活水平的提高关系极大。经过50多年的发展,化学工业已具有相当的工业基础,成为我国经济发展的重要支柱产业,主要经济指标居全国工业各行业之首。化学工业有一个重要的特点,就是煤、石油、天然气等,既是化学工业的能源,又是化学工业的原料,这两项加起来占产品成本的25%~40%,在氮肥工业达70%~80%。因此广义的化学工业是工业部门中的第一用能大户。这一特点使得能源审计及节能工作在化学工业中有着极为重要的意义。

化学工业是重要的基础原材料工业,同时又是重要的能源消耗部门,目前每年的能源消耗量已达1.4亿吨标准煤以上。化学工业包括12个行业4万多种产品,但能源消耗主要集中在几种主要耗能产品的生产中,如氮肥(合成氨)、烧碱、电石、黄磷、炭黑等。对化学工业而言,能源不仅作为燃料、动力,而且是其生产原料，目前用作原料的能源占化学工业能源消费总量的40%左右。

由于主要化工产品单位能耗高，因此能源费用在化工产品成本中占有很大比重，如化学肥料制造业能源费用占总成本的60%～70%；以天然气为原料的大型合成氨企业，合成氨产品的能源成本占75%左右；以煤、焦炭为原料的中型合成氨企业，能源成本占70%左右；小型合成氨企业能源成本占73%左右。基本化学原料制造业能源成本占30%以上，其中烧碱能源成本占60%以上；黄磷能源成本占60%以上；电石能源成本占75%以上。因此，节约能源是化工企业降低产品成本的重要措施，是实现化学工业可持续发展的必要条件。

在化工生产中需要进行一系列化学反应，有的反应是吸热反应，即反应过程中要吸收热量；另一类反应是放热反应，即反应过程中放出热量。化工生产往往需要在较高的温度、压力下操作，有的甚至采用电解、电热等操作，因而对热能和电能的需求量较大。被加热了的物料往往还要进行冷却，需要大量的冷却水，故化学工业也是用水大户。化学工业能量消费的复杂性，使得工艺与动力系统的紧密结合成为现代化学工业的一个显著特点。因此，抓住节能这个重要环节，也就抓住了化学工业现代化的一个关键。

我国化学工业能源消费结构以煤、焦炭为主，占化学工业总能耗的50%以上。与发达国家化学工业以石油、天然气为主的能源结构相比，我国化学工业的用能结构是低品质能源为主的能源结构。因此，化学工业的能源利用效率与发达国家相比有较大差距，至少低15个百分点左右。差距也是节能潜力的标志，表明我国化学工业可以通过产品结构、用能结构的调整，通过提高用能效率，大幅度降低能源消耗。能源消费以煤为主，是我国化学工业不同于世界其他主要国家化学工业的一个特点。表4-1列出了主要国家化学工业固体能源消费比例，可见我国化学工业煤的消耗比例要大大高于先进的工业国家。这是由于我国的能源资源是以煤为主所致。这种能源消费结构，带来了能耗上升和污染严重的后果。

表 4-1　主要国家化学工业的固体能源消费比例

国别	美国	德国	日本	英国	中国
固体能源消费/%	9.3	14.5	6.3	1.8	55.4

大宗化学品生产规模太小，是我国化学工业不同于其他国家的又一特点。国外炼油厂规模一般在$1000 \times 10^4 t/$年以上，而国内达到此规模的炼油厂属凤毛麟角。再以乙烯生产工厂为例：西欧平均规模为$40 \times 10^4 t/$年，美国为$104.7 \times 10^4 t/$年，日本为$53.7 \times 10^4 t/$年，而我国只有$22.5 \times 10^4 t/$年。合成氨更是如此，虽然我国合成氨产量已跃居世界第一，但工业发达国家中规模小于$10 \times 10^4 t/$年的合成氨厂已基本不存在了，而我国60%的产量是由小于$5 \times 10^4 t/$年的小厂提供的。生产规模太小，是造成我国化工生产消耗指标偏高的另一重要原因。

化学工业内部行业很多，各行业之间能耗差别很大，这一点是化学工业不同于其他工业的一个特点。而我国的化学工业即使同一行业之间，差距也不小，这一点又是不同于其他国家的。以合成氨和氯碱厂为例，即使同类原料同类规模的生产企业之间单位产品能耗相差也很大，大、中企业可以差别20%～50%，小企业可差67%～68%。

随着国际石油价格的大幅上涨，以及我国经济的持续发展对能源需求的大幅增加，近年来，我国的能源市场形势发生了巨大的转变。从2002年开始，能源供应进入供不应求的状态，"煤荒"、"电荒"、"油荒"时常发生。"能源安全"已从专业人员关注的问题变成国家最高领导层关注的问题。能源供应形势的变化也促使我国的能源政策发生了新的变化。2004年6月30日，国务院常务会议讨论并原则通过了《能源中长期发展规划纲要（2004～2020年）》（草案）。《纲要》首先强调要坚持把节能放在首位，并实行全面、严格的节约能源制度和措施。为此，国家发展和改革委员会于2004年底发布了《节能中长期专项规划》，对《纲要》进行了具体落实。因此，化学工业节能降耗不仅是企业降低产品成本、实现企业自身发展的需要，更是国家法律、法规的要求。

4.1.2 国外化工产业发展现状特征与趋势

(1) 世界化工产业现状特征

世界化工产业已趋于成熟，成为全球最大的传统基础产业。目前全球化工工业发展呈现出以下4个新特点。

① 北美、欧洲和亚洲呈三足鼎立之势，亚太在三足中的地位进一步提升。北美、欧洲和亚洲一直是世界石化市场最主要的生产和消费地区，从20世纪80年代起，世界石化产业开始进行结构调整，西方发达国家保留发展高新技术化工领域，能源密集型和劳动密集型的大宗化工产品的生产逐步从西欧、北美向亚太、拉美、中东和东欧地区转移，北美和西欧地区占世界石化市场的比重也因此逐渐下降。目前亚太地区已拥有全球24%的炼油能力、26%的乙烯生产能力。该地区合成树脂、合成纤维和合成橡胶的产量已经超过北美洲居世界第一位。在21世纪，亚太将是石化产能增长最快的地区，世界石化工业半数以上的新投资将用于该地区。随着石化工业的发展，亚太地区在世界石化工业中的地位将进一步提升。

② 以我国为代表的亚洲发展中国家的石化工业正在进一步崛起。受市场、贸易、油价、汇率以及愈来愈严格的环保要求等因素的影响，很多西方发达国家紧缩本国石化生产，而转向在资源国家或拥有广大市场的发展中国家投资建厂和合资办厂。亚太地区炼油能力在全球所占比例已从1992年的18.3%提高到2005年的26.1%，超过了北美24.5%的比例。尤其是以乙烯为标志的产能转移，随着亚太和中东的迅速崛起，重心也在东移中。

③ 北美、中东和亚洲三地表现出深刻的供需矛盾并有逐渐扩大的趋势。近年世界石化格局中,中东成为供大于求最严重的地区,而亚洲供不足需的局面愈发明显。亚洲地区受我国等国家市场的强劲拉动,对石化产品的需求盘快速报升,1998~2005年年均增速达到8.5%,超过产能6.1%的年均增速,供不足需的局面愈发明显。2005年,亚洲地区石化产品短缺局面继续扩大,中东凭借其地理位置和产品价格优势,成为亚洲的主要进口来源,而北美对亚洲的出口量大幅下降。

④ 兼并和重组风潮改变了世界化工产业的部分格局。世界大石油石化公司进行的几次兼并联合和内部重组,改变了全球石油石化业界保持了半个世纪的埃克森和英荷壳牌集团共掌天下的局面,BP、美孚、雪佛龙、德士古等公司跟随其后的格局,形成了由埃克森美孚、壳牌和BP三个超大规模的一体化石油公司以及道达尔菲纳埃尔夫、雪佛龙德士古和大陆菲利普斯三个大型一体化石油公司共同引领世界石油石化业界的新格局。诸多并购案使得世界石化产品的生产能力更趋于集中化,相当部分的装置能力集中在少数几家企业手中。

(2) 国外化工产业发展趋势

进入21世纪以来,由于经济全球化进程加快,国际竞争日趋激烈,化学工业的生产经营形势发生了巨大变化,不断促使世界化工行业进行生产经营的战略性调整。主要表现在以下几个方面。

① 企业不断进行重组,产品向专业化和特色化发展。世界大型化工公司纷纷通过兼并、合作、收购等手段调整产品结构。并购趋势从多元化发展转向专业化发展,具体表现在收缩经营范围、加强核心产业、逐步退出附加值低和污染严重的传统化工领域。大型跨国公司的这一调整,进一步强化、巩固了其所在领域内的垄断地位。据美国化学市场协会统计,2005年世界前20家通用化学品生产商占全球产能的比例已达46%,而1990年时仅为37%。随着化学工业不断走向成熟,预计一些新的领先者如沙特萨比克、中国石化和印度信诚工业公司等将继续通过强化业务重组发挥更大的作用。

② 更加注重运用高新技术、新能源和发展高附加值产业。发达国家不断加大研究开发投入,以技术创新和产业领先抢占未来制高点,加快了化工技术的更新速度;为适应市场需要和追求更高利润,其核心产业已向精细化工和高新材料转移;并大力推进生物化工、新材料、新能源技术的发展。重视煤炭利用,鉴于石油和天然气成本的不断上升,各国正致力于开发其他资源,煤炭作为替代品的前景看好。随着科技的持续进步,谷物和其他物质可望减少各国对原油的依赖。此外,孟山都、杜邦等正开发生物技术,用于废物控制、杀虫、抗旱、抗寒和氮气利用,有望到2020年减少对杀虫剂、化肥和灌溉用水的需求。

③ 调整生产布局,把大宗化工产品生产逐渐向原料和市场所在地转移。由于

环保、运输和劳动力价格等因素,发达国家的初级化工产品、大宗石化产品、传统化工产品正向市场广阔、原料丰富和劳动力廉价的发展中国家转移。亚洲地区是化工生产、消费增长较快的地区,国外大公司已把其作为生产转移的首选。

④ 重视研究循环周期。通用化学品的工业景气循环周期长达7~10年,现已接近本轮的高峰,可能会在2010年左右走向低谷,而后在2020年开始新一轮循环。这些都将对化学公司乃至化学工业的发展产生重要影响,值得大力研究并加以利用。此外,持续创新将使化学工业每年在研发方面投资投入数十亿美元,以创建新的解决方案、开发新技术和发展新产品。鉴于国际油价持续高位运行,提高能源的利用效率也显得日益重要。总体看来,确立综合性的能源方案是发展的大势所趋,这包括大量使用天然气及可再生的能源和原材料等。

⑤ 重视可持续发展。化学工业不仅是能源消耗大、废弃物排放量大的产业,也是技术创新快、发展潜力大的产业。目前,世界各国都非常重视化学工业的节能、环保、安全技术的开发与应用,并逐渐从"末端处理"转变为"生产全过程控制"。

4.1.3 国内化工产业现状特征和趋势

(1) 国内化工产业现状特征

目前,我国已经形成了门类比较齐全、品种大体配套并基本可以满足国内需要、部分行业自给有余、产品可以出口的化学工业体系。包括化学矿山、化肥、石油化工、纯碱、氯碱、电石、无机盐、基本有机原料、农药、染料、涂料、新领域精细化工、橡胶加工、新材料这14个主要行业。"十五"期间,我国化学工业取得了长足进展,各项技术经济指标都达到了历史上最好水平,超额完成了"十五"初期确定的目标,是我国化学工业历史上发展最快的时期。具体体现在以下几个方面。

① 化工产品产量快速增长 目前我国已有20多种化工产品生产和消费居世界前列,化学工业对国民经济发展的支撑作用进一步增强。到2005年年底,石油和化学工业全行业实现销售收入33063.4亿元,利润3707.9亿元,税金1726.7亿元。其中化学工业2005年固定资产总值16262.1亿元,实现总产值17597.3亿元,销售收入17228.5亿元,利润958.5亿元,税金594.1亿元。2005年化学工业实现销售收入、利润和税收都达到历史最高记录,与2000年相比,全行业利润和税收的年递增率分别为46.9%和18.25%,大大超出"十五"计划目标。

② 产品结构明显优化 "十五"期间,化工行业通过宏观调控,调整投资方向,加大技术改造力度,大力发展高档、高附加值和短线产品,加快产品的更新换代。投资重点向优先发展的石油化工、农用化学品和化工原材料产品倾斜,与"九五"末相比,尿素产量由1412万吨(折纯)增加到1994.9万吨,在氮肥中的比例由48%上升到55.8%;高浓度磷复肥(以P_2O_5计)产量由235万吨增加到678万吨,在磷肥中的比例由35.44%增加到63.07%;离子膜烧碱产量由144万吨增加

到 366 万吨，在烧碱中的比重由 22.3% 增加到 29.5%；子午线轮胎产量由 3188 万条增加到 14261.7 万条，在轮胎中的比重由 32% 增加到 45%。农药杀虫剂比重下降了 15.77 个百分点，杀菌剂、除草剂比重分别为 11.22% 和 28.89%，分别提高了 0.62 个和 10.89 个百分点。

③ 技术进步成果显著　"十五"期间，化工行业加速科研机构向企业化转制，积极推进建立以企业为主体的技术创新体系，自主开发能力和科研成果转化能力得到增强。重点突破了一批行业急需和对行业技术进步带动性较大的新技术、新工艺。如：适合于中小氮肥企业的灰熔聚流化床、新型多喷嘴对置气化技术、合成气醇烃化精制新工艺、磷酸稀酸综合料浆浓缩法工艺、聚四氟乙烯和甲基氯硅烷新工艺、电石渣制水泥、大型磷石膏综合利用、低压法甲醇工艺、万吨级炭黑新工艺、5 万吨/年氯化聚乙烯（CPE）、杀菌剂"氟吗啉"、聚醚醚酮（PEEK）、以玉米为原料一步法生产柠檬酸、大型乙烯裂解炉和大型裂解气压缩机国产化、6000t 子午线轮胎专用有机硅烷偶联剂等。

④ 非公有制经济快速发展　"十五"期间，化工非公有制企业发展迅速，其发展速度大大超过国有、集体和三资企业，目前已成为化学工业不可或缺的重要力量，目前其销售收入及资产已占到化工总量相当大的份额，可以说三分天下有其一。非公有制化工企业的发展，大大加快了全国化学工业的发展，提高了我国化学工业的整体实力。2005 年产品销售收入超过亿元的民营企业已超过千家，有的销售收入达到近百亿元，已超过许多国有大型企业，跻身于世界化工专业领域的前列。非公有制企业涉及面宽，从无机化工、有机化工到石油化工、精细化工，遍及整个化工领域，目前已形成经济规模不等、专业特色鲜明的产业集群，特别是一些大型非公有制企业，出现了一批跨领域、跨地区、跨行业的以资本运作为纽带的产业集团。

⑤ 化工园区建设成效显著　"十五"期间，我国化工园区的建设驶入了快车道。沿海、沿江的一些地区利用自身航运、交通、水源、环境的优势，大力实施园区建设，取得了显著成绩。据不完全统计，十多年，我国省级以上人民政府批准建设的新建化工园区达 60 多处。由于化工园区的带动，区域化工产业带已初步形成，依托长江水系形成长江经济带和长江三角洲地区，上游有重庆长寿化工园、四川西部化工城；下游有南京、无锡、常州、镇江、南通、泰兴、常熟、扬子江和苏州工业园，以及上海化学工业区；依托珠江水系的珠江经济带和泛珠三角地区，主要有广东湛江、茂名、广州、惠州、深圳、珠海等；沿海地区的化工园区，环杭州湾地区形成精细化工园区、山东半岛和环渤海地区的青岛、齐鲁、天津、沧州、大连和福州湄州湾的泉港、厦门、莆田等；一批具有特色的内陆地区化工园区正在崛起，如黑龙江哈-大-齐-牡石化产业带，内蒙古包头、鄂尔多斯和巴盟三大化工园区以及陕西的陕北煤化工神华工业园，青海西宁经济技术开发区，新疆独山子、乌鲁木

齐、克拉玛依、库车和塔里木五大园区,贵州正在形成的依托铝、钛、锰等有色金属和磷化工、煤炭、石油以及天然气资源的贵阳-遵义产业带等。

(2) "十一五"期间中国化工产业发展的趋势

"十一五"期间,石油和化学工业的市场环境将有新的特点:大部分产品将呈现越来越畅销的态势,资源型、耗能型产品有时会出现供不应求的局面,进出口进一步增长,外贸逆差将缩小,而全行业面临的资源紧张、能源紧张和环境压力三大制约因素进一步突出;发展重点在石油化工、农用化学品、煤化工等领域,为国民经济重点产业配套的精细化工和专用化工产品、生物化工和环保型产品将成为新的热点;大型化学工业园区的建设将有快速的发展;全行业在技术创新、实现清洁生产、节约资源能源、开展循环经济等领域将有新的突破。

① 农用化学品质量将有进一步提高　农药工业目前的生产能力大大超过产量。今后主要是产品结构调整,提高产品档次,加强新品种的开发。重点包括发展替代高毒有机磷杀虫剂新品种和地下害虫防治剂;用于水果蔬菜的新型杀菌剂和病毒抑制剂以及杀线虫剂;适应水用轻型耕作的除草剂和新型旱田除草剂;环境相容性好、使用方便的悬浮剂、水乳剂、微乳剂、水分散粒剂和微胶囊剂等新型制剂将会成为开发的热点。一批产品质量差、环保不合格的企业将被关闭,形成一批具有较强竞争能力和创新能力的大型企业。

② 精细化工和专用化学品将成新增长点　预计"十一五"时期精细化工业将在强化自主创新,突破核心催化技术、现代反应工程技术和精细加工技术,开发环境友好工艺方面实现突破。

③ "绿色化工"将是发展的必然趋势　"绿色化工"是当今国际化学工业科学研究的前沿,它从源头上消除污染,合理利用资源和能源,降低生产成本,实现可持续发展。

④ 生物化工将会在"十一五"时期进一步受到重视　生物化工技术不仅可提供大量廉价的化工原料和产品,而且还有可能改善某些化工产品的传统工艺,产生少污染、省能源的新工艺,甚至合成一些性能优异的化合物。如以玉米为原料生产柠檬酸、生物法生产聚丙烯酰胺、生物化工产品中的新型酶制剂、新型可生物降解高分子材料、长链二元酸、新型生物农药等在市场上已充分显示出竞争力,预计将会得到发展。"十一五"时期的发展重点,将在燃料乙醇、氨基酸、酶制剂、部分有机酸(柠檬酸、乳酸、衣康酸等)、生物医药(青霉素等)、生物农药(井冈霉素、阿维菌素等)等产品生产领域。

⑤ 产业发展向园区集聚　我国石化工业发展至今,由于布局分散而导致的种种弊端显现。近几年各地区纷纷借鉴国外石化工业发展的成功经验,走园区化发展道路。设立石化、化工园区,实行炼化一体化,按照化工流程科学布局上下游加工装置,上游装置与下游装置原料直供,对区内基础设施、物流设施、三废处理设

施、交通运输、信息通信设施和供热、供气等公用工程进行统一规划和开发建设，降低石化项目的建设和经营成本，营造招商引资和承接产业转移的环境。走园区化发展道路是我国石化工业今后发展的主要模式。

⑥ 投资主体走向多元化　我国正在逐步兑现入世承诺，国内外投资者将享受相同的国民待遇，并将逐步解除对竞争性行业的投资限制，投资主体将走向多元化。国外通常的做法是组成国际财团，共同投资建设，分散投资风险。预计今后外国资本、民营资本和金融资本组成的投资财团在我国石化项目建设中将起重要作用。目前，我国石化工业，除个别特殊领域，多元化投资机制已表现出非常强烈的态势。

4.1.4　化工行业的能源审计与节能意义

对企业的能源审计是一种科学的管理手段与方法，为节能管理提供了一种有效的评价方法与模式。具体如下。

a. 能源审计是一种专业性审计活动，具有监管、公证与服务的职能。

b. 政府通过能源审计对用能大户（企业）实行监管，促进合理使用资源、节约能源、保护环境、持续发展经济。

c. 企业实行科学用能管理，节约能源，降低成本，增加经济效益，提高自身的竞争能力。

改革开放以来，我国国民经济一直保持高速发展，能源消耗量也同样以高速度增长。党的十六大和第十届全国人民代表大会提出，到2020年，我国国民经济要在2000年的基础上翻两番，即国民经济要保证7%左右的年增长率。能源作为国民经济发展的基础和动力，必然要大幅度增加供应量，以满足国民经济发展的需要。但我国能源资源是有限的，对能源生产单位来说，需要尽力增加能源供应量；对能源用户来说，必须坚持节约能源，不断提高能源利用效率。化学工业作为主要用能行业，尤其是作为重点用能单位的化工企业，把节能工作放在企业发展的重要位置，就具有更加突出的意义。

我国国民经济正处于一个高速发展的时期，这就不可避免地出现能源消耗的大幅度上升。当前我国的能源消费量已超过世界能源消费总量的10%，但是我国的人均能源消费量仅约为世界平均水平的50%，这种情况表明未来我国经济发展所面临的能源问题将更加突出、更加严峻。为了保证国民经济持续、快速、健康地发展，必须合理、有效地利用能源，不断提高能源利用效率。

我国政府一直重视节能工作，早在1981年五届全国人大第四次会议就确定了"开发与节能并重，近期把节能放在优先地位"的能源发展方针；在1991年确定了节能是我国经济和社会发展的一项长远战略方针。

化工行业节能是一项长期的工作，其意义如下。

① 节能是化学工业可持续发展的需要　随着国民经济和人民生产水平的不断

提高，对能源的需求量越来越大。到2020年，我国经济要实现翻两番的目标，必须提供充足的能源作为保证。化学工业要实现持续稳定地发展，同样需要稳定的能源供应。江泽民同志在党的十五届五中全会上就明确指出："保持经济持续健康发展，切实维护国家的经济安全，必须始终高度重视并抓紧解决粮食安全、水资源和油气资源问题。这是直接关系我国长远发展的战略问题。"我国的能源资源有限，国内能源供应将面临潜在的总量短缺，尤其是石油、天然气供应将面临结构性短缺，我国长期能源供应面临严峻的挑战。目前，我国每年石油进口量达到120Mt，据有关机构预测，2010年和2015年我国原油缺口将分别达到137Mt和194Mt。国际能源机构（IEA）分析认为，2010年中国石油需求将有一半依赖进口，2020年中国石油需求将有80%依赖进口。对化学工业来说，石油产品不仅是作为能源进行利用，而且很多化工产品都是石油的下游深加工产品，石油供应紧张，对化学工业的危害程度远远高出其他工业部门。因此，节约能源，减少能源消耗，对化学工业来说具有特别重要的意义，是化学工业实现可持续发展的必要前提。

② 节能有利于保护环境　节能，意味着减少了能源的开采与消耗，从而减少了烟、尘、灰、硫以及其他污染物的排放。我国的环境污染为典型的能源消费型污染。据统计，我国每年SO_2排放量和烟尘排放量均超过1500万吨，能源消费在上述两项排放中的贡献均在70%以上；以煤为主的能源消费结构，使我国目前每年CO_2排放量已占全球总排放量的13%以上。据报道，直接燃烧1t煤炭，可向大气排放的污染物有粉尘9~11kg，SO_x约16kg，NO_x约3~9kg，还有大量CO_x。目前由于化石燃料的大量消耗，全世界每年向大气排放的污染物达600Mt以上，其中粉尘100Mt，SO_x约146Mt，CO_x约220Mt，NO_x约153Mt。这些污染物是酸雨、温室效应、光化学烟雾、大气粉尘增加的主要原因。因此，节能降耗可大大利于环境保护。

③ 加强节能是化工企业提高经济效益的需要　化工产品，尤其是高耗能产品的能源费用占产品成本的比例很大，最高可达80%左右。节约能源，降低能源费用，就是降低产品成本，从而可以增强产品的市场竞争力，为企业创造更多经济效益。

④ 节能能促进管理的改善和技术的进步　节能的过程，就是一个生产现代化的过程，对管理和技术工艺，都提出了更高的要求，因此，通过节能，有利于改变企业的落后面貌。

4.2　化工行业能源审计的重点

4.2.1　能源审计的重点

在化工企业生产过程中，能源审计的重点主要在于以下四个方面：流程工艺、化工单元操作设备、化工过程系统和操作控制。

技术进步是实现节能降耗最重要的措施。据研究分析，技术进步对节能贡献率达到40%～60%。要提高能源利用效率，缩小与国际先进水平的差距，必须依靠科技进步，不断增强自主创新能力。要按照新型工业化道路的要求，大力开发和推广节能降耗的先进实用技术。重点是能源节约和替代技术、能量梯级利用技术、延长产业链和相关产业链接技术。通过自主创新，突破制约节能降耗的技术瓶颈，尽快使资源消耗从高增长向低增长、再向零增长转化。

(1) 流程工艺

化工生产行业甚多，生产过程又相当复杂，因此，化工工艺过程节能的范围很广，方法繁多，这里仅简要介绍化工工艺节能的基本方向。

工艺节能技术中首先是化学反应器，其次是分离工程。化学反应器又取决于两方面因素：催化剂和化学反应工程。

① 催化剂是化学工艺中的关键物质，现有的化学工艺约有80%是采用催化剂的，而在新的即将投入工业生产的工艺中，约有90%采用催化剂。

同样，催化剂也是化工节能中的关键物质，这是因为，一种新的催化剂可以形成一种新的更有效的工艺过程，使反应转化率大幅度提高，温度和压力条件下降，单位产品能耗显著下降；另外，通过提高催化剂的选择性，减少了副产物，既节省原料消耗，又降低了分离过程的负荷和能耗。

例如，ICI公司用低压（5MPa）、低温（270℃）操作的铜基催化剂代替高压（35MPa）、高温（375℃）的锌-铬催化剂合成甲醇，不仅使合成气压缩机的动力消耗减少60%，整个工艺的总动力消耗减少30%，而且在较低温度下副产物大大减少，节省了原料气消耗和甲醇精馏的能耗，结果使吨甲醇的总能耗从4.19×10^7kJ降低到3.6×10^7kJ。

② 绝大多数化学反应过程都伴随有流体流动、传热和传质等过程，每种过程都有阻力，为了克服阻力推动过程进行，就需要消耗能量。若能减少阻力，就可降低能耗。另外，一般的反应都有明显的热效应，对吸热反应有合理供热的问题，而对放热反应有能量合理利用的问题。

例如，氨合成塔过去一直采用轴向塔，流体阻力很大，现在许多公司提出低压降的径向塔，使塔压降大大降低，以同是直径2100mm的塔为例，压力损失从4.2MPa降低到63kPa。

③ 分离工程化工生产中应用的分离方法很多，如精馏、吸收、萃取、吸附、结晶、膜分离等，每一类方法中还包含有许多种方法，各种方法的能耗是不同的，需要加以选择。

例如，大型氨厂中脱除CO_2的方法有化学吸收法和物理吸收法两大类。目前一般采用热碳酸钾溶液或一乙醇胺溶液的化学吸收法。该方法吸收液再生时需耗大量的热量。近年来国外大力发展高效率的物理吸收法，形成了聚乙二醇二甲醚法和碳酸丙烯酯法。其优点是只要减压就能解吸出 CO_2，使吸收剂再生，省去了化学吸收法中溶剂再生的热量消耗。

④ 改进工艺方法和设备。我国多数炼焦厂仍使用落后的湿熄焦方法，这样 10kt 焦炭仅熄焦方式一项就比用先进的干法熄焦方式多损失 500t 左右标准煤。

精馏塔由板式塔改为规整填料塔，可以降低塔的压降，减少塔底与塔顶的温差，提高生产能力，减小回流比，减少动力消耗。

用膨胀机代替节流阀，利用工艺气体的压力降做功或制冷，也是一项节能措施，例如，在年产 300kt 的大型乙烯装置脱甲烷塔塔顶，将富甲烷尾气节流阀改为膨胀机，可节能约 530kW，占制冷总能耗的 3%～4%，同时回收 280kW 的压缩功。

助剂改进也很重要，例如在橡胶塑炼中用 0.1% 的塑解剂就可节电 30%。

(2) 化工单元操作设备

化工单元操作设备种类很多，包括流体输送机械（泵、压缩机等）、换热设备（锅炉、加热炉、换热器、冷却器等）、蒸发设备、塔设备（精馏、吸收、萃取、结晶等）、干燥设备等，每一类设备都有其特有的节能方式。

① 流体输送机械对可变负荷的设备，采用转速控制等；回收压缩热等。

② 换热设备的节能方法有：加强设备保温，防止结垢，保持合理传热温差，强化传热；对锅炉和加热炉控制过量空气，提高燃烧特性，预热燃烧空气，回收烟气余热；以及采用高效率设备，如热管换热器等。

③ 蒸发设备节能措施有预热原料、多效蒸发、热泵蒸发等。

④ 设备塔的节能途径有减小回流比、预热进料、塔顶热的利用、使用串联塔、采用热泵、采用中间再沸器和中间冷凝器等。

⑤ 干燥设备控制和减少过量空气、余热回收、排气的再循环、热泵干燥等。

(3) 化工过程系统

化工过程系统节能是指从系统合理用能的角度，对生产过程中与能量的转换、回收、利用等有关的整个系统所进行的节能工作。

从原料到产品的化工过程，始终伴随着能量的供应、转换、利用、回收、排弃等环节，例如预热原料、进行反应、冷却产物、气体的压缩和液体的泵压等。这不仅要求提供动力和不同温度下的热量，而且又有不同温度的热量排出。根据外供的和过程本身放出的能量的品位，合理匹配过程所需的动力和不同温度的热量；根据工艺过程对能量的需求和热回收系统的优化合成，对公用事业提出动力、加热公用工程量和冷却公用工程量。

以前的节能工作主要着眼于局部，但系统各部门之间存在着有机的联系。随着过程系统工程和热力学分析两大理论的发展及其相互结合与渗透，产生了过程系统节能的理论与方法，把节能工作推上了一个新的高度。

过程系统节能方法的研究始于20世纪70年代中期，80年代在理论上逐渐成熟，方法上逐渐完善，并在工业实践中取得了巨大的经济效益。用一个石油化工企业的例子可以说明该方法的优越性：一个由乙烯厂及其下游产品构成的联合企业，如果每个分厂自行优化节能改造，需投资220万英镑，年效益为144万英镑，投资回收期18个月。而对企业整体进行优化节能改造，需投资330万英镑，可得到266万英镑的年效益，投资回收期为15个月。过去的老厂设计因为没有用这些理论作指导，往往浪费很大。因此采用过程系统节能方法，很容易取得显著的节能与经济效益。

(4) 操作控制

控制节能包括两个方面：一方面是节能需要操作控制；另一方面是通过操作控制节能。节能需要操作控制，通过仪表加强计量工作，做好生产现场的能量衡算和用能分析，为节能提供基本条件。特别是节能改造之后，回收利用了各种余热，物流与物流、设备与设备等之间的相互联系和相互影响加强了，使得生产操作的弹性缩小，更要求采用控制系统进行操作。

另外，为了搞好生产运行中的节能，必须加强操作控制。例如产品纯度准确控制不够是引起过程能量损失的一个主要原因。若产品不合格将蒙受很大的损失，所以一些设备留有颇大的设计限度，使产品的纯度高于所需纯度，大大增加了能耗。

再者，在生产过程中，各种参数的波动是不可避免的，如原料的成分、气温、产量、蒸汽需求量等，若生产优化条件能随着这些参数的变化而相应变化，将能取得很大的节能效果。计算机使得这种优化控制成为了可能。

控制节能投资小、潜力大、效果好，目前尚未引起足够重视，但以后会大有发展。

4.2.2 主要节能改造技术方法

(1) 低温、低压、高活性合成氨催化剂的研制

在氨合成的工艺条件中，压力对反应的影响很大，而且直接影响到合成氨的动力消耗。降低合成操作压力，使高压机的功耗降低，但却使循环机和冰机功耗增加。只有降低反应温度，相应采用低温、高活性的催化剂，才能降低反应所需压力，把高压机的功耗切实地降下来。

传统的氨合成催化剂是三促进剂的熔铁催化剂，目前国内中型厂多数采用这类A110-1、A110-2型催化剂。20世纪80年代以来，国内外为开发低压合成工艺，相继研制了低温、低压的铁钴系催化剂、$Fe_{1-x}O$基催化剂和钌基催化剂。

① 铁钴系氨合成催化剂 ICI公司的74-1铁钴系低压氨合成催化剂比传统的铁系催化剂活性温度低、活性高（提高10%～15%），适宜在约10MPa压力下使

用。该催化剂已在国内外大型装置中普遍采用。

② $Fe_{1-x}O$ 基氨合成催化剂　浙江工业大学于 20 世纪 80 年代开发成功的 A301 型低温低压氨合成催化剂属于 $Fe_{1-x}O$ 基氨合成催化剂，它首次改变了 Fe_3O_4 基的传统观念，把铁系氨合成催化剂提高到一个新水平，是铁催化剂研究中的一项重大突破。与国内外先进的同类型催化剂相比，活性温度降低了 15～209℃，生产能力提高 10%～20%，特别适用于低压合成氨。该催化剂已在国内中、小氮肥厂推广应用。

③ 钌基氨合成催化剂　1972 年 Ozaki 提出了 Ru-K/C 非铁系钌基催化剂，1979 年英国 BP 公司和 Kellogg 公司联合开发并进行放大试验。结果表明，在常压下该催化剂比铁系催化剂的活性高 10～20 倍，于 1992 年命名为 KE-1520 的钌基催化剂在加拿大得到应用。工业应用表明，该催化剂不仅在高浓度下具有高活性，而且稳定性也达到了期望值，预计使用寿命可达 15 年。使用 KAAP 工艺和 KE-1520 催化剂，吨氨成本可比传统工艺降低 18～54 元，节能 1.22GJ。目前已有 5 座合成塔使用了钌基催化剂。

(2) 采用节能新工艺、新设备

① 热管换热器用于烟气余热利用　目前国内已有不少单位将热管技术用于工业锅炉的烟气余热回收，把气-液热管换热器安装在锅炉烟道内，利用烟气余热加热锅炉给水。据介绍，一台 2791kW·h 的热水锅炉使用这种气-液热管换热器后，烟气温度由原来的 230℃下降到 170℃，给水温度由 10℃上升到 60℃，热量回收率达 26%，锅炉热效率提高 3.1%，节能效果显著。而且这种换热器阻力小、成本低，仅用一个采暖期就可回收用于制作热管换热器的投资。因此，这种热管换热器是中小型工业锅炉房回收烟气余热的理想设备。

② 凝结水与废蒸汽回收　提高凝结水回收率，防止凝结水的损失是锅炉节能中的重要环节。提高凝结水回收率不仅使锅炉软化水补充量减少，减轻了水处理系统的负荷，同时提高凝结水回收率使给水温度提高。锅炉给水温度每提高 6℃，节省燃料约 1% 左右，凝结水的排放问题由安装蒸汽疏水阀来解决。而凝结水输送问题始终没有得到很好的解决。用户的凝结水回收除非地形高差很大，一般都须在锅炉房设置地下室，使凝结水自流回来，或在锅炉房和用户中途设置加压泵回收凝结水。用上述方法回收凝结水使回收费用大为增加，是一种不理想的方法。

国外已开始采用凝结水自动输水泵回收凝结水。这种泵无需外力，只要在蒸汽管线中通入少量蒸汽，即可连续不断地工作。既可使凝结水高位提升，又可使凝结水远距离回输到锅炉房。使用这种泵将使锅炉热效率提高。

③ 蒸汽蓄热器的应用　蒸汽蓄热器是一种省能型装置，发明于 20 世纪，在国外应用较早。我国已开始研究并推广蓄热器，取得较明显的成果。

蒸汽蓄热器的原理是当锅炉负荷减少时，将锅炉多余蒸汽供入蒸汽蓄热器内，使蒸汽在一定压力下变为高压饱和水。当供热负荷增加，锅炉蒸发量供不应求时，降低蓄热器中的压力，高压饱和水即分离为蒸汽和低压饱和水，产生的蒸汽供用户使用。

通常锅炉房各用户的蒸汽负荷不是恒定的，是经常变化的。这样就难以保证锅炉在正常负荷下运行，从而影响到锅炉的效率。工业锅炉房设置蓄热器后，使锅炉能处于正常负荷下运行，消除了负荷波动对锅炉燃烧和热效率的影响，提高了锅炉的热效率。采用蒸汽蓄热器一般可节约燃料5%～15%，上海机械学院为上海纸浆厂设计的100m^3的蒸汽蓄热器，投入运行后锅炉房热效率提高8.38%，节煤率为13%。

④ 真空除氧 真空除氧是一种省能型除氧方法。目前，大型工业锅炉的给排水除氧方法大多采用大气热力除氧。这种方法要把给水加热到大气压力下的沸点温度，才能排走水中的氧。大气热力除氧有两个不足之处。一是大气压力的沸点温度，需要耗费大量蒸汽，使锅炉有效利用热量减少。一台10t/h锅炉给水从60℃加热到105℃，耗汽约0.7t/h。二是由于锅炉给水温度提高使省煤器平均水温提高，省煤器传热温差减小，排烟温度升高，排烟热损失加大。以上两个方面都使锅炉热效率降低。而当采用真空除氧，真空度维持在7.999kPa（60mmHg）时，给水温度只要加热到60℃就能达到除氧目的。这样既节约了蒸汽，又减少了排烟损失，从而提高了锅炉热效率。

⑤ 精馏过程节能 精馏是工业上应用最广的分离操作，消耗大量能量。减少精馏操作的能耗，一直是工业实践和科学研究的热门课题。已开发研究的实现节能的各种方法，大致包括下述几个方面：

a. 精馏塔本身的节能；

b. 精馏序列的合理安排；

c. 精馏序列在总体工艺流程中进行热集成。

这里集中讨论以上a、b两方面的方法，对有关总体过程的热集成作简单介绍。此外，应用先进控制方法，实现计算机优化控制等对节能也有显著作用，必要时请参阅有关著作。

a. 精馏塔节能 对精馏过程进行有效能分析得知，减小冷凝器和再沸器中传热过程的温差，减少精馏塔中传热和传质过程的推动力以及流动压差，即使各过程尽量接近可逆，也可提高有效能的利用率，为节省能耗指出了方向。据此，研究和应用高效换热设备以及高效率、低压降的新型塔板和填料，均是实现节能的重要途径。在已开发和研究的多种节能方法中，有的已取得明显节能效果，有的具有良好的应用前景，下面进行简要论述。

中间冷凝器和中间再沸器。简单精馏塔只在塔顶和塔底对塔内物料进行冷凝和蒸发，在一座精馏塔内温度自塔底逐渐升高，如能在塔中部设置中间冷凝器，就可以采用温度较高的冷却剂。在裂解气深冷分离塔中，意味着可以应用较廉价的冷源，节省有效能；如果在塔的中间设置中间再沸器，对于高温塔，则可以应用温位较低的加热剂，在深冷分离塔中，则可以回收温位较低的冷量。一般中间冷凝器和中间再沸器的热负荷需适当选择，保持塔中的最小回流比时的恒浓区仍在进料板处，以使全塔的可逆性较高。因此，进料板处气液两相流量仍同无中间冷凝器和中间再沸器时一样。所以简单精馏塔的塔顶冷凝器热负荷近乎等于有中间冷凝器时两个冷凝器的热负荷之和；同样，简单精馏塔的塔底再沸器热负荷将几乎等于有中间再沸器时两个再沸器的热负荷之和。值得注意的是，可逆性提高的好处并不表现为总的热负荷有所减小，而在于通过塔的热能有效能降级程度的减小。因此，在生产过程中必须要有适当温位的加热剂和冷却剂与其相配，并需有足够大的热负荷值可利用，如此才有效益。

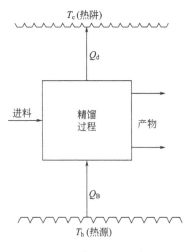

图 4-1 精馏过程示意图

b. 精馏序列的合理安排，多效精馏。在精馏操作中，分离过程消耗的能量是热能。在简单精馏塔中，温度为 T_h 的加热剂向塔釜加入热量 Q_B，同时在冷凝器中由温度 T_c 的冷却剂取走热量 Q_d（见图 4-1）。两热量的有效能之差为分离过程的净功耗。

由此可见，为节省能耗，最好加热剂温度略高于塔底温度，冷却剂温度略低于塔顶温度。但实际上最方便价廉的冷却剂是水或空气，最常用的加热剂是水蒸气，很难符合上述要求，为此精馏塔无形地多耗了不少有效能。解决此问题的办法之一是多效精馏，这与多效蒸发十分相似，只要精馏塔的塔底和塔顶温度之差比实际采用的加热剂和冷却剂的温差小得多，就可以考虑采用多效精馏。

图 4-2 所示为多效精馏的三种流程。三者相同的地方是高压塔的冷凝器与低压塔的再沸器耦合成一个换热器，利用高压塔顶的蒸汽去加热蒸发低压塔底的物料。但两种流程中的加料和出产品的方式不同，流程（a）中向两塔分别加料，并各自独立出产品，除上述的热耦合外，两塔作用各与单塔相同，此时单位加热量几乎可以比单塔多处理一倍原料量，高压塔底温度与低压塔顶温度之差也几乎是单塔温差的一倍。流程（b）中全部原料加入高压塔，在该塔中分离得到纯度较高的塔底产品，塔顶仅得到易挥发物部分浓缩的产物，再引入低压塔进一步分离为两股较纯的产品。显然此流程中的高压塔底和塔顶的温差可以减小，造成整个流程的总温差降低，但单位加热量处理的料液量将小于单塔时的一倍。流程（c）全部原料仍仅加入高压塔，但物料仅在该塔中实现部分分离，塔顶和塔底的产物均分别引入低压塔

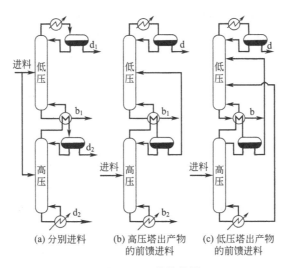

图 4-2 双效精馏塔

中进一步分离得纯产品。如此流程安排使高压塔中温差可进一步减小，造成整个流程的总温差进一步降低。同时，单位加热量处理的料液量也进一步减少。

多效精馏可节省能耗，但需增加设备投资，经济上是否可行需通过经济核算决定。由于两塔间的热耦合，所以要求更高级的控制系统。

4.2.3 "十一五"化工节能重点

4.2.3.1 合成氨产品节能潜力及节能技术措施

（1）节能潜力分析

我国合成氨产品能耗与国外、国内先进水平比，都有较大的差距，节能潜力很大。

① 引进装置节能潜力分析　引进装置的吨氨能耗目前平均水平还在 37GJ（油、气为原料），比国外先进水平 29GJ 高近 30%。我国引进装置能源利用效率在 56% 左右，国外先进水平能源利用效率在 70% 左右。吨氨有节能潜力 280kg 标煤。

② 国内大中型合成氨节能潜力分析　以煤（焦炭）、油、气为原料的国内大中型企业节能潜力较大。采用国内平均水平与国内先进水平和国外 30 万吨以煤为原料的能耗先进水平进行对比。目前，国内以煤、焦、油、气为原料的合成氨能耗平均为 1900kg 标煤左右，国内先进水平 1700kg 标煤，每吨节能潜力为 200kg 标煤。与国际 30 万吨以煤为原料的吨氨能耗先进水平 1670kg 标煤相比，节能潜力为 230kg 标煤。如果今后改造国内大中型合成氨企业，扩大规模，采用国外德士古法生产，吨氨能耗将达到 1650kg 标煤，与目前水平比，吨氨有 250kg 标煤的节能潜力。

③ 小型合成氨节能潜力分析　国内小型合成氨，目前吨氨平均能耗 1800kg 标煤，与国内先进水平相比，吨氨也有 150kg 标煤的节能潜力。随着今后的发展，小型企业将会逐年有部分企业的生产规模扩大，生产碳酸氢铵改为生产尿素，吨氨能耗不会再有较大幅度下降。

④ 我国合成氨能耗高的原因分析　造成我国合成氨能耗高的原因，归纳起来有以下四个方面。

一是我国合成氨生产以煤、焦为主，是造成能耗高的重要原因。世界上以气为原料生产的化肥占 80%～90%，美国为 98%，前苏联为 92%，我国只有 20% 左右，加上以油为原料的也只有 35% 左右。煤、气、油三种原料生产合成氨，以气为最低。气体厂合成氨吨氨能耗，世界上先进水平为 29GJ，我国引进装置能耗平均仍在 35GJ 左右。

以煤、焦为原料制氨，世界上与我国大中型同类型的企业很少，缺少对比资料，只能以引进煤头 30 万吨和国外 30 万吨煤头合成氨能耗对比。我国引进吨氨能耗还在 53～54GJ，世界先进水平为 46～49GJ，折标准煤 1570～1670kg 标煤。我国目前平均吨氨能耗 2000kg 标煤，比国内引进的吨氨能耗高出 150kg 标煤，比世界先进水平高出 330～430kg 标煤。

二是企业生产规模小，也是能耗高的一个原因。我国合成氨产量从目前看仍以中小型企业为主。像合成氨这样的产品，规模上不去，成本上无法竞争，因为在热回收利用和热功结合使用方面，装置规模大型化，效率必然好于小型装置，从能耗可以看出吨氨能耗远远高于国内引进和国外的大型企业，其规模不同是一个不可忽视的原因。从资料上看，国内大中型合成氨企业的能耗高于小型厂，这是因为十多年来小型合成氨厂加大投入力度，进行大量的节能技术改造，特别是小型厂消化吸收大型厂的许多优点，充分利用合成氨生产过程中的热能，采用蒸汽自给技术，取得显著的节能效果。中型厂则显得落后和迟缓，主要是投入不够。

三是单机效率低，工艺技术落后。引进厂使用高效的单系列大型设备，较突出的是压缩机、风机、水泵，静止设备大型化之后，也减少动力损失，便于热能回收和综合利用。中小型厂目前造气炉技术仍是 20 世纪 50～60 年代的水平，气化率低，碳的利用率也低；另外压缩机技术落后，效率低，能量得不到充分利用。工艺过程的单元操作，也是 20 世纪 50～60 年代的传统方法，经过近几年的改造有了较大进步。

四是管理落后。规模小，技术落后，使用以煤炭为主的低质量能源是综合能耗高的根本原因。而管理上的原因也是重要的，国内同类型企业在使用原料、技术、装置、生产规模基本相同的情况下，能耗差距可达 40%～50%。以先进厂为例，吨氨能耗 1600kg 标煤，电耗可降到 1000kW·h；而落后厂吨氨能耗高达 3000kg 标煤左右，电耗也在 1500～1600kW·h 左右。

(2) 合成氨工业的节能技术措施

近十几年来，我国大型合成氨装置采用国际和国内的先进工艺、设备和控制技术，采用以下技术进行了大量技术改造。

① 烃类蒸气转化　一段炉烟气余热回收，降低烟道气排放温度。可采用旋转蓄热式换热器或热管式换热器加热燃烧空气。采用新型催化剂，降低进料 H_2O/C，不但降低了工艺蒸汽消耗量，而且可有效地降低一段炉蒸汽转换的热负荷；采用新型合金材质的转化炉管（如 HP50 薄壁管），有利于提高转化管操作的压力和温度，降低管壁厚度及长度，增加转化管催化剂装填量；改造蒸汽系统，提高高压蒸汽的过热度，可提高蒸汽的做功能力和热利用率；二段炉采用新型烧嘴；借鉴节能型工艺设计思想，改变转化工艺设计或转化炉型，提高转化效率以降低能耗。降低一段转化强度，放宽其出口 CH_4 含量，增加二段炉空气加入量以维持反应温度。在后工序用深冷净化除去多余的氮及其他惰性组分，即所谓"温和转化"，以降低一段炉燃料耗量。一段炉设计为换热器类型，热源由二段炉高温出气提供，即"换热转化工艺"；用燃气轮机驱动工艺空气压缩机，燃气轮机的高温气体送入一段炉作为补充空气，即热量的联合循环工艺，可节约燃料并提高一段炉燃烧效率。

节能型工艺的主要技术特点是：一段炉采用提高转化压力、降低水碳比、降低出口温度、提高出口甲烷浓度的工艺条件操作，将负荷移至二段炉，即所谓"温和转化"；采用燃气轮机带动空压机，排出的高温乏气送一段炉作助燃空气而被再次利用，提高了总的热效率；采用冷箱净化除氮、分子筛干燥、低压合成、新型合成塔内件等技术，使合成回路效率更高，能耗更低；采用更低能耗的脱碳技术，如低热 Benfield 法和活性 MDEA 法；采用计算机集散控制系统等。

② 变换　采用低水碳比高活性的催化剂，提高 CO 变换率，降低蒸汽消耗。降低变换阻力，如将高低变换炉由轴向床改为轴径向床。

③ 脱碳　采用低能耗的脱碳工艺。如低热耗苯菲尔工艺（半贫液四级喷射闪蒸）、双塔再生工艺、MDEA 工艺等；采用新型高效填料。采用低热苯菲尔工艺和更换高效阶梯环填料等配套改造，使脱碳能力提高 30% 以上，再生热耗降低 30%。

④ 氨合成及合成回路　采用新型合成塔内件配以小颗粒、高活性催化剂，使合成塔及合成回路阻力下降，氨净值提高，合成反应热综合利用好。目前大型氨厂采用的塔型有卡萨利（Casale）轴径向冷激或层间换热型、托普索 S-200 径向层间换热型、Kellogg 卧式合成塔等，均取得较好效果。采用新型高效催化剂，降低氨合成和合成回路压力。Uhde-ICI AMV 工艺合成压力已降到 10.4MPa。

合成回路改造，可增设分子筛干燥器，补充气经干燥除去微量水分及 CO_2 后可不经氨冷直接进入合成塔，改塔前分氨为塔后分氨，从而降低循环量和系统阻力，减小压缩机功率，提高氨净值。

⑤ 释放气回收　可采用深冷分离或膜分离技术，现多数采用后者，效果很好。

⑥ 机泵　采用"三元流"设计的新型高效节能型转子；采用先进的防喘振控制系统和调速系统；采用大机组状态监测和故障诊断技术；一些效率较低的小型汽轮机改用电机驱动，有利于提高机组效率和装置运行可靠性。

⑦ 控制系统　控制系统改传统的模拟仪表为计算机集散控制系统（DCS）。利用计算机丰富的硬件和软件功能，可完成工艺变量的调节、指示、设定、记录、报警、动态图表显示等操作，在对主要工艺参数优化控制、开停车智能控制、联锁先进控制系统和管控一体化的开发应用方面均有新的进展，极大地有利于装置安全、稳定、优化运行，有显著节能效果。

⑧ 渣油型装置　气化炉采用新型烧嘴，如 Shell 气化装置的多通道同心圆烧嘴，可将气化炉出口的有效气体成分提高 4%，使吨氨渣油消耗降低近 40kg；Texaco 开发出的新烧嘴也降低了氧耗、汽耗。

空分装置采用全低压分子筛流程，提高氧气收率，降低空压机功耗。将空分装置由传统的板式换热器切换流程改造为分子筛流程，投产后氧气提取率增加近 4%。

液氮洗装置可采用 Shell 冷箱液体泵回收 CO 技术，或采用林德公司设计的高压膨胀闪蒸回收技术，都可进一步降低油耗。

变换采用宽温耐硫催化剂，提高 CO 变换率。

⑨ 其他　工艺余热回收，如工艺冷凝液回收，可采用中压蒸汽（工艺蒸汽）汽提法或天然气饱和法。

采用新型保温材料，改进保温件结构及施工方法，减少过程热损失，提高热效率。如采用陶瓷纤维毡隔热层代替传统的耐火砖等。

大型合成氨装置无论采用何种工艺技术路线，都是以煤为原料的能耗最高，渣油次之，天然气最低，成本和投资排列也是如此。因而，新建大型合成氨装置的最佳选择应以天然气为原料，能力（30~45）万吨/年，要采用 21 世纪的新工艺、新技术、新设备，能耗在 29.31GJ 以下。

【案例1】　云天化公司经历了三轮节能增产技术改造。1988 年完成了第一轮改造，主要项目有：一段炉烟气余热预热燃烧空气；增设蒸汽过热烧嘴；合成气压缩机前加氨冷器；脱碳改低热耗苯菲尔工艺；合成塔内件改造；释放气氢回收；模拟仪表改 DCS 控制等。吨氨节能 3.37GJ（115kg 标煤），能力提高 8%。1995 年完成了第二轮改造，主要项目有：一段炉炉管更新为 HP50 薄壁管、对流段空气预热器改造；二段炉更换新型烧嘴；高低变炉由轴向改为轴径向，增设小低变炉；脱碳增换热器、半贫液泵汽轮机改电机驱动；空气压缩机、合成气压缩机透平转子扩能增效；凉水塔改造等。吨氨节能 1.23GJ（42kg 标煤），能力提高 18%。2004 年完成了第三轮改造，扩能 50%。

【案例2】　赤天化厂于 1985~1988 年完成了 DCS 控制、合成塔内件改造、空气压缩机和合成气压缩机透平节能增容等项目。1998 年完成了扩能 22% 的改造，主要项目有：一段炉低 H_2O/C (3.0)、低转化率操作；对流段增设蒸汽过热烧嘴；烟道气余热加热工艺冷凝液对天然气增湿；二段炉富氧空气操作、变压吸附制氧；轴径向变换炉、合成回路加分子筛干燥、塔后分氨；释放气深冷分离回收氢等。能力提高22%，能耗下降到33.49GJ/t氨（1143kg标煤/t氨）。

(3) 合成氨节能技术重点和发展方向

合成氨工艺技术设备的未来发展趋势是大型化、集成化、自动化并形成经济规模的生产中心、低能耗与环境更友好。

① 开发大型设备和节能集成技术　开发年生产能力在（30～45）万吨的设备和生产系统能量优化技术；自动化控制技术。在合成氨装置大型化的技术开发过程中，其焦点主要集中在关键性的工序和设备，即合成气制备、氨合成、合成气压缩机。

② 发展开发低能耗合成氨工艺　低能耗制氨工艺技术主要以节能降耗为目的，立足于改进和发展工艺单元技术，其主要技术包括温和转化、燃气轮机、低热耗的脱碳和变换、深冷净化、效率更高的合成回路、低压合成技术等。

③ 发展开发用烟煤、褐煤等粉煤、碎煤和水煤浆制合成气技术　发展壳牌粉煤气化技术、德士古水煤浆气化技术、GSP煤气化工艺技术。重视国内开发的灰熔聚粉煤气化技术、恩德炉煤气化技术等，特别是自有知识产权的新型多喷嘴（对置式）与粉煤加压气化技术和节能环保型复合式锥形水煤气发生炉等技术。

④ 新型热力网络"合成氨-尿素蒸气自给"技术　采用醇烃化合成氨原料气精制工艺、低压低能耗氨合成系统、低能耗的变换工艺技术；采用新型重风燃烧炉和余热回收器集中回收造气吹风余热和上下行煤气显热的副产蒸汽的合成氨蒸气自给技术；采用尿素生产节汽技术、设备和全燃循环流化床锅炉技术；改造合成氨的脱碳、变换、合成系统；改造尿素合成塔和生产工艺。

节能效果：吨氨生产节能350kg标煤，吨尿素生产节电20kW·h；吨氨成本下降260～280元，吨尿素成本下降260～280元。由合成氨生产系统多回收的蒸汽和全燃循环流化床锅炉产生的蒸汽，供尿素生产，实现以煤为原料生产合成氨-尿素蒸气自给。

⑤ 恩德炉粉煤气技术　具体如下。

该技术由三部分支持：一是沸腾床粉煤气化装置及使用该装置生产煤气的方法；二是沸腾床粉煤气发生炉；三是热废锅炉，这是恩德气化技术的核心。

生产煤气的方法：在恩德煤气发生炉中，小于10mm的粉煤在蒸汽、富氧空气（纯氧或空气）独创性的流化态下进行多次氧化、汽化等反应。温度可高达1050℃左右，粉煤可在其内循环，在经过合理的废热回收，产生0.6～3.82MPa的蒸汽之后被降温至200～240℃，再进行降温、净化、分离，达到设计要求后送出成品粗煤气。

除此以外，还有其他一些先进的煤气化工艺技术，如变压煤气化技术等。

4.2.3.2 电石生产节能潜力及节能技术措施

(1) 电石生产节能潜力分析

电石产品综合能耗是指从原料进入界区直至电石包装完好并运出生产界区的全过程界区耗能总量。主要是电能、炭材、耗能工质（水、氮气、压缩空气等）按折算指标计算的耗能总量。总能耗中包括界区内石灰石破碎和筛分、煅烧石灰和破碎、筛分系统、炭材干燥和破碎、筛分系统、电石生产（电石炉配料和冶炼、电石产品冷却、破碎、筛分和包装）系统、电石炉气系统、为生产服务的附属和辅助系统，以及途库耗、加工损耗等。

综合能耗是企业管理活动和技术装备水平的综合反映，在综合能耗中，电耗和炭材消耗是最主要的指标。我国主要电石生产企业，吨电石综合能耗 2.4t 左右标煤。其中电耗国外先进水平为 3000kW·h/t，我国多数企业为 3500kW·h/t 左右，高出 16.7%。我国电石工艺能耗：敞开炉平均能耗 2200kg 标煤/t，密闭炉 1950kg 标煤/t，敞开炉改密闭炉，吨电石有节能潜力 250kg 标煤。

(2) 电石节能技术措施

① 空心电极技术　在空心电极可加入总配比为 8%~15% 的粉炭和粉灰，达到全系统节能、省料的目的。

② 微机控制技术　有利于实现稳定、高效生产。国内开发的微机控制软件和硬件经过生产实践考验行之有效。

③ 电石炉炉气利用技术　国外利用途径是除尘后的清净炉气作气烧石灰窑燃料，国内清净炉气尚未得到充分与合理利用。

我国引进日本钻石公司和挪威埃肯公司的干法除尘技术，实践证明都不可靠，而引进的湿法除尘技术虽有缺点，但尚可以连续运行。

④ 我国独创的密闭电石炉气直接燃烧法锅炉系统和半密闭炉烟气废热锅炉系统均属于干法，换热与除尘同时进行，实际生产中都取得了一定的节能效果，尾气含尘也能够达到地区排放标准。炉气直接燃烧法锅炉、烟气废热锅炉都是热能回收系统成功技术。在需要蒸汽的工厂推广密闭炉炉气直接燃烧法，吨电石副产 1.3~1.5t 蒸汽；半密闭炉烟气废热锅炉可实现吨电石副产 0.8~1.0t 蒸汽。

⑤ 大中型电石炉采用机械化自动上料和配料密闭系统，与微机联锁，既提高工效、减少粉尘飞扬，又能保证配比准确。

(3) 电石节能技术重点和发展方向

① 电石炉密闭化和炉盖设计技术。

② 机械化出炉技术　我国电石炉技术装备中，尚无经济有效的机械化出炉设备，既不利于电石顺畅出炉和节能，又难避免出炉环节事故发生。

③ 炉气清洁和利用技术　继续完善消耗吸收电石炉炉气清净技术和炉气利用

技术。

④ 大中型商品电石企业用煤和电石炉气烧锅炉自行发电的技术　即开发以炉气为补充气源的两用锅炉。

⑤ 湿法除尘技术　研究改进我国此项技术实现洗涤水闭路循环工艺，不仅能大量节水，还可把二次污染减少到最低限度。

⑥ 进一步完善我国独创的密闭电石炉气直接燃烧法锅炉系统和半密闭炉烟气废热锅炉系统技术。

⑦ 嫁接冶金工业中的模糊控制技术　电石炉冶炼生产，嫁接钢铁冶炼模糊控制技术可以较大幅度降低电耗。

⑧ 电石炉电效监控及电能质量优化管理系统技术　即重点解决功率因数补偿功能、谐波消除功能、三相功率不平衡改善功能、浪涌抑制功能、瞬变抑制功能，可实现较大幅度节电。

⑨ 大中型电石炉采用节能型变压器和其他节约电能的系统设计。

4.3　两家化工企业能源审计实例

4.3.1　某一化工总厂能源审计报告（项目要点）

（1）项目名称与规模

某一化工总厂向亚洲开发银行申请节能环保贷款项目为年产 80kt 烧碱改造工程。

（2）技术特征与工艺条件

某一化工总厂是我国特大型化工企业，主要生产氯碱和各种有机化工产品。工厂现有三套烧碱生产装置：隔膜电解（石墨阳极）装置，烧碱生产能力 30kt/年，于 20 世纪 50 年代中期建成；水银电解装置，烧碱生产能力为 55kt/年，于 20 世纪 50 年代中期建成，20 世纪 70 年代中期经过改造；离子膜电解装置，烧碱生产能力 40kt/年，于 20 世纪 90 年代初期建成。工厂烧碱总生产能力 125kt/年。1993 年烧碱产量 100.6kt，1994 年烧碱产量达到 113.6kt。

离子膜电解工艺是目前世界上最先进的烧碱生产工艺，与水银法和隔膜法工艺相比，工艺技术先进、电耗低、污染物排放少，具有明显的节能、环保效果和社会经济效益。

（3）能源消费结构

某一化工总厂 1994 年能源消费总量相当于 393.382kt 标煤，其能源消费结构见表 4-2。

表 4-2 某一化工总厂 1994 年的能源消费结构

项　目	原煤	洗煤	天然气	电力	成品油	焦炭	燃料油	合计
实物量	191.43kt	25.60kt	180km³	493.63GW·h	1.09kt	75t	22.59kt	
等价量/kt 标煤	136.74	23.04	0.23	199.43	1.60	0.073	32.27	393.38
构成/%	34.76	5.86	0.06	50.70	0.40	0.02	8.20	100.00

其中用于烧碱产品的能量为：电 324.52GW·h，蒸汽 176kt，水 744kt，脱盐水 71kt，能源消费量合计为 153.9kt 标煤。

（4）节能与环境效益

本项目依托某一化工总厂的部分老装置与公用工程，改建一套年产 80kt 烧碱的离子膜电解装置，以取代现有的水银电解和隔膜电解装置。烧碱装置的总生产能力基本不变，但烧碱的生产能耗下降，其工艺技术可达到世界先进水平。

项目建成投产后，工厂每年可节约电量 96.48GW·h，相当于年节约能源 39kt 标煤。生产工艺的变化彻底根治了汞、石棉绒和铅对环境的污染。工厂每年减少汞排放量 9.5t，石棉绒 15t，从根本上解决了工人因汞、铅和石棉绒中毒所引起的职业病，并改善了厂区周围居民的生活环境。

工厂由于节能每年可减少向大气排放 CO_2 11.6kt，SO_2 830t，NO_x 450t。

该项目若在全国推广，预计年节能总量为 720kt 标煤，每年可减少温室气体（CO_2）排放量 215kt；因此在氯碱行业具有典型的节能环保示范意义。

（5）财务分析与社会效益

工程总投资 3.9685 亿元人民币。建设期 3 年，生产期 14 年。人民币贷款偿还期 6.59 年，外币贷款偿还期 15 年。

项目投资回收期 7.71 年（静态），财务内部收益率（IRR）为 17.12%，净现值 9014 万元人民币，因此项目具有良好的获利能力。

项目实施后可根治汞、石棉绒和铅对环境的污染，年节约能源 39kt 标煤，节能、环保效果明显，社会效益良好。

（6）资金筹措

项目投资总计 3.9685 亿元人民币，其中：亚行贷款 2057.2 万美元（折合人民币 1.9221 亿元），国家贷款 1.43 亿元人民币，工厂自筹 6164 万元人民币。

从能源消费结构可见，电力的消耗占总能源消耗的 50% 以上，为主要消耗能源。电力能源主要消耗在电解制碱装置中，因此电解制碱装置为该项目的主要能耗工序。早期的隔膜电解装置和水银电解装置的工艺落后，是该厂高能耗的主要原因。上例项目中采用世界先进水平的离子膜电解装置，年节约能源 39kt 标煤，约占能源消耗的 10%，取得了很好的节能效果。

按照国家"十一五"化学工业科技发展纲要，氯碱工业为优先发展领域，"十一五"将围绕降低能耗和实施规模化、精细化，重点开发和推广。离子膜法制碱，特别是采用国产化技术为优先发展方向。

4.3.2 某碱厂能源审计报告（项目要点）

（1）项目名称与规模

某碱厂向亚洲开发银行申请的节能环保贷款项目为纯碱三个主要生产工序的改造工程，包括：蒸、吸氨装置的改造、年产10万吨合成氨装置的改造以及年产50万吨重质碱装置的改造。

（2）技术特征与工艺条件

某碱厂是一个以纯碱为主要产品的大型综合性化工企业。氨碱法（苏尔维法）制碱装置始建于1926年，几经改造现已达到纯碱生产能力45万吨/年，部分工序的生产技术已接近国内或国际先进水平，但其蒸、吸氨工艺设备陈旧，工艺落后，能耗较高，大量低位热源的热量未充分利用。联碱法工艺的重油气化制合成氨装置建于20世纪70年代，在国内属20世纪70年代初的技术水平，节能潜力十分明显，如对空分、气化、变换、脱碳、合成等工序的改造可节约原料、电力和蒸汽。

改造重质碱工序是为了调整产品结构。采用先进的工艺设备将重质碱的产量从10万吨/年扩大到50万吨/年，不仅可提高工厂的经济效益而且可减轻纯碱在生产、存储和运输过程中的环境污染。

（3）能源消费结构

某碱厂1994年能源消费总量及结构见表4-3。

表4-3 某碱厂1994年能源消费总量及结构

项　　目	无烟煤	烟煤	电力	重油	合计
实物量	84.963kt	449.775kt	183.49GW·h	72.942kt	
等价值/kt标煤	64.620	358.471	74.13	100.452	597.673
构成/%	10.81	59.98	12.40	16.81	100.00

其中氨碱法制碱年耗能量为：蒸汽1234kt，乏汽229kt，井水5338kt，电力38.382GW·h，水（河水及循环水）65409kt，无烟煤73.602kt，能源消耗量合计：273.98kt标煤。

合成氨年耗能量为：蒸汽152kt，井水24kt，软化水33kt，水24853kt，电力52.02GW·h，重油48.354kt，能源消耗量合计：111.68kt标煤。

重质碱年耗能量为：蒸汽55kt，井水95kt，水68kt，电力3.283GW·h，能源消耗量合计：8.89kt标煤。

（4）节能与环境效益

本项目依托某碱厂的部分装置与公用工程，拟对工厂比较落后的蒸吸氨工序、合成氨工序和重质碱工序进行技术改造。

项目实施后纯碱及合成氨的生产能力基本不变，但某碱厂氨碱法纯碱的可比综合能耗将由 15GJ/t 降至 12.89GJ/t，其生产工艺可达到国内先进水平，并将改善操作环境，减少对大气的热污染（蒸汽 141kt/年）和对水体 NH_3-N 污染（300.5t/年）。合成氨可比综合能耗将由 60.12GJ/t，降至 50.7GJ/t，炭黑水和污水也可得到进一步处理。重质碱工序改造后，可使低盐优质重质纯碱工艺达到国际先进水平，提高纯碱质量，避免轻质纯碱在存储、运输、使用过程中对环境造成碱尘污染和氯污染。

项目投产后，工厂每年可节约燃料 30.224kt 标煤、电力 28.92GW·h。每年节约能源总量为 41.91kt 标煤。

该项目若在全国推广，预计年节能总量为 354.7kt 标煤，减排温室气体（CO_2）255.4kt 标煤。

（5）财务分析与社会效益

项目总投资 4.343 亿元，建设期 2 年，生产期 15 年。人民币贷款偿还期 5.98 年，外币贷款偿还期 17 年（含建设期 2 年）。

项目投资回收期 7.7 年（静态），年利润 3839.8 万元，财务内部收益率（IRR）14.48%（税前），净现值 5197.1 万元。因此，项目具有较好的获利能力。

项目实施后，可以减少废渣、碱尘、NH_3-N、氯气等对环境的污染，年节约能源量为 41.91kt 标煤。

（6）资金筹措

项目总投资 4.343 亿元人民币。其中：亚行贷款 2500 万美元（折合人民币 2.175 亿元），国家技术改造专项贷款 7687.7 万元人民币，该集团公司股金 1.0 亿元人民币，工厂自筹 3993.58 万元人民币。

从能源消费结构上可以看到，烟煤的消耗占了近 60%，为该厂的主要消耗能源，用于加热、蒸氨等工序中。上述项目以改造蒸/吸氨装置技术入手，并对年产 10 万吨的合成氨装置进行系列节能改造。项目投产后年节约 41.9kt 标煤（约 7%）的能源消耗，有效地降低了能源消耗。

节能型氨合成技术也属于国家"十一五"化学工业科技发展纲要优先发展技术，本项目通过技术改造，蒸、吸氨装置的能量利用率大为提高，同时对年产 10 万吨合成氨装置进行改造，很好地节约了原料、电力和蒸汽。

第 5 章 钢铁行业能源审计

钢铁企业主要以生产生铁、钢材、铁合金等高能耗产品为主，是一次能源和二次能源的消耗大户，其能源消耗量在全国能源总产量中占很大的比例。因此，对钢铁企业进行能源审计是冶金行业节能工作的重点。企业节能主要体现在直接节能和间接节能两种方法上。近年来，人们往往把注意力放在直接节能上，而忽视了间接节能。据事实证明，间接节能的潜力是很大的，是提高企业能源利用率不可忽视的手段之一。企业能源审计就是一种间接节能方案，是近年来新兴的一种科学有效的能源管理方法，是审计工作在能源管理方面的延伸和渗透。

5.1 钢铁行业的特点及能耗现状

5.1.1 钢铁行业的特点

钢铁材料是最重要的、使用量最大的基础性结构材料和功能材料之一，我国钢铁工业的高速发展，有力地支撑了我国城市化建设和工业化进程，成绩卓著。钢铁工业经过近几年的发展，取得了可喜的成绩。2004 年，我国钢产量已经达到 2.72 亿吨，为 1995 年的 2.8 倍，每年增长率为 12%。我国已成为世界瞩目的钢铁大国，粗钢产量稳居世界首位。2005 年粗钢产量占全球总量的 31.2%，比紧随其后的日本、美国、俄罗斯、韩国的总产量高出 9.1%。

在我国国民经济各部门中，钢铁工业是耗能大户，近年来在全国工业用能中的比例由 1995 年的 12.88% 上升至 2002 年的 15.70%，而且有逐年上涨之势头。相对于钢铁工业用能增长的趋势，我国能源短缺问题却日益明显起来。但我国钢铁产业的技术水平和物耗能耗水平与国际先进水平相比差距明显，面临技术升级和结构调整的压力。进入"十一五"，我国钢铁工业将进一步提高国际竞争力，加强技术创新，结构调整，联合重组，淘汰落后；将面临由大转强的关键时期，并实现由依赖资源高投入的传统生产模式向资源高效利用的循环经济生产模式转化。

应对能源紧缺，我国钢铁工业首先应从管理、技术等方面采取一系列的有力措施，有效地节约能源降低消耗，以保证钢铁工业的正常发展。我国钢铁工业的节能工作经历了 20～30 年的发展，吨钢综合能耗（全行业平均）从 1980 年的 2.040t 标煤降为 2003 年的 0.770t 标煤，下降率为 62%，节能效果明显。然而，由于许多先进的节能技术尚未得到大规模推广，吨钢能耗仍比国外先进水平高出 10%～20%。

2000~2004 年，重点统计企业的吨钢综合标准煤能耗从 0.907t 降低到 0.761t，降低幅度为 16.10%。尽管如此，我国仍然是钢铁生产能耗较高的国家之一，每生产 1t 钢需要消耗 5~6t 原燃料。钢铁生产为高温过程，其中间产品要经过多次加热和降温才能成为最终产品，消耗大量的能源和载能工质，能源费用约占钢铁生产成本的 1/3 左右。因此，积极地开发、研究和应用节能新技术，是维持钢铁工业可持续发展，提高钢铁企业竞争力的重要途径。

我国 2006 年全年累计生产粗钢 41878.20 万吨，生产生铁 40416.70 万吨。2006 年我国粗钢和生铁产量分别占全球总产量的 34.34% 和 46.6%。全年国内市场粗钢实际消费量 40192 万吨，占全球消费总量的 32.7%，我国钢铁生产和消费已成为全球中心，对世界钢铁业发展有着重要的影响。分地区看，河北、江苏、辽宁、山东四省产量合计占全国近一半。分企业看，鞍钢集团（2256 万吨）、宝钢（2253 万吨）、唐钢（1906 万吨）、沙钢（1463 万吨）、武钢（1376 万吨）、济钢（1124 万吨）、马钢（1091 万吨）、莱钢（1079 万吨）、首钢（1055 万吨）9 家钢铁企业年产钢超过 1000 万吨；重点钢铁企业产钢 33571 万吨，占全国的比重为 80.2%。广东的钢铁产量较少，主要是集中在韶钢和广钢。但是随着计划年产 1000 万吨高档板材的湛江钢铁项目已经正式列入广东 2007 年重大项目计划表，并报请国家相关部门批准，广钢迁建广州市南沙区的计划也正在积极实施中，广东的钢铁产量将显著提升。

5.1.2 我国钢铁工业能耗现状

2000 年底和 2002 年，国家经贸委先后公布了第 1 批、第 2 批《国家重点行业清洁生产技术导向目录》，与钢铁行业有关的技术多达 27 项，由于干熄焦、高炉喷煤、小球团烧结、高炉余压发电、高效连铸等技术的应用，从 2000~2003 年，我国重点钢铁企业各工序段的能耗大都有明显降低，烧结能耗降低 4.43%，焦化能耗降低 6.80%，转炉能耗降低 18.87%，电炉能耗降低 21.95%，轧钢能耗降低 18.92%，炼铁能耗降低不明显（因为高炉喷煤量较少）。

我国节能工作仍存在很大差距。国外先进国家的高炉焦比已达到 300kg/t 以下，燃料比小于 500kg/t；我国重点钢铁企业的高炉焦比为 426kg/t，部分其他企业为 488kg/t，燃料比在 560kg/t 左右；分别高出 42% 和 12%。我国 2003 年重点钢铁企业与国际 1999 年先进水平和美国 1998 年水平比较，烧结工序能耗高 23.38%；炼铁工序能耗高 14.56%；转炉工序标煤能耗是 23.56kg/t，而 1999 年国际先进水平为负能炼钢（标煤消耗 8.88kg/t）；轧钢工序能耗高 16.67%；焦化工序能耗高 22.95%；电炉工序能耗高 12.91%，有很大的节能潜力。

1999 年全国钢铁工业能源消耗总量为 12869.81 万吨标煤，其能源结构为煤炭占 70%（其中：炼焦煤占 48%，燃料煤占 22%），电力占 26.8%，燃料油占 3%，天然气占 0.2%。国内外现代化钢铁企业生产过程中可回收利用的余热余能量，一般均占其企业总能源消耗的 15%，能耗费用一般占其钢铁生产成本的 20% 左右。上述数据是对联合企业而言的，对于一些独立存在的炼铁厂、特钢厂、焦化厂、耐火厂等企业该指标还要高一些。国际上先进的钢铁企业，如日本新日铁余热余能回收利用率已达到 92% 以上，该企业能耗费用占生产总成本的比例是 14%。我国最先进的钢铁企业——宝钢的余热余能回收利用率在 68%，其能耗占生产成本的 20%。我国一般的钢铁联合企业余热余能回收利用率在 30%～50%，其能耗占生产成本的 30%～45%。因此，余热余能回收利用仍有较大的发展空间。

5.2 钢铁行业生产的主要工艺路线及节能分析

把钢铁冶金全流程根据能源消耗和冶金功能划分为三个工序，即炼铁工序（包括烧结、球团、焦化和炼铁）、炼钢工序、轧钢工序。

5.2.1 技术层面

(1) 炼铁工序

炼铁工序能耗占转炉炼钢总流程的 88% 左右，而在该工序中，单独高炉炼铁占转炉钢总流程的 58%，所以就技术的角度而言，钢铁冶金节能应该重点放在炼铁工序，特别是高炉工序。目前主要发展的技术有以下几项。

① 精料技术 该技术的核心可以描述为：入炉矿含铁品位高、原燃料强度高、烧结矿碱度高、原燃料物理性能和化学性能稳定、多用熟料、粒度均匀、粒度偏小、含有害杂质少、冶金性能好。

② 提高热风温度 一般而言，热风温度每提高 100℃，可使焦比降低 35kg/t。我国目前热风温度比国际先进水平低 100～150℃。

③ 干法熄焦 (CDQ) 技术 可回收焦化工序 35% 左右的能量，约 68kg/t。

④ 高炉炉顶压差发电 (TRT) 技术 高炉鼓风能耗占炼铁工序能耗的 10%～15%，采用 TRT，可回收高炉鼓风动能的 30%，吨铁发电量约 30kW·h。若再采用干法除尘技术，可提高发电能力 30% 左右。而煤气温度提高，发电透平机出力可提高 3% 左右，综合起来，TRT 加干法除尘最高吨铁发电量可达 54kW·h。

(2) 炼钢工序

① 转炉负能炼钢技术 转炉炼钢时，如果转炉煤气中 $\varphi(CO) > 30\%$，$\varphi(O_2) < 2\%$，即可进行转炉煤气回收。当转炉煤气回收大于 $100m^3/t$，蒸汽回收大于 60kg/t，并使回收的转炉煤气和蒸汽得到充分利用时，就可以实现负能炼钢，相当于至少节能 36.34kg/t。

② 铁水预处理技术 该技术的特点有以下几方面。

a. 解放高炉生产能力。高炉工序可以几乎不考虑产品的硫、磷含量,高炉的脱硫、磷负担减轻,可降低炉渣碱度,减少渣量,减少碱金属危害,有利于冶炼低硅铁,节约能耗。

b. 铁水的硫含量可以降低到超低量,有利于转炉冶炼优质钢和合金钢。

c. 保证炼钢吃精料,降低转炉炼钢成本。

(3) 轧钢工序

公认的节能技术是蓄热式燃烧技术,该技术的优势在于可以用低热值、低价的高炉煤气代替焦炉煤气或重油。但在没有高炉煤气的企业,这项技术的优势备受争议,争论的焦点是在实施这种技术时多增加的鼓风机和引风机运行时消耗的电能和该系统的维护费用与节约的能量相差不多。总而言之,目前正在推广实行的技术可以使我国冶金过程能耗达到或接近国际先进水平。

5.2.2 结构层面

(1) 炼铁工序

① 增加高炉原料球团的比例 因为球团的工序能耗是 42kg/t,而先进的烧结工序能耗为 60.55kg/t,这就是说 1t 球团矿代替 1t 烧结矿可以节约能耗 18kg/t 左右。另一方面,球团的品位比烧结矿高,这可以使焦比降低,产量提高,吨铁渣量减少,喷煤增加。一般品位增加 1%,入炉焦比可以降低 1.5%,产量提高 2.5%,吨铁渣量减少 30kg,喷煤增加 15kg/t。

② 高炉喷煤技术 该技术是钢铁工业发展三大技术路线之一。焦化工序能耗是 142kg/t,喷吹 1t 煤可以减少 0.8t 的焦,还可以减少炼焦消耗的 100kg/t;另外煤的价格是焦的价格的一半左右,煤代焦又可给企业带来很大的经济效益。

(2) 炼钢工序

① 连铸坯的热送、热装和直接轧制可以节能 35%。

② 短流程的电炉工艺。由于没有烧结、球团、焦化和高炉生产工序,电炉(2005 年的工序能耗 201.02kg/t)的工序能耗比同期转炉工序能耗(烧结 64.83kg/t,焦化 142.21kg/t,炼铁 456.79kg/t,转炉 36.34kg/t)700.17kg/t 降低 500kg/t,所以在废钢资源充足的情况下,发展短流程的电炉炼钢可以大大节约能源。

5.2.3 低温余热回收节能

根据文献,两个节能数据计算原则如下。

原则 1 废气-蒸汽-电原则:10000m^3 的 300~400℃ 的低温烟气经过余热锅炉,可以产生 1t 的过热蒸汽,发电 200kW·h。

原则 2 电-标煤原则:1kW·h 电相当于 0.39kg 标煤。

根据以上原则，分别计算钢铁冶金各个工序中回收低温余热可以节约的能源（折合成标煤）。

（1）炼铁工序

烧结过程消耗的能量是60kg/t左右，但从克房伯公司烧结的热平衡计算可知，烧结矿冷气机废气余热占了总热支出的32.6%，烧结矿的废气余热占了总热支出的15.8%，两项之和几乎占了全部烧结矿热量的50%，如果把这两项的热量回收，至少可以回收能耗20kg/t。目前中国冶金企业对烧结矿的余热回收几乎没有全面展开，马钢刚刚投产的2台$300m^2$的烧结矿余热发电成套设备，给中国冶金企业开了个好头。

（2）转炉工序

转炉工序目前推广的新技术有：强化铁水预处理、提高钢水炉外精炼比，提高废钢回收量和利用率，推广溅渣护炉技术，提高炉衬寿命，提高金属收得率，开发钢渣显热回收技术，提高制氧机控制水平，减少放散率。到2010年，全国大中型钢铁联合企业转炉工序能耗每吨钢要降到15kg标煤，2020年，争取实现转炉工序负能炼钢。但转炉炼钢目前存在的问题有两个，先从设备的结构说起。

① 转炉烟气首先经过汽化冷却，一般吨钢产生蒸汽60kg。而这一部分蒸汽，在大多数情况下是发散的，不仅浪费了蒸汽能源，而且浪费了水源，在蒸汽发散的同时，由于噪声大，还对环境产生噪声污染。这部分蒸汽是饱和蒸汽，目前已经解决了饱和蒸汽发电的技术，一般每7~8kg的饱和蒸汽可发电1kW·h，则吨钢产生的蒸汽所发的电折合成标煤为：

$$(60/8)\times 0.39=2.9kg/t$$

② 经过汽化冷却烟道后的烟气温度为800~1000℃，进入蒸发冷却器，目前这部分的余热还没有利用。如果利用的话，可以计算如下，以30t转炉为例。

一般30t转炉平均炉气量为$10800m^3/h$，折合每吨钢$120m^3$，按照废气-蒸汽-电原则，$10000m^3$的300~400℃的低温烟气经过余热锅炉，可以产生1t的过热蒸汽，发电200kW·h。由于废气温度达到800~1000℃，计算时乘以3的系数，则此高温转炉废气可发电：

$$(120/10000)\times 3\times 200=7.2kW\cdot h/t$$

相当于标煤：$7.2\times 0.39=2.81kg/t$

转炉余热回收两项合计为：$2.9+2.81=5.71kg/t$

5.2.4 冶金流程新技术

如果同时采用干熄焦技术、TRT技术、高炉喷煤技术、球团技术、转炉负能炼钢技术、连铸坯的热送、热装和直接轧制这6项新技术，冶金流程吨钢标煤能耗如下。

(1) 干熄焦技术

可回收焦化工序 35% 左右的能量，约 68kg/t。若国内钢铁企业冶炼吨铁的焦炭消耗是 300kg，使用干熄焦技术，对生产 1t 钢降低的标煤为：

$$68 \times 0.300 = 20.4 \text{kg/t}$$

(2) TRT 技术

该技术的使用可回收高炉鼓风动能的 30%，采用 TRT 技术发电，生产吨铁发电量约 30kW·h/t。若 TRT 加干法除尘最高吨铁发电量可达 54kW·h，根据原则 2，折合吨钢能耗（标煤）降低量相当于：$54 \times 0.39 = 21.06 \text{kg/t}$

(3) 高炉喷煤技术

因为焦化工序能耗是 142kg/t，喷吹 1t 煤可以减少高炉炼铁使用 0.8t 的焦，还可以减少炼焦工序消耗的标煤 100kg/t；如果按照我国钢铁业一般的喷煤量 180kg/t 计算，由喷煤而产生的吨钢标煤的减少量为：

$$0.180 \times 0.8 \times 100 = 14.4 \text{kg/t}$$

(4) 球团矿技术

球团的工序能耗是 42kg/t，而先进的烧结工序能耗是 60.55kg/t，这就是说，1t 球团矿代替 1t 烧结矿可以节约能耗 18kg/t 左右；按照球团的加入比例为 30% 计算，不计球团比烧结矿的品位高的差别，以球团矿的品位为 60% 计算，1t 铁需要 1.67t 的球团矿，对吨钢的标煤耗能量减少的贡献为：

$$18 \times 30\% \times 1.67 = 9.018 \text{kg/t} \approx 9.02 \text{kg/t}$$

(5) 转炉负能炼钢技术

当转炉煤气回收大于 $100 \text{m}^3/\text{t}$，蒸汽回收大于 60kg/t，并使回收的转炉煤气和蒸汽得到充分利用时，就可以实现负能炼钢，相当于至少节能 36.34kg/t 标煤。

(6) 连铸坯的热送、热装和直接轧制技术

可以节能 35%，以 2005 年国内重点企业轧钢的工序能耗 88.82kg/t 计算，若全部实现连铸坯的热送、热装和直接轧制，可使吨钢消耗标煤降低：

$$88.82 \times 35\% = 31.087 \text{kg/t} \approx 31.09 \text{kg/t}$$

如果国内钢铁企业同时采用以上 6 项技术，可使吨钢能耗标煤的量降低：

$$31.09 + 36.34 + 9.02 + 14.4 + 21.06 + 20.4 = 132.31 \text{kg/t}$$

5.3 钢铁行业的能源审计步骤与节能技术

5.3.1 钢铁企业能源审计

能源审计主要包括以下内容：

a. 反映钢铁产品能源消耗情况的能源网络图；

b. 钢铁企业能量平衡表;

c. 钢铁产品生产的各项能耗指标表;

d. 统计期内钢铁产品生产的能源节超情况表;

e. 技改措施节能情况表。

钢铁企业能源审计的实施分为三个阶段：技术准备、现场审计测试和分析总结。

a. 技术准备阶段　该阶段是审计实施的前期阶段，主要进行审计小组成立、现场调查及审计技术方案的编写。要明确小组成员的任务分工，对钢铁企业的能源管理机构、能源计量系统及能源购销、加工转换、输送分配和最终使用环节进行考察，制定厂内主要用能设备的测试方案。

b. 现场审计测试阶段　这个阶段是实施能源审计的重要阶段，主要包括：有关资料的收集、现场调查分析和现场测试。数据收集是为钢铁企业能量平衡表及能源消耗网络图的制作作准备，同时还要收集各环节主要耗能设备、生产及技改项目有关的数据资料，在此基础上进行必要的设备效率测算。

c. 分析总结阶段　这一阶段是依据上述的调查及测试数据结果，对钢铁企业的总体用能情况进行分析，计算出钢铁产品生产的各项指标，并对照有关标准和规定进行分析评价，指出钢铁企业能源利用水平，提出节能技术改造方案。该环节是整个能源审计工作实施的关键，它直接关系到能源审计的水平。

5.3.2　主要耗能工艺节能技术与设备

(1) 主要耗能工艺节能技术

① 小球烧结技术　小球烧结技术主要是将烧结厂原有的圆筒混合机改造为强力混合造球机，并采用雾化喷水器，调整混料机的角度和转速。混合料中3mm以上的小球比例要大于75%，采用雾化水造球技术，提高造球效果，烧结机利用系数可提高10%~20%，固体燃料消耗降低15~25kg/t，产量提高10%，并可提高烧结矿质量，实现优质、高产、低耗。此技术适合细精矿烧结。

② 冷固结球团技术　冷固结球团生产技术是利用特殊低温黏结剂，将铁精粉在常温下利用专用压球设备压制成型，然后进行烘干（200~300℃），直接入高炉冶炼。与焙烧球团工艺相比，节省能源，降低污染。利用此技术还可生产含炭冷固球团，实现以煤代焦，还可以用于含钛炉料造块，含铁粉尘造块等方面，促进综合利用。

③ 高炉高风温技术　可采用陶瓷燃烧器、新型热风炉结构（提高单位蓄热面积）、高效双预热技术、计算机控制技术等对高炉热风炉节能技术进行改造，提高热风炉效率和热风温度。一般高炉风温提高100℃，约可降低焦比30kg，增产4%~7%，高风温又可对实现大喷吹煤粉创造条件，对高炉喷煤工艺吨铁喷煤量

可增加 30～60kg。

④ 高炉喷煤炼铁技术　高炉喷煤炼铁技术以非焦煤代替部分焦炭，可减少焦炉建设，减少污染物排放，降低生产成本，在富氧的配合下，炼铁喷煤系统一般由煤粉制备设备、煤粉收集储存和输送设备、煤粉的分配与喷吹设备组成。我国喷煤炼铁技术发展较快，煤粉制备和收集技术、氧煤燃烧技术、浓相输送技术、煤粉的炉前分配技术、煤粉流量测量技术、喷吹系统控制技术等已得到应用。一般在置换比为 0.8 的条件下，喷煤代 1t 焦的节能量约为 105kg 标煤。

⑤ 电炉煤氧枪助熔节电技术　电炉炼钢生产过程中，加热和熔化废钢消耗的电能要占电力消耗总量的 60%～70%。电炉煤氧枪助熔节电技术将煤氧枪高温火焰作为辅助热源来加热熔化废钢，从而缩短熔化期，降低电耗成本，提高电炉生产作业率。按吨钢喷煤 10～20kg，耗氧 30m^3 计算，吨钢节电约 70～100kW·h，工序能耗约下降 5%。

⑥ 直流电弧炉炼钢技术　与三相交流电弧炉相比，采用直流电炉炼钢，石墨电极消耗降低 1/3～1/2，吨钢电耗降低 5%～10%，耐火材料消耗降低 20%～30%，且电弧稳定，对电网的闪烁冲击仅为同容量交流电炉的 30%～50%，可降低生产成本。

主要技术包括：大功率整流柜、电抗器设计制造技术；底阳极及其监控系统的设计、制造技术；炼钢工艺制定；炉体机械系统的设计及制造技术等。

⑦ 连铸坯热送热装与直接轧制技术　将温度 400～700℃ 的连铸坯，经缓冷坑或保温车送达加热炉再加热轧制称为热送轧制（CC-HCR）；将温度 700～1000℃ 的连铸坯直接装入加热炉加热轧制称为直接热装轧制（CC-DHCR）；高温连铸坯在线经边角补偿加热后轧制称为直接轧制（CC-DR）。采用热送、热装、直接轧制的重要基础之一是无缺陷连铸坯的生产技术。一般来讲，铸坯温度每提高 100℃，节能 6% 左右，加热炉产量提高 6%～10%，氧化烧损降低 2%，具有显著的增产节能效果。

⑧ 连铸坯一火成材技术　合理选择铸坯断面尺寸，在轧机前部设相应的粗轧机组或采用切分轧制技术，使连铸坯加热一次，即可轧制成材。根据统计，一火成材与改前二火成材比较主要体现五个方面的效益：a. 减少能耗 46.2kg 标煤/t 材；b. 减少切头提高成材率；c. 减少氧化烧损提高成材率，减少加热氧化烧损率≈1%；d. 增产效益，增加了产量和钢材品种；e. 提高钢材优质品率、提高劳动生产率。

（2）余热、余压、余能回收利用技术

① 高炉炉顶余压发电（TRT）技术利用炼铁高炉炉顶余压发电，是一种不消耗燃料、无污染的发电设备。气流带动发电机输出电力，一般可回收高炉鼓风机所需能量的 25%～30%。吨铁可发电 20～40kW·h，降低工序能耗 8～16kg 标煤

在高炉TRT技术中，干式TRT将干式除尘技术和余压发电技术结合，可提高煤气余压发电效果。

② 高炉煤气综合利用技术　高炉煤气热值约800～1000kcal/m³，吨铁可得到3500～4000m³的煤气。根据企业实际情况选择适用的途径，充分综合利用高炉煤气是节能降耗的一项重要措施。目前钢铁企业应用途径有：锅炉燃料（其中有纯烧高炉煤气锅炉）、燃气轮机（其中有纯高炉煤气燃气轮机）、各种工业炉窑用燃料、蓄热式燃烧技术用混合煤气燃料等。

③ 转炉煤气回收利用技术　转炉炼钢过程中，炉内产生大量转炉煤气（80～90m³/t钢），转炉煤气具有很高的显热（1400～1500℃）和潜热（CO：60%～90%，热值2000cal/m³左右），充分利用其显热、回收其潜热节能效果显著。转炉煤气回收技术主要有OG法和LT法，主要包括：转炉煤气回收、净化技术、安全监测技术、自动计量及控制技术等。回收的煤气可用于合金烘烤、烤包、工业炉窑，也可与焦炉煤气、高炉煤气混合使用。实现转炉煤气回收后，可使炼钢能耗平均下降11.3kg/t。

④ 工业炉窑综合节能技术　冶金行业有大量的加热炉和热处理炉窑，近年来相关节能技术发展较快。主要包括：a.合理的炉型曲线设计；b.不定型耐火材料应用；c.新型燃烧装置选择及布置方式；d.高效烟气余热换热器；e.计算机控制技术应用等技术改造。采用蓄热燃烧技术后，加热炉燃耗降低约30%，锻造炉节能50%，罩式炉节能40%，钢包烘烤器节能50%。采用高温空气燃烧技术，可减小炉子尺寸，降低投资；延长炉子的寿命；减少氧化烧损，提高工件的加热工艺质量；降低燃料消耗。

⑤ 干熄焦技术　在冶金焦炉中，利用惰性气体将红焦冷却熄灭，并回收其热量，即为干法熄焦。干法熄焦与用水直接进行湿熄焦相比，具有回收焦炭显热、改善焦炭质量和防止污染环境等优点，红焦的80%显热被回收利用，每吨焦炭余热可生产0.4～0.5t的中压蒸汽，不向大气排放含有焦粉、焦油、腐蚀性物质的脏蒸汽，焦炭强度得到提高，可降低焦比，提高产量，余热蒸汽可带动发电机发电，节能效益显著。

(3) 主要耗能设备节能技术

① 交流变频调速技术　对交流电机采用变频调速，具有更高的效率和更大的转动惯量，同时具有维护方便、总体造价低的优势；可以实现平滑无级调速，性能好，功率因数高，电机功率消耗随工况负载大小同步变化，节电在10%～30%，节能效果非常显著。适用于风机、水泵、轧机、磨机、转炉倾动等各种低速大力矩传动场合。

② 变压器经济运行节电技术　是通过优化理论及定量化计算与变压器实际运行工况相结合的一项应用技术，主要包括：用节能型变压器取代淘汰型变压器、电

网升压改造，合理匹配、优化运行方式等。可有效减少变损、线损，从而可降低企业基本电费支出。

③ 就地动态无功补偿节电技术　用电设备大多为感性负载（例如电动机），这些负载在运行时需电网提供大量无功负荷。无功分量大，功率因数低可导致电网供电能力下降、变压器和供电线路有功损耗增加，严重时会使电压降低、波形畸变，造成用电设备损坏。而对感性负载进行无功就地动态跟踪补偿就是解决以上问题的最好办法。

5.4　某新建钢铁厂项目的能耗分析及节能措施

本章主要内容是介绍某钢铁厂的能耗分析、节能措施和效果。

如前面所叙述，钢铁冶金全流程根据能源消耗和冶金功能划分为三个工序，即炼铁工序、炼钢工序、轧钢工序。其中炼铁工序能耗占转炉炼钢总流程的88%左右，而在该工序中，高炉炼铁占总流程的58%，所以节能应该重点放在炼铁工序，特别是高炉工序上。另外，炼钢工序和轧钢工序也有相当的节能潜力。该厂针对各流程工序采用多种节能技术和能源回收技术。

5.4.1　能源结构

每年需购入的能源总量为710万吨标煤。主要购入的能源介质为洗精煤、喷吹煤和动力煤，分别占购入能源总量的57%、25%和17%。

5.4.2　节能措施

建立能源管理中心，完善能源管理体制和手段，提高能源管理水平。实现合理、安全、有效地供应能源，使得能源相互转换，互为补充，达到降低消耗、节约能源的效果。

采用大型化、连续化、现代化的技术装备，各主体工艺采用的主要节能措施分述如下。

(1) 球团工序

① 最大限度地利用环冷机冷却废气的余热。

② 选用高效节能设备，较大功率电动机一律采用高压供电。

(2) 焦化工序

① 回收焦炉煤气，每年回收焦炉煤气 $2395 \times 10^4 GJ$。

② 配套建设干熄焦装置，有效利用红焦显热。每年回收蒸汽170万吨，电$19253 \times 10^4 kW \cdot h$，折标煤27万吨。

③ 采用热值仪和磁氧分析仪，分别测定和调节加热煤气热值和废气中的含氧

量,以稳定加热制度,合理燃烧,减少炼焦耗热量。

④ 蒸氨工段、粗苯蒸馏工段有效利用生产过程中的热源,采用蒸氨废水/氨水、贫油/富油换热,提高最终换热温度,节省了蒸汽、循环水用量。

⑤ 设置废热锅炉回收废液燃烧炉产生的高温过程气中的余热,产生的蒸汽并入管网。

(3) 高炉工序

① 回收高炉煤气,每年回收高炉煤气 4199×10^4 GJ,折标煤 143 万吨。

② 煤气清洗采用干式除尘,设置干式 TRT 发电装置,可比湿式 TRT 发电装置发电量提高 30%。

③ 回收热风炉烟气余热,用以预热助燃空气及煤气,提高热风炉热效率和送风温度。

(4) 炼钢工序

① 转炉烟气净化采用 LT 干法除尘,以节约用水;设置转炉煤气回收系统,每年回收转炉煤气 841×10^4 GJ,折标煤 29 万吨。

② 转炉设置汽化冷却装置,利用烟气余热产生蒸汽回收利用能源,每年回收蒸汽 82 万吨,折标煤 9 万吨。

③ 转炉采用副枪和炉气分析结合的动态控制模型,提高终点命中率,降低氧耗,缩短冶炼周期。

④ 转炉一次除尘风机采用变频调速,与不调速风机比较,年可节省电力约 3057×10^4 kW·h。

(5) 热轧工序

① 采用蓄热式节能型步进梁加热炉,节约燃料 10% 以上。

② 均热段上加热采用炉顶平焰烧嘴供热,以保证钢坯表面及中心的温度均匀性;其他段采用低 NO_x 可调烧嘴,使燃料完全燃烧。NO_x 排放量低,同时保证坯料均热,有效节能。

③ 每座步进梁加热炉采用两台助燃风机及一台稀释风机,当低产或保温时,只开一台助燃风机,节约用电。

④ 水梁立柱采用双层绝热包扎,炉衬采用复合炉衬及高效保温材料,减少热损失,降低能耗。同时水梁立柱采用汽化冷却,回收蒸汽。

⑤ 采用计算机控制,坯料的热工控制和传送运行控制实现全自动化,提高加热质量,节约能源,改善劳动条件。

(6) 冷轧工序

① 退火炉利用废气余热将辐射管内燃烧空气自身预热到约 400℃。

② 退火炉利用废气余热加热保护气体,再用热保护气体喷射预热带钢,将带钢预热到约 200℃。

(7) 自备电厂

充分利用富余煤气，建设煤-气混烧的 350MW 大型发电厂，提高热效率；最大限度地提高废气、余热的综合利用水平，实现钢铁基地煤气"零"排放，达到节能降耗的目标。

5.4.3 能源绩效分析与评价

某钢铁厂每年回收的能源为 $337×10^4$ t 标煤，其中高炉煤气、焦炉煤气、转炉煤气和电（TRT/CDQ）分别占 42.5%、24.3%、8.5%、11.5% 和 13.2%。

企业每年购入的能源为 710 万吨标煤，外调能源为 73 万吨标煤，自耗能源为 637 万吨标煤。考虑扣除外销球团消耗的能源，企业吨钢综合能耗为 0.628t 标煤/t 钢，吨钢可比能耗为 0.625t 标煤，低于《钢铁产业发展政策》要求新建钢铁联合企业的吨钢综合能耗低于 0.7t 标煤的要求。从能耗指标来看，处于国内领先水平。

上述新建钢铁厂节能技术从主要耗能的高炉工序入手，对高炉煤气、焦炉煤气和转炉煤气进行充分的回收利用，大大降低了能耗，回收节约了近 47% 的能源消耗，取得了很好的节能效果。

第6章 建材行业能源审计

　　建筑材料工业是我国重要的基础原材料工业,包括建筑材料、非金属矿及其制品、无机非金属新材料三大部分,广泛应用于建筑、军工、环保、高新技术产业和人民生活等领域,在国民经济发展中占有重要的地位和作用。

　　2004年,我国建材行业受到政府宏观调控的影响,产业政策调整对某些建材企业造成了一定冲击。2005年行业发展仍继续保持高速发展态势,产量与销售额总体上稳健增长;我国建材行业发展的宏观经济环境和投资环境依然较好。未来10年,甚至更长一段时期内,我国建材工业将会继续保持高速发展态势,发展速度将高于国民经济发展速度3～4个百分点。预计到2010年,建材工业产值将会达到1万多亿元,成为国民经济的重要增长点。改革开放以来,我国建材工业取得了长足的发展,不仅产量大幅度上升,而且培养了一批具有世界先进水平的骨干企业。但是,与世界发达国家相比,我国建材工业总体水平还比较落后,突出表现为"一高五低"。"一高"是能源消耗高。例如,日本水泥熟料单位能耗2888kJ/kg,而我国高达3555kJ/kg。"五低":一是劳动生产率低,例如,日本水泥企业全员劳动生产率为13681t/人·年,而我国只有290t/人·年;二是生产集中度低,全行业大型企业集团的数量少,平均规模小,以水泥为例,世界排在前10名的水泥公司年产量均在2000万吨以上,瑞士的霍德班克公司的水泥产量高达8300万吨,而我国目前最大的海螺、渤海水泥集团的生产规模仅在500～600万吨,再如,意大利建筑陶瓷企业的平均规模在500万平方米,而我国建筑陶瓷行业中的企业平均生产规模只有53万平方米;三是科技含量低,众多中小企业技术装备落后,产品质量档次低;四是市场应变能力低,大多数建材企业的经营机制和管理体制与市场经济很不适应;五是经济效益低,1999年全行业的销售利润率只有1%。

　　20世纪70～80年代以来,美国、英国、联合国开发计划署(UNDP)亚太经社会(ESCAP)、亚洲开发银行(ADP)、欧盟(EC)等西方发达国家和国际经合组织都逐步开展了能源审计,主要是规定在安排了节能项目、取得了节能贷款的企业必须进行能源审计,以确定节能项目的节能效益、提高节能资金的使用效率。我国水泥、平板玻璃、建筑卫生陶瓷以及石墨、滑石等部分非金属矿总产量已连续多年位居世界第一,但高档产品需要进口。在国内整个建材市场迅速发展的同时,我国加入WTO也降低了国际建材生产厂商进军我国建材市场的门槛,由于国外企业在技术、生产、管理、人才及产品品牌等方面具备比较明显的优势,使我国市场的竞争更趋激烈，对国内建材生产企业产品和品牌渗透增加了压力。目前，针对我国基本国情，政府倡导用科学发展观指导经济发展，转变粗放型经济发展模式为集约型发展模式，而建材工业既是劳动密集型和资源密集型的产业，也是一个高能耗产业。面对国际竞争压力和国内紧迫的经济及资源形势，建材行业期望保持持续健康发展，必须坚持走强化管理、降低能耗和科技创新之路。

6.1 建材行业的发展概况和能源消耗状况

6.1.1 建材行业的发展概况

新中国成立 50 多年来，我国建材工业已经发展成为门类比较齐全、规模巨大、品种基本配套、面向国际国内市场、具有一定国际竞争力的重要原材料产业。目前，建材工业共有 80 余类，1400 多个品种和规格的产品，主要产品水泥、平板玻璃、建筑卫生陶瓷以及石墨、滑石等部分非金属矿产品，产量已连续多年居世界第一。建材行业在我国经济迅速发展和国家政策支持下飞速发展，建筑水泥、玻璃、陶瓷等的发展速度一般高于国民经济发展速度 4 个百分点左右。

2004 年全行业规模以上企业 15672 家，从业人员 327.57 万人。建材生产保持较快增长，经济效益显著提高。全年实现工业增加值 2041 亿元，同比增长 23.6%；销售收入 5935 亿元，同比增长 30.5%；利润总额 352.66 亿元，同比增长 33.9%，利税总额 677.32 亿元，同比增长 29.93%。工业增加值全员劳动生产率 62307 元/人·年，同比增长 25.63%。

主要产品产量大幅度增长，产品结构不断优化。建材主要产品产量大幅度增长，水泥、平板玻璃、建筑卫生陶瓷的产量均位居世界第一。据统计，2004 年水泥产量达到 97000 万吨，是 1980 年的近 12 倍，年平均增长 10.96%；平板玻璃产量达到 30058 万重量箱，是 1980 年的 12 倍，年平均增长 10.98%；建筑陶瓷产量 296 亿平方米，是 1980 年的 250 倍，年平均增长 25.89%；玻璃纤维产量达 6626 万吨，石膏板产量 3.2 亿平方米。加工玻璃近年来发展迅速，据不完全统计，149 家规模以上加工玻璃企业，加工玻璃的总生产能力约为 2.58 亿平方米，钢化玻璃、夹层玻璃、中空玻璃和镀膜玻璃的生产能力较 2000 年增长近 7 倍；其他如房建材料、新型建材、玻璃钢等建材产品产量都有较大幅度的增长。

在建材产量大幅度增长的同时，建材产品结构调整步伐加快。主要建材产品如水泥产品中新型干法水泥产量逐年增加，2004 年新型干法水泥占水泥总产量的 32.5%，浮法玻璃产量占玻璃总产量的比例逐年增长，2004 年已达 85%，波窑拉丝玻纤产量占玻纤总产量的比例达 63.0%，新型墙体材料占总量的比例接近 40%。特种水泥、深加工玻璃、建筑卫生陶瓷、非金属矿及制品、无机非金属新材料等产品品种、质量和配套水平也有新的提高。

6.1.2 建材行业能源消耗状况

（1）建材工业能源消耗总量与构成

建材工业的主要产品大都是用工业炉窑经燃烧、焙烧、熔融、烘烤等热加工过程制造出来的，所以建材工业又有窑业之称，能源消耗很高。

1989年建材工业总的能源消耗量为11860万吨标煤。全行业总能源消耗量仅次于电力工业，居各工业部门的第二位，是国家耗能大户。建材工业总能耗中，1989年煤耗约9000万吨标煤，电耗357亿千瓦时，油耗250万吨。在建材工业总的能源消耗中，砖瓦行业的能耗占53%，水泥行业的能耗占36%，玻璃及玻璃纤维的能耗占3%，其他产品的能耗约占8%。能源消耗是建材产品生产最重要的物质消耗，在生产成本中所占的比重很大，如水泥能源费用占产品成本的35%～45%，砖瓦能源费用占产品成本的25%～35%，平板玻璃能源费用占产品成本的20%～30%。

2005年建材工业的总能耗为2.03亿吨标煤，约占全国总能耗的9.17%（其中规模以上建材工业企业的能耗为1.55亿吨标煤，约占全国总能耗的7%），位居我国各工业部门的第三位。在建材工业的各主要产业中，水泥工业是第一能耗大户，其能源消耗占建材耗能总量的57.26%；墙体材料工业为第二耗能大户，其能源消耗占建材耗能总量的23.05%，两者之和占建材耗能总量的80%。节能降耗减排是建材工业可持续发展的关键，是自主创新的重要内容。

工业化带动城镇化是不以人们意志为转移的客观规律。我国的城镇化与美国的高科技曾被认为是影响21世纪人类发展进程的两大关键因素。我国当前已进入工业化、城镇化加速发展时期。规划研究表明，按年均增长1个百分点计，2020年的城镇化水平将达到57%左右，城镇总人口将达到8.28亿左右。每年增加城镇人口约1800万人左右，这对城镇建设用地和建设用材提出了巨大的要求，按现行规划标准估算，每年需要建设用地270万亩❶。我国水泥产销量从2001年的6.61亿吨已增长到2006年的12.3亿吨，而且需求量还在增长。城镇化水平提高意味着资源能源需求量的提高和环境负荷的增大。

能源消耗是建材工业一项重要技术经济指标，节约能源，降低建材产品的能耗，是提高建材企业经济效益的重要方面。

（2）建材工业主要产品能源单耗与国际先进水平的比较

① 水泥产品能源单耗比较 据国家建材局有关人士介绍，当前，我国建材行业突出存在"一高五低"的问题，其中"一高"就指高能耗。以水泥生产为例，每

---

❶ 1亩＝666.67m²。

生产 1kg 水泥熟料，日本的耗能量为 2888kJ，而我国高达 3555kJ，总体能耗高出 23% 以上。

到 20 世纪 90 年代，我国的水泥工业取得了很大成绩，已由解放前的 35 家水泥厂，年产 66 万吨水泥，发展到现在的 6400 多家水泥厂，1989 年的产量达到 21000 万吨，跃居世界第一位。应该看到：虽然我国水泥产量的增长速度在世界上最快，从 1949~1988 年平均水泥产量增长率为 15.9%，但技术进步方面相对较慢，与国外先进水平相比差距较大。1988 年大中型水泥厂平均熟料热耗为 5.6×10^6 J/kg（1338.4kcal/kg），比 20 世纪 80 年代中期的国际先进水平高 67.3%，比 1984 年日本平均水平高 79.2%。如果我国所有水泥企业的平均热料热耗达到日本 1984 年的全国平均水平，大约可节约 1000 万吨标煤。

② 平板玻璃能源单耗比较　1988 年我国平板玻璃生产企业平均每重量箱耗标煤为 31.5kg，比日本 1983 年全国平均水平高 86.5%，比英国皮尔金顿公司、美国 PRG 公司高出一倍多。

③ 砖瓦　1988 年我国砖瓦产量的 95% 为黏土实心砖，年产量达到 4700 亿块，总能耗大约 5610 万吨标煤，占建材工业总能耗的 53%。国外以生产空心砖为主，而且生产技术先进，因此每立方米砖瓦产品的能耗，我国比国外要高好几倍。

目前，建材工业能源综合消耗比国外先进水平高 20%~50%，我国建材生产能源消耗情况虽然有所改善，但总体上仍迫切需要加强节约能源消耗的力度。

6.2　建材行业能源审计的节能意义

根据当前社会和经济发展的形势，节约能源和资源成为实现国民经济快速发展和科学发展的重点工作。"十一五"提出的单位 GDP 能耗下降 20% 的目标在"十一五"开局之年就没有完成，今年节能措施将更加严厉。全国的节能目标已被分解到各级政府，写入官员的政绩考核指标。与节能相配套的《中华人民共和国节约能源法》和《建筑节能管理条例》等一系列法规都在今年陆续出台。

我国经济社会的发展受人口、资源、环境制约的严重程度是世界发展史上前所未有的。我国人均能源、水资源等重要资源占有量严重不足，生态环境脆弱，最近不断发生的湖水蓝藻污染和其他环境污染造成的生态灾害在向我们一次次敲响警钟。

研究资料显示，按目前的经济发展模式和消耗速度，我国 45 种主要矿产可供利用储量对需求的保证程度是，2010 年只有 21 种矿物资源可保证需求，到 2020 年，只有 9 种矿物资源可保证需求。实际上，对于处在矿业和窑业领域中的建材制造业（如水泥、玻璃、陶瓷、砖瓦），国内企业之间对原料资源的争夺战已经打响。资源与能源的保障程度已成为企业可持续发展的关键，特别是能源保障，是我国经济社会发展的软肋。从节约能源法的制定及修订到目前政府对节能减排工作的强力推进与行政管理，都充分说明了能源问题的严重性。毫不夸张地说，节能是我国原材料特别是高温窑炉材料产业发展的永恒主题。国家经济主管部门正在制定各项工业产品的能耗限额标准。

在建材行业中大力开展能源审计工作对该行业的发展有重要意义：第一，促进建材企业充分认识加强节能工作的重要性，发挥能动性和创造性，强化经营管理人员和广大员工的节能意识，模范遵守《中华人民共和国节约能源法》等法律、法规和产业政策；第二，促进建材行业加快用先进生产工艺取代落后生产工艺的步伐，从基本建设、技术改造、基础管理、生产运行等各个环节贯穿节能降耗、降低成本、提高效益的经营理念；第三，便于环保局或建材协会等政府部门对建材生产企业用能的监督与管理，促进社会经济生产中的能源优质调配与节约使用。

6.3 建材行业能源审计的重点与节能技术

6.3.1 建材行业能源审计的重点

（1）燃煤工业锅炉（窑炉）

工业窑炉每年消耗原煤约 3 亿多吨，主要集中在建材和冶金行业。水泥、墙体材料窑炉每年消耗煤炭约 2.24 亿吨，其中水泥窑约 7800 座，年耗煤 1.6 亿吨，平均能效比国外先进水平低 20% 以上；墙体材料窑炉约 10 万座，年耗煤 6400 万吨，平均能效比国外先进水平低 30% 以上。钢铁工业窑炉每年消耗煤炭约 6600 万吨，其中球团工序回转窑生产线 20 多条，平均能效比国外先进水平低 50% 以上；石灰热工窑炉约 350 座，平均能效比国外先进水平低 10%；耐火材料热工窑炉约 1900 余座，平均能效比国外先进水平低 10%～20%。

工业窑炉存在的主要问题是：技术水平低，装备陈旧落后、规模小；能耗高，大部分缺乏污染控制设施，污染严重；运行管理水平低，管理粗放；缺乏能效标准和节能政策。根据相关的节能法规和标准，限制落后锅炉的生产，淘汰在用落后锅炉，依法关停规模小于 20 万吨/年的水泥生产企业。解决这些问题的主要措施有：a. 淘汰改造立窑、湿法窑及干法中空窑等落后水泥窑炉；b. 采用低压旋风预热分解系统、保温耐用新型炉衬材料、高效燃烧器、高效熟料冷却机、生产过程自动控制与检测系统等技术对现有水泥生产线进行综合节能改造。

（2）加强推进余热余压利用工程

我国建材行业的余热余压以及其他余能没有得到充分利用，如焦化企业的焦炉气等可燃副产气，大量放空，造成能源的严重浪费，同时也污染了环境。国家相关部门将通过制定《水泥厂余热发电、余热供热工程建设标准》和《水泥厂节能设计规范》，强制关闭污染严重的开放式小焦炉等配套措施，保障相关建材生产且余热余压得到充分利用。水泥和玻璃生产企业的审计的主要内容有以下几方面。

① 通过能源审计，在水泥企业推广纯低温余热发电技术，建设水泥余热发电装置。推广综合低能耗熟料烧成技术与装备，对回转窑、磨机、烘干机进行节能改造，利用工业和生活废弃物作燃料。

② 通过能源审计，在玻璃生产企业推广余热发电装置、吸附式制冷系统、低温余热发电-制冷设备；推广全保温富氧、全氧燃烧浮法玻璃熔窑，降低烟道散热损失；引进先进节能设备及材料，淘汰落后的高能耗设备。

(3) 开展节约和替代石油工程

在建材方面，有条件的地区以天然气、煤层气、水煤浆、乳化油、石油焦替代重油，推广玻璃熔窑富氧或全氧燃烧技术，有条件且煤价较低的建筑卫生陶瓷企业使用焦炉煤气代油，对大中型建材企业进行节代油改造。

(4) 电机系统

我国80%以上的电机产品效率比国外先进水平低2~5个百分点，虽然国产高效电机与国外先进水平相当，但价格高、市场占有率低；风机、泵、压缩机产品效率比国外先进水平低2~4个百分点，虽然设计水平与国外先进水平相当，但制造技术和工艺有差距；电机传动调速及系统控制技术差距较大，产品效率比国外先进水平低20%~30%。依据现行电机系统运行中存在的问题，如电动机及被拖动设备效率低，电动机、风机、泵等设备陈旧落后，效率比国外先进水平低2~5个百分点；系统匹配不合理，"大马拉小车"现象严重，设备长期低负荷运行；系统调节方式落后，大部分风机、泵类采用机械节流方式调节，效率比调速方式约低30%等，更新淘汰低效电动机及高耗电设备，优化电力系统匹配，改善传动和通风设施，最充分地利用和节约电能。

(5) 能源管理系统

根据《建材工业节约能源管理办法》：年耗能5000t标煤以上的企业应由主要负责人主管节能工作，并明确相应的节能管理机构。年耗能不足5000t标煤的企业，应设专人负责节能工作。根据国内一些节能先进企业的经验，建立厂、车间、班组三级能源管理体系是一种较好的组织形式。厂级设节能领导小组（由厂长或总工程师牵头，能源、环保、技术、动力等相关科室参加）或者厂级能源专管机构，车间设节能管理小组，班、组设节能员。现实情况是有些企业的节能管理机构没有实质运作起来，没有明确的节能目标和分工，节能工作无法落实到具体班组或个人，有的甚至如同虚设。同时，为了使能源管理工作科学化、制度化，企业必须根据实际情况建立配套能源管理制度。完善并使得企业节能管理机构有效运作，能够持续进行节能管理成为开展能源审计的重要工作之一。

6.3.2 建材行业主要节能技术

水泥行业发展新型干法窑外分解技术,提高新型干法水泥熟料比重,积极推广节能粉磨设备和水泥窑余热发电技术,对现有大中型回转窑、磨机、烘干机进行节能改造,逐步淘汰机立窑、湿法窑、干法中空窑及其他落后的水泥生产工艺。玻璃行业发展先进的浮法工艺,淘汰落后的垂直引上和平拉工艺,推广炉窑全保温技术、富氧和全氧燃烧技术等。建筑陶瓷行业淘汰倒焰窑、推板窑、多孔窑等落后窑型,推广辊道窑技术,改善燃烧系统;卫生陶瓷生产系统改变燃料结构,采用洁净气体燃料无匣钵烧成工艺。积极开发新型墙体材料以及优质环保节能的绝热隔声、防水和密封材料。当前建材各行业亟需解决和推广的节能技术如下。

(1) 水泥

在总量调控下,发展日产 2000t 以上(东部地区发展日产 4000t 以上)的新型干法预分解窑,以大型窑外分解新型干法窑代替立窑和其他类回转窑。发展大型新型干法水泥窑纯中低温余热发电。利用水泥回转窑消纳处理城市垃圾、工业废渣及可燃废弃物。采用高效率的立磨或辊压机终粉磨生料制备系统,采用辊压机和钢球磨匹配的半终粉磨系统磨制水泥成品,提高水泥生产粉磨效率。

(2) 平板玻璃

全面提高"中国洛阳浮法工艺"玻璃生产技术及设备,如熔化技术、成型技术和生产优质低耗浮法玻璃的软件技术及设备等。在总量控制下,发展日熔化量 500t 以上的大型优质浮法玻璃生产线,改造现有技术水平较低的平板玻璃生产线,推广现代化节能窑炉。采用强化窑炉全保温技术,减少燃料消耗。减少废气排放量和火焰空间的热强度,延长窑炉使用寿命。采用先进的熔窑设计技术,优化窑炉结构,合理选用熔窑耐火材料,采用先进的窑炉控制设备和热工控制系统。采用富氧、全氧燃烧技术,减少废气的排放量。采用电辅助加热、玻璃液鼓泡等技术,提高玻璃的熔化率,改善玻璃液熔化质量,降低单位热耗。推广在重油中加入乳化剂或纳米添加剂等添加剂技术。发展玻璃熔窑中低温余热利用及发电。

(3) 建筑卫生陶瓷

推广辊道窑技术,改善燃烧系统,采用高速烧嘴燃烧,实现窑体耐火保温轻质化、窑炉大型化。开发和推广原料干法制粉技术、原料连续粉磨、低温快烧和余热利用技术。开发和推广快速干燥器、单线规模大型化的大吨位球磨机、大型喷雾干燥塔、大吨位压砖机等节能用电设备。

研究改进生产工艺,优化原料配方,推广釉面砖一次烧成新技术。卫生陶瓷生产改变燃料结构,采用洁净气体燃料无匣钵烧成工艺。卫生瓷隧道窑开发可靠的窑顶耐火吊装结构件,实现宽断面隧道窑国产化、大型化和轻质化。研发卫生瓷梭式窑余热利用技术,重点解决"双炉"系统梭式窑和梭式窑专用助燃空气预热换热系统。

（4）墙体材料

发展节能、节土、利废、环保的新型墙体材料，如高强装饰多孔砖、轻质高保温烧结空心砖、空心砌块、多排孔保温复合混凝土砌块及轻骨料砌块、加气混凝土制品、轻质板材等。综合利用尾矿、工业废渣、煤矸石、粉煤灰、烟道灰等工业废渣生产废渣砖、内燃砖、砌块等墙体材料。推广轮窑、隧道窑保温及热工系统综合节能改造技术。采用高挤出压力砖机，降低砖坯成型水分。推广余热回收利用技术，如利用焙烧窑热烟气干燥砖坯等。

（5）石灰

推广连续生产机械化节能立窑，提高机械化及自动化程度。推广石灰窑保温、废气及成品石灰显热的余热利用技术，提高石灰副产品回收利用。开发石灰深加工新产品。利用焦炉废气生产石灰。

（6）玻璃纤维

鼓励年产3万吨及以上无碱玻璃纤维池窑拉丝技术、装备和深加工产品的开发与制造。

（7）耐火材料

研发节能型耐火材料。

6.3.3 水泥生产节能潜力分析

从已经审计过的企业情况看，水泥企业能源审计工作非常必要。节约的潜力非常大，没有一个企业是没有节约潜力的。主要浪费表现在能源、物资的管理不善、耗能设备运转效率低和生产工艺结构或产品结构不合理。能源、原材料和其他物资不合理流失浪费，少则几十万元，多则几百万元、几千万元。这方面的例子是非常多、非常惊人的。例如对某水泥厂的审计发现，在查其单耗高的原因时发现其进厂煤与生产实际用煤的数量相差很大，经审计核查后，发现是进厂煤控制不严，一车煤重复计量四次。还有一个厂，一汽车煤重复过磅4次，单车数量相差几十吨，造成单位能耗虚高。我们对其进行能源审计，对其物资管理、能源利用、设备运行、生产工艺、综合利用等方面提了22项整改建议，企业十分重视，整改后当年吨水泥成本下降20余元，净增效益600多万元。

我们知道任何一种工业产品的生产工艺流程都是若干耗能工序和一些耗能设备组成的，按照一般的划分可以将一个企业的能源系统分为主要生产系统、辅助生产系统和附属生产系统。

无论哪一种产品的生产工艺，其主要工序或设备的能源效率或产品的单耗能都带有非常明显的时代特征。任何一种工艺产品，能效的明显提高或是单耗的明显下降，往往都是产品生产工艺革命的结果（或是产品原材料的替代，或是能源结构发生改变，更多的情况是某一耗能工序的革新等）。

第6章 建材行业能源审计

现代化的水泥生产工艺一般由以下几个主要耗能工序组成,如图 6-1 所示。

采矿及矿石破碎 → 生料制备 → 生料均化 → 熟料煅烧 → 水泥制成 → 包装及储运

图 6-1 水泥生产工艺程序

在水泥生产工艺过程中,能耗最大的工序是熟料煅烧,其次是生料制备和水泥制成工序。根据各工序的耗能情况和特点,依次分析在开展能源审计工作中需要重点把握的能耗要点和节能潜力。

(1) 采矿及矿石破碎

在整个水泥生产工艺发展的历史过程中,采矿及矿石破碎变化最小,唯一的变化是破碎设备的改进,使其工序能耗有所下降。如常见的破碎设备有颚式破碎机、锤式破碎机、反击式破碎机、圆锥式破碎机、反击-锤式破碎机、立轴锤式破碎机等。审计人员需要做的工作只是了解各种破碎设备的适用条件(比如生产能力、破碎机、物料的物理性质等),以便判断现有的设备是否是最适合的。

(2) 生料均化工序

生料均化工序虽然能耗占水泥生产能耗的比例很小,但是生料均化库的发展有非常明显的时代特点。20 世纪 50 年代以前,水泥工业均化生料的方法主要依靠机械倒库,不仅动力能耗大,而且均化效果不好,即使在矿石品质较好的条件下,为了达到符合要求的均化质量,每吨生料要多消耗 3.6~7.2MJ 电力。

20 世纪 50 年代初期,国外随着悬浮预热器的出现,建立在生料粉流态化技术基础之上的间歇式空气搅拌库开始迅速发展;60 年代双层库出现;70 年代出现了多种连续式均化库;之后又出现了多料流式均化库。目前,配套大型预分解窑生产线的都是多料流式均化库。各种生料均化库的能耗对比数据见表 6-1。

表 6-1 各种类型均化库的能耗指标综合比较

均化库种类	间歇式均化库		混合室均化库		多料流式均化库				
均化库名称	双层均化库	串联操作均化库	彼得斯混合室均化库	彼得斯均化室库	IBAU 中心室库	伯力休斯 MF 库	史密斯 CF 库	天津 TP 库	南京 NC 库
均化电耗 /[MJ/(t生料)]	1.44~2.34	2.52~4.32	0.54~1.08	1.80~2.16	0.36~0.72	0.54 左右	0.72~1.08	0.90	0.86

由于生料均化库都是在水泥厂设计建造时就确定了的,即使之后有能耗指标较低的均化库,但是由于投资回报率及生产的连续性等因素,一般不会对其进行改造,除非一种原因,就是原生料均化库的生料均化品质达不到水泥生产的要求。

(3) 生料制备工序

生料制备工序的能耗主要集中在粉磨系统和烘干系统。根据生产方法的不同,生料粉磨流程可分为湿法和干法两大类,而无论是湿法还是干法都有开路和闭路系统之分。

同开路系统相比,闭路粉磨不仅可以大幅度提高产量,降低电耗。在湿法生产工艺中,由于浆料水分较低,不需进一步浓缩。在干法生产工艺中,还应对含有水分的原料进行烘干。物料经过单独的烘干设备烘干后进入磨粉磨。

早期的磨粉磨一般为管磨机,管磨机的能效较低,后来将烘干与粉磨两者结合在一起,组成烘干兼粉磨系统。目前应用最广泛的是钢球磨系统,其中包括风扫磨,提升循环磨和带预破碎兼烘干的粉磨系统。近年来立式磨(辊式磨)在国内外得到了较快发展。与传统管磨机或球磨机相比,立式磨可以降低工序能耗30%以上。当然,要对原有生料粉磨设备进行替换立式磨的技术改造必须作详细的经济技术分析,毕竟这是一笔非常大的投入。

目前,对传统生料粉磨系统的节能技改是采用挤压粉磨技术,也是辊压机。这是20世纪80年代中期发展起来的一种新型粉磨设备和技术。开始它主要用于粉磨水泥熟料,之后又推广到生料粉磨。具体做法就是在球磨机之前加一台压机,对物料实行预粉磨,一般可以增产25%~30%,节能15%~28%。

(4) 水泥制成工序

水泥制成工序的能耗指标与最终水泥产品种类有关。其主要能耗设备是水泥熟料的粉磨设备。

早期的熟料粉磨设备主要是管球磨粉系统,通常分为开路粉磨系统和闭路粉磨系统。闭路粉磨系统的能耗指标较开路粉磨系统低。

20世纪70年代以后,随着新型干法水泥工艺的发展,立式磨开始在水泥工业中得到广泛应用。与传统的管球粉磨设备相比,其工序电耗可以降低10%~25%。但是用立式磨代替传统管球磨机,需综合考虑投入和停产损失等因素的影响。目前少有水泥厂这样做。

现在水泥制成工序通常的节能技改思路是增加一台辊压机,将原粉磨系统改为挤压粉磨系统。与传统球磨机相比节电达30%,还可确保产品质量。这一技术在20世纪80年代末被逐步推广使用。

(5) 熟料煅烧工序

熟料煅烧工序的能耗是水泥生产能耗的主要环节,它与所采用的生产工艺有极大关系。

国内早期水泥生产多为立窑水泥生产线。它经历了三个阶段,第一阶段是人工加料和人工卸料的土立窑;第二阶段是机械加料和机械卸料的机械化立窑;第三阶段是现代化立窑。立窑的问题主要是单机产量低、熟料质量不稳定。其耗能问题不明显,因为立窑的吨水泥电耗较低,但热耗略高。

早期的回转窑都是采用湿法水泥生产技术。湿法回转窑生产是将生料制成含水为32%~40%的料浆,在煅烧过程中要蒸发掉这些水分,因此要消耗很多的热量,造成能耗很高。20世纪50~60年代初,湿法回转窑在中国水泥生产中占主要地位，但 90 年代就开始限制其发展了。

由于湿法水泥生产的高能耗问题，使得一些早期半湿法水泥生产工艺得到发展，其中最著名的是立波尔窑。由于采用了窑内热交换装置，使其能耗有较大幅度的下降，现在国内立波尔窑的热耗在 4514~4568kJ/kg，而国外的降至 3198~3219kJ/kg。

水泥生产革命性的改进是新型干法水泥生产工艺的出现。它以悬浮预热和窑外分解技术为核心。该技术出现在 20 世纪 70 年代，80 年代后期引入我国，现在已是我国水泥生产的主要设备和技术。目前国外新型干法旋窑的熟料热耗为 2918~2968kJ/kg。新型干法旋窑节能技改的另一个重大的技术突破是配合水泥窑烟气余热利用的纯低温余热发电技术。从 2004 年起，在我国已获得大面积的推广，目前也是大型水泥生产企业的主要节能技改项目。

6.3.4 陶瓷生产企业节能潜力分析

实践证明，在全国各陶瓷生产企业开展能源审计工作适应国家经济发展形势的需要，能够及时发现和解决企业的能源使用问题，达到节约能源和资源的目的。如广西质监局积极开展能源计量试点工作，针对陶瓷行业高耗能、高污染的特点，选取全国最大的日用陶瓷企业——广西三环集团股份有限公司作为节能降耗试点企业，运用标准、计量手段开展节能、节水、节材工作。据初步统计，该企业通过完善计量保证体系和技术改进后，吨瓷耗（标准）煤下降 4.5%，耗气下降 1.87%，耗电下降 3.53%，耗水下降 9.52%，耗泥下降 7.4%，节能降耗工作取得显著效益。该局为推动节约用水，积极开展试点工作，力争重点取水企业的计量器具配备率达到 100%，用水计量器具配备率达到 90%，检定率达 100%，水资源利用率达到 85%以上。

广东某陶瓷集团有限公司是我国专业生产陶瓷墙地砖及卫生洁具的大型企业，也是高耗能企业，能源成本约占生产成本的 1/3。近几年来，该公司根据能源审计报告书意见，采取了一系列节能降耗措施，一是使用煤转气代替燃油，能源利用率大大提高，既降低能源成本约 50%，又减少了废气排放，降低了环境污染；二是开展技术革新，对机电设备全面使用变频装置，节电约 20%；三是采取使用大吨位球磨机、加宽窑炉宽度、余热利用等技术，提高了能源的综合利用率。唐山惠达陶瓷等陶瓷企业对能源计量和节能降耗工作十分重视，不但建立了比较完善的计量检测体系，而且注重技术进步与改造，通过改建燃气隧道窑、采用高压注浆、低压快排水、机械手施釉等技术来提高能源利用效率和工效，达到节能降耗的目的。

6.3.4.1 陶瓷生产工艺分析

对于大多数陶瓷企业，主要生产工艺为：原料均化、球磨、放浆过筛、除铁喷粉、成型、干燥烧成、抛光、分级、包装进仓，如图 6-2 所示。

原料均化 → 球磨 → 放浆过筛 → 除铁喷粉 → 成型 → 干燥烧成 → 抛光 → 分级 → 包装进仓

图 6-2 陶瓷生产工艺流程

开展能源审计前，必须对各生产工艺进行详细地分析，才能找到出现高能耗的问题所在，发现节能潜力。由于篇幅所限，在此仅详细剖析陶瓷生产工艺中的第六步——干燥烧成。

干燥烧成的工艺流程见图 6-3。

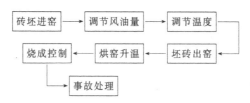

图 6-3 陶瓷干燥烧成生产工艺流程

对干燥烧成工艺流程的具体说明如下。

① 窑头压机操作工负责保证砖坯整齐排列进入烘干窑，并把分层和缺角等有缺陷的砖坯拣出，班长、窑炉操作工负责控制热风炉的温度。

② 通过调节热风炉的风油量及风油比，及进热风管各阀门开度大小来满足烘干窑内各段的温度要求，通过窑尾冷却风机的开启来调节烘干坯出窑温度。

③ 窑炉操作工随时注意观察烘干窑各控制点温度是否在控制范围内，班长和车间工艺员应经常用手试出窑砖坯的表面温度，发现异常时应立即用表面温度计测量准确数据，以便调节烘干窑的操作参数，烧成工序质检员每班检测砖坯窑水分一次。

④ 干燥窑尾工负责出窑砖坯排列整齐进入釉线，并把分层缺角、开裂的不合格产品拣出；若砖坯表面有铁锈等落脏物，应打扫干净。

⑤ 窑炉烘窑升温。新窑烘窑升温时，一般先用木柴烧几天，等窑温升至一定温度后，再逐渐点油枪，具体升温操作由建窑单位制定，司炉工配合执行使窑炉慢慢升至正常烧成温度。

旧窑升温，一般需要 2~3 天时间，开窑点火前应将窑内杂物清理干净，检查窑内挡火板及挡火墙是否装好，启动传动装置，检查传动系统是否正常。开启排湿风机、抽热风机、雾化风机、助燃风机和供油泵，调好油压和风压，先点燃烧成带中后部棒下的几支油枪，小火慢慢升温，之后每班间隔点燃几支油枪，等窑温升至一定温度后，点燃正常烧砖时需点的全部油枪，使窑温在正常烧成温度范围内保温一段时间，然后开始入砖坯进窑。

⑥ 正常烧成控制。窑头入口工应根据砖坯在窑内行走的情况，使每块砖按一

定次序入窑，同时防止砖坯磕碰。

司炉工应根据粉料的性能，控制好窑内温度，确保出窑产品的平整度、尺寸和吸水率等指标达标。司炉工应经常巡窑，检查辊棒是否正常转动，油压、风油是否正常、发现露火或缺少石棉的部位应添加石棉，经常测量出窑砖的尺寸、平整度是否正常，并用含水海绵擦砖的四周，查看是否有坏裂等缺陷，发现问题时司炉工和班长一起及时处理，为了便于查明原因，司炉工应按规定，记录好有关参数，如温度、油压等。为了使窑内温度稳定和均匀，司炉工应经常检查油枪是否堵塞或熄火，发现油枪燃烧状况不好时，应及时处理。

⑦ 常见事故处理：

a. 堵窑　发生堵窑时，首先应将辊棒打向正反转，然后班长组织有关人员检查堵窑原因，例如，若辊棒电机烧坏则应换电机，链条脱开则应换链条等，同时让一部分人员从事故孔扒出烂砖和断棒，装上辊棒后，让辊棒正转。若辊棒上仍堆有变形砖，则应从事故孔跟踪查看，以防在急冷或间缓处再次卡住堵窑。若堵窑发生在高温段或处理的时间较长，则应降温，处理完毕后，温度应升至烧成温度才能正常进砖。

b. 停电　正常情况由市电转厂电（或相反），转电时各风机跳闸后，当班司炉（或班长）应按下列顺序开启各种风机，抽湿风机→抽热风机→雾化风机→助燃风机→油泵→急冷风机→窑尾冷却风机。开启各风机时，不要太快，应让一台风机运转平稳后，再开另一台风机。另外，若窑温降低太多，为了防止生烧砖出窑，可将辊棒打向反转，几分钟后再打回正转，然后司炉工应检查油枪是否全部正常燃烧。

最后将生产工艺中各环节耗能情况统计后，列于表 6-2 中。

表 6-2　陶瓷生产企业各生产工序用能设备及耗能类型

序号	工序	用能设备	耗能类型
1	均化	汽牛、铲车、鞠机	柴油
2	球磨	喂料机、电子磅、球磨机、搅拌机、除铁器、振动筛	电力
3	放浆过筛、喷粉	喷雾干燥塔、振动筛、柱塞泵、皮带输送机	电力、重油
4	成型	萨克米压机、配套翻转平台	电力、柴油
5	烧成	辊道窑及其配套设备	电力、柴油
6	抛光	空压机、磨边机、转向机、刮平机、抛光机、干燥窑、热风炉、打蜡机	电力
7	分级、包装	打包机、透明胶切割器	电力

6.3.4.2　陶瓷生产节能潜力分析

(1) 电能利用

① 用电系统　很多企业各部门生产所用电量靠供电部门供应。对线损电量核算时，采用以供电部门与企业内部分表合计之差作为线损进行分摊。但由于供电部

门结算抄表日与企业的内部核算抄表日相差约数日，对供电部门所供电量的损耗统计则存在着较大的误差，且对供电部门的表计误差率也不能及时发现。

② 生产系统　由于多数陶瓷生产企业生产的产品种类繁多，其对各种产品的考核定额制度尚不够完善，因而未能形成详细的统计报表。为了查找节能潜力的所在，选择了最终产品车间进行了详细审计。为便于进行可比的电耗分析，将多数陶瓷生产企业生产的瓷砖统一换算到单位面积进行分析，发现不同车间产品单位面积耗电相差较大。主要原因有以下几点。

a. 由于电耗考核未能细化，在一定程度上影响了职工的节约积极性，导致了电力单耗偏高。

b. 由于设备维护不到位，润滑不及时、传动系统摩擦系数过大等原因，使得设备负载功率超出合理范围。

c. 由于对空压站及空调系统未能单独抄表计量考核，使得该部分设备的运行难以做到合理配调，达到经济运行状态，因而增大了电力消耗。

d. 目前多数陶瓷生产企业的照明系统基本上仍采用的是传统的日光灯，与国家提倡的绿色照明所要求的节能型灯具相比，存在着节能的潜力。

(2) 水资源利用

对生产用水的计量考核基础较差。目前，多数陶瓷生产企业生产用水量，只能靠采用产量平均摊的方法，这样，自然存在着不尽合理的地方。对生产用水的考核就会存在不公平的现象，难以激发员工节约用水的积极性和责任感。往往使能源审计对生产用水的审计出现"真空"，建议尽快建立生产用水的三级计量制度。

(3) 用油系统

当前，很多陶瓷企业用油主要是重油和柴油，重油用于烧成工序的窑炉；窑炉预热则用柴油，柴油还用于车辆、发电机。窑炉的重要功能是将砖坯经一定温度和时间，烧成成品，因此，干燥烧成是陶瓷生产热能消耗的主要工序。

在窑头入口，工人根据砖坯在窑内的移动情况，调节砖坯间距，司炉工人根据粉料性质，调整油枪压力与油量，达到控制温度的目的。

在生产过程中，陶瓷企业可联系当地相关检测部门，协助检测窑的热效率、产品燃油单耗、窑炉的排烟温度、流量等数据，详细分析这些数据后，对窑炉输入的各项送风（助燃、雾化、急冷）等的进风口采取加装过滤器防止灰尘入窑等改造措施，可减少排烟的灰尘量，或者利用排烟至干燥窑，达到节省干燥窑用燃油的目的。

(4) 部分生产过程物料管理分析

多数陶瓷生产企业在陶泥、半成品及在制品的管理方面，在生产过程的不少环节存在着物料管理的节约潜力。陶泥露天堆放，存在着自然损失，而且污染环境。在半成品的堆放方面，存在着毁损现象，造成了浪费。

6.3.5 "十一五"建材行业节能与技术创新重点

根据国家中长期科技发展规划纲要和国家"十一五"发展规划的安排，一些政府支持的科技创新项目正在立项实施。在国家发改委发布的《当前优先发展的高技术产业化重点领域指南（2007年度）》中，涉及建材制造业的有三大领域：①新型建筑节能材料，包括高性能外墙自保温墙体材料、功能墙体材料、热反射涂料、相变储能材料、高效外墙和屋面保温材料、楼、地面隔热保温材料、高性能节能门窗、低辐射玻璃等；②玻璃纤维及其复合材料制品，包括无碱玻璃纤维、低成本、高性能、特种用途的玻璃纤维及制品、绿色玻璃钢——热塑性复合材料制品、玻璃钢管道、汽车覆盖件、渔船等制品；③生产节能和建筑节能技术，包括高效燃烧工业节能窑炉、高温空气燃烧技术、纯氧或富氧燃烧节能技术、工业余热回收利用技术、建筑节能新技术等。科技部"十一五"支撑计划项目中，包括既有建筑节能改造的预制外墙保温装饰一体化构件，村镇住宅建设用环保经济型墙体屋面材料，节能住宅自保温隔热墙体以及节能围护结构构造体系等。从发展趋势来看，一些行业的技术发展目前处于积累时期，而一些行业可能产生突破性的重大技术创新，值得高度关注。

(1) 水泥工业

水泥工业在新型干法工艺和主导产品硅酸盐水泥确定的基础上，正在以产业组织结构调整为主线，加快提高生产集中度和规模化。与此相适应，大型生产装备和关键设备、新一代高效节能装备的自主设计制造成为行业技术创新的重点，其中余热发电技术与设备已达到国际先进水平，进入国际市场，但仍在发展提高之中。与此同时，社会对水泥工业在发展循环经济，建设节约型社会中的重要作用的认识将推动水泥产业朝处置工业固体废弃物和城市生活垃圾的环保产业方向发展。第一批国家级循环经济试点有三家水泥企业——北水、乌兰、亚泰入选，其他企业如海螺也正在积极跟进。水泥窑炉很可能与垃圾焚烧炉"联姻"，共同处理生活垃圾。焚烧炉实现对生活垃圾的减量化，而水泥窑炉则对焚烧炉渣和粉尘再进行无害化处理和资源化利用。

(2) 平板玻璃工业

平板玻璃工业围绕发展浮法玻璃开展的结构调整已基本完成，目前浮法玻璃比例已达90%。洛阳浮法技术的创新和发展重点主要在900t/d级以上的大型节能窑炉和提高浮法玻璃实物质量水平上。但是，从建筑节能的需求看，在线镀膜生产Low-E玻璃技术将引领浮法玻璃技术的发展。浮法玻璃企业在提高能效、降低NO_x、SO_2和粉尘排放等方面开始面临社会压力，纯氧燃烧技术与装备的采用开始受到重视，有关研发项目已列入"十一五"国家科技支撑计划。

(3) 玻璃纤维工业

大型池窑拉丝技术和纯氧燃烧技术将引领我国无碱玻纤池窑拉丝生产技术的发展，国家已相应提高了池窑规模的行业准入门槛。南京玻纤院与九鼎集团正在开发的新一代万吨级电熔池窑拉丝技术有望突破池窑技术节能、环保的瓶颈。此外，南京玻纤院超细和高强玻纤技术和产品正在开拓一些高端技术产品市场。

（4）建筑与卫生陶瓷工业

共性技术方面，低品位原料、工业废渣的综合利用技术、大尺寸薄板生产技术的发展将缓解资源瓶颈、降低成本；表面功能化改性技术，如纳米自洁、抗菌等改善居室健康环境的产品将满足不断提高的消费需求；机械化自动化制造技术，如高压注浆、机械手施釉、机械化装开窑等技术的发展，将缓解人力资源短缺、人工成本增高的压力。在特性技术方面，时尚化艺术装饰和高质量、高性能新型陶瓷砖和卫生洁具将引领高端个性化消费市场。

（5）混凝土与水泥制品工业

建筑业特别是重点工程建设对混凝土耐久性的要求将越来越高。预拌商品混凝土技术的发展将体现在高强高性能混凝土的发展上，化学外加剂特别是高效减水剂的发展是关键。聚羧酸基高效减水剂目前在引领外加剂产业的发展。国内对聚羧酸基减水剂产品的开发仍主要依赖国外的原料，但已对外国产品形成挑战。

水泥与混凝土制品的发展将迎接建筑部品、隧道盾构管片、高速铁路客运专线无砟道板等现代产业的兴起。高性能 PCCP 管正在重新夺回失去的输水管市场。既有建筑的外墙节能改造和建筑外墙的保温装饰一体化构件的市场需求，将可能把水泥与混凝土制品产业的发展带入高附加值、精细设计加工的高端产品制造领域。

（6）非金属矿及制品工业

非金属矿材料产业的发展取决于精细加工技术的发展，例如超细粉碎、表面改性、提纯、高长径比超细纤维矿物制备等。对伴生矿物（如煤系高岭土）的综合开发利用技术将在国家鼓励政策的推动下得到快速发展。优势非金属矿（硅灰石、高岭土、云母、石墨）资源高效利用技术研究课题已列入"十一五"国家科技支撑计划"非金属矿资源综合利用技术研究"重点项目。

（7）玻璃钢复合材料

被称作绿色玻璃钢、能回收重复利用的热塑性树脂复合材料制品在温度适当的环境条件下将逐渐取代热固性树脂复合材料。在产品发展方面，除国防工业以外，将受到新兴产业的拉动，例如高压 CNG 气瓶、风力发电机叶片、汽车部件、大飞机部件等。

（8）新型墙体材料

我国新型墙体材料经过多年的引进和自主开发，已掌握各种生产技术与设备，产品品种齐全，质量水平在很大程度上取决于应用技术标准要求，各种墙体材料的发展取决于相关建筑体系的设计与施工水平。例如最近发展的砌体构造配筋设计解决了多年存在的混凝土砌块建筑"裂、渗、漏"的问题,将对砌块建筑的发展起到积极的促进作用。由建设部组织实施的"十一五"国家科技支撑计划重大项目"建筑节能关键技术研究与示范"课题将研究适用于严寒、寒冷地区的新型夹芯保温墙体构造体系、预制墙体保温构造体系;研究适用于夏热冬冷、夏热冬暖地区、可同时满足保温和隔热功能要求的复合墙体和屋面构造体系,单一材料墙体体系以及各种墙体内保温隔热技术。

6.4 某陶瓷厂能源审计案例分析

6.4.1 公司概况

某陶瓷有限公司是一家生产陶瓷地砖、墙砖的大型陶瓷生产企业,该公司属于民营企业。固定资产1.3亿元。公司占地20多万平方米,拥有职工2500多人,其中技术人员420人,高级职称18人,中级职称140人。拥有18条现代化墙地砖生产线,2005年生产能力达1997万多平方米,年销售额7亿多元人民币。2005年完成工业总产值80860.11万元人民币,工业增加值7995.88万元人民币,利税3028.73万元人民币。

在本审计期内该公司共消耗各种能源按等价量折标煤94751.57t。其中电力11144.56万千瓦时,折标煤13696.66t;重油16835.46t;自来水1768782(新鲜水)m^3,折标煤454.75t;回用水2844000立方亩,折标煤34.13t。用水合计折标煤488.88t。企业能源消费流向详见表6-3和图6-4。

表 6-3 企业能源消费流向表

项目	名称	主要生产系统		其他	合计
水/m^3	实物量	1505813(新鲜水)	2844000(回用水)	262968.90	4612781
	折标量	387.14	34.13	67.61	488.88
电力/万千瓦时	实物量	11062.06		82.50	11144.56
	折标量	13595.27		101.39	13696.66
柴油/t	实物量	37699.90		674.19	38374.09
	折标量	54932.52		982.36	55914.89
重油/t	实物量	16835.46			16835.46
	折标量	24051.14			24051.14
折标合计		93000.20		1151.36	94151.57
所占比例		98.78%		1.22%	100%

注:按当量值折标。

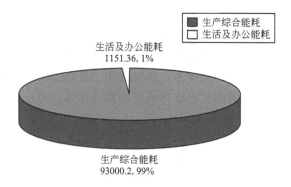

图 6-4 能源消费流向（单位：t 标煤）

6.4.2 能源结构

该陶瓷有限公司 2005 年主要产品能耗情况见表 6-4。

表 6-4 2005 年某陶瓷有限公司主要产品耗能情况

产品名称	数量/块	产量/m²	燃料/元	动力/元	综合能耗折标煤/t
腰线砖	3556290	14936.18	989337.34	236448.35	1130.27
瓷片	15826050	949563.00	11023299.43	2634532.07	7185.55
仿古砖 318×318	1122210	113482.36	991842.33	237047.03	858.75
加工砖	12260	4413.60	35035.22	8373.30	33.40
抛光砖	27593460	8296310.09	136221168.90	33007069.01	62779.93
合计		9513133.23	151111283.30	36115096.46	71987.90

6.4.3 能源消耗水平分析

通过对工业增加值及综合能耗的核定，计算出其万元产值综合能耗为 1.16t 标煤/万元，产品单位工业增加值综合能耗为 11.78t 标煤/万元，远远高于广东省 2005 年平均万元工业增加值 1.08t 标煤的水平。其中，单位工业增加值电耗为 1.39 万千瓦时/万元，折标煤 1.71t 标煤/万元；单位工业增加值耗柴油 4.80t/万元，折标煤 6.99t 标煤/万元；单位工业增加值耗重油 2.11t/万元，折标煤 3.01t 标煤/万元。

6.4.4 能源消耗存在的主要问题及节能潜力分析

能源消耗存在的主要问题是能源管理体系不尽科学、管理制度欠缺完善、计量和统计体系空缺较多、人员不足，公司的基础管理工作相对较为薄弱，能源管理工作尚不够细化。万元产值综合能耗、产品单位工业增加值综合能耗居高不下，能源浪费较为严重。具体问题如下。

(1) 电能利用

① 用电系统　经现场调查，对配电系统功率因数的控制，主要采用在配电室集中补偿的方式，对车间的大功率用电设备基本上未进行就地补偿。这种运行方式虽然可补偿主变压器本身的无功损耗，减少配电室以上输电线路的无功电力，从而降低供电网络的无功损耗，但由于终端用电设备所需要的无功主要通过配电室以下的低压配电线路输送，因此，集中补偿的方式无法降低公司内部配电网络的无功损耗。应按照"分级补偿，就地平衡，分散补偿与集中补偿相结合，以分散为主"的原则，合理布局补偿位置和补偿容量。根据节能监测结果，合理选择电容量，对车间低压配电线路较长的集群用电负荷或单台功率大的设备进行就地无功补偿。通过无功补偿，可使补偿点以前的线路中通过的无功电流减少，既可增加线路的供电能力，又可减少线路损耗。

为了有效地降低统计误差，建议企业要加强对计量仪表的维修校验工作，并坚持每月2～3次与供电部门的计费表进行同步抄表比对，特别是每月的月底，应与供电部门的计费表同步比对，及时掌握仪表的计量状况，进行线损分析，科学分摊损耗，以便细化考核。

② 生产系统　为了查找节能潜力的所在，我们选择了最终产品车间进行了详细审计。为便于进行可比的电耗分析，我们将公司生产的瓷砖统一换算到单位面积进行分析，发现不同车间产品单位面积耗电相差较大。企业应在以下几方面予以改进。

a. 尽快统计出各工序设备的电耗情况，以便于科学制定对班组、机台的定额考核指标，通过严格的奖惩，充分调动广大职工的节约积极性。

b. 根据设备的负荷变化及运行状况，利用变频器的技术特点，以及智能化控制系统进行节能技术改造，以降低电力消耗。

c. 加强对设备的定、巡检管理及润滑管理，坚持以预防为主、维修为辅的原则，采取动态维修的设备维护维修模式，及时发现和排除设备故障隐患，确保设备经常处于良好的技术状态；合理调整传动系统的松紧度，减少摩擦系数；配置必要的检测仪器，对重点用能设备进行能源利用效率的实际监控，并与同类型的机台设备先进的能耗指标进行对比，以便查找是设备管理的问题还是设备自身工艺参数的控制问题，挖掘节能潜力。

d. 按照绿色照明的要求，对照明系统的灯具进行节能改造，以降低电力消耗。

(2) 水资源利用

公司除生活用水外，生产用水做到了"零排放"。废水经处理达标后排入厂侧废水塘，循环利用。由于该废水塘未经水泥硬底化处理，部分废水可经地底渗透或少量溢出进入塘侧内涌。建议将废水塘进行硬底化处理，并加高塘围。

生活用水没有循环利用，而且量并不小，排放量达60t/d。如果这部分水回收利用的话，一年可节约2万多吨水。

同时建议尽快建立生产用水的三级计量制度，实行消耗水量统计具体化和责任化。

（3）用油系统

根据某市能源利用检测中心提供的数据，A窑的热效率为85.54%，产品燃油单耗为0.065kJ/kg，热耗2379.28kJ/kg，能耗属较低的水平。窑炉的排烟温度为293℃，流量为8487m³/h(标况)，热量3299.74kJ/h，占窑炉输入热量的16.67%。建议对窑炉输入的各项送风（助燃、雾化、急冷）等的进风口采取加装过滤器防止灰尘入窑，这样可减少排烟的灰尘量，或者利用排烟至干燥窑，可节省干燥窑用燃油。公司在2004年曾进行此项技术试验，效果明显，值得进行使用技术深度研究。由于窑体长，窑的散热面积大，烧成带窑体外表温度有些部位高达100℃，热平衡计算中，散热占11.85%，偏大。故此，窑的保温十分重要，如果说窑炉加强保温设施后，散热损失降低至输入热量的5%，则可说窑炉的总燃油消耗下降7.03%。

J窑为釉面砖的二次烧成工序，经测试和数据计算，该窑的窑炉热效率为84.26%，产品燃油单耗为0.035kJ/kg，热耗1577.96kJ/kg。窑炉的排烟温度为152℃，流量20395m³/h(标况)，热量2606.84kJ/h，占窑炉输入热量的18.38%，排烟空气系数为3.04，建议对窑炉排烟安装氧量计对烧成的燃烧空气系数进行控制，减少排烟时的热损失。窑炉的出砖温度为191℃，超标。致使成品带出显热损失大，在出窑后还要喷水冷却，而抽样热风温度为192℃。建议加大冷却风量和抽样热风量，尽量多抽窑炉余热至干燥，以减少干燥线的使用燃油。通过热平衡测试计算，得知窑体的散热为12.3%，偏大。如能将散热损失降低至输入热量的5%，则可使窑炉的总燃油消耗下降7.92%。建议在大修时加强保温或采用红外线涂料对窑内实施喷涂。

2D窑在生产6LF0736抛光砖时的窑炉热效率为75.25%，单位产品燃油单耗0.077kJ/kg，热耗2796.23kJ/kg，对比行业其他类型生产线，能耗属一般水平。窑炉的排烟温度是304℃，流量30001m³/h(标况)，热量5601.88kJ/h，占窑炉输入热量的31.66%，窑炉排烟温度高，但没有用于干燥线作坯体干燥使用，直接排入大气。建议考虑采取换热器对排烟余热进行回收。从测试的数据来看，窑体的保温不足，烧成带窑体外表面温度有些部位高达100℃，热平衡计算中，散热占11.97%，偏大。应考虑在窑炉大修时加强对此窑炉的保温措施，按该窑炉目前生产状况计算，其散热损失如果降低至总输入热量的5%，则可使窑炉的总燃油消耗下降7%。窑炉的抽热风量为34528m³/h(标况)，而抽热风管道只有φ490mm，风管内流速为26.42m/s，由于管道直径太小，影响抽热效果，应考虑改大风管直径。

6.4.5 审计结论

本审计组通过审计考核，核对取证，根据审计结果，得出如下结论。

在公司领导班子的带领下,全体员工发扬团队精神,坚持走科学创新的道路,在 2005 年创出了较好的业绩。

在主要经济指标方面,2005 年共计生产各类瓷砖面积 1997 万平方米。实现主营业务收入 71416 万元。以生产法计算公司工业增加值为 7995.88 万元,完成工业总产值 80860.11 万元,利税 3028.73 万元。

在生产技术管理方面,通过工艺技术创新、调整能源消耗结构、强化质量管理、加大技改投资力度等措施,取得了较好的节能效果,其产品单位工业增加值综合能耗为 11.78t 标煤/万元;万元产值综合能耗为 1.16t 标煤/万元。比照河北省唐山陶瓷公司万元产值综合能耗为 3.8t 标煤/万元,比同行业低 2t 标煤/万元。

在能源管理制度建设方面,组建了较为完善的节能管理机构,制定了从能源采购、计量、统计、生产过程管理到定额考核等一系列的能源管理制度,并以经济责任制的方式严格考核,有力地促进了企业各项节能工作的有效展开,如生产办为了落实公司的总体生产经营目标,进一步把能耗指标细化到了各种产品、工序;环保安全科对生产用水基本上做到了循环利用,对部分疏水进行了回收利用,取得了较好的节能降耗效果。尽管如此,由于能源管理体系不尽科学,管理制度欠缺完善,计量和统计体系空缺较多,人员不足,公司的基础管理工作相对较为薄弱,能源管理工作尚不够细化,在以下方面仍存在着较大的节约潜力。

① 目前产品单位工业增加值综合能耗为 11.78t 标煤/万元,远远高于广东省 2005 年平均万元工业增加值 1.08t 标煤水平。万元产值综合能耗为 1.16t 标煤/万元,而佛山市的平均水平是 0.52t 标煤/万元;广东省则是 0.99t 标煤/万元。而且能源成本占全部生产成本的 40.98%,明显过于偏高,节能空间较大。

② 公司能源管理不尽科学、管理制度欠缺完善、计量体系空缺较多、人员不足。目前公司在能源定额管理方面还不够细化,对各单位仅实现成本、利润和产量等宏观指标的考核,未制定详细的产品能耗定额考核指标,更缺乏有效的考核及应对措施,用能计量体系不健全,不利于切实调动职工节能积极性。

③ 在燃料的质量指标制定及质检验收方面,由于考核不够科学细化,监督管理不到位、化验设备配置不够完善及质检人员技术水平不高等原因,存在着 95 万元的质量损失。

④ 公司的能源统计工作有待强化,涉及能源的购入储存、加工转换、输送分配和最终使用四个环节应当设置的分类统计报表建立得不够完善,原始记录存在丢失现象,细化到主要生产、辅助生产、照明等工艺的计量与统计工作尚没有完全建立,不利于对能源利用进行适时分析与细化考核。

⑤ 目前公司在燃料和原料的管理过程中缺乏定期盘存的管理制度,没有定期进行实物盘存,建立实物账,核算消耗过程中直接采取三级计量结果,造成物资的不明流失隐患,导致燃料成本核算不实。燃料成本则采用固定比例分摊的方法。单

位产品耗能指标不实。

⑥ 在能源计量系统的管理方面较为薄弱，公司的计量仪表配置尚不够完善，特别是用水方面的计量，二级计量仪表配置相对较差。到目前为止，尚无完整的能源计量器具台账，计量器具档案亦未建立齐全，给能源消耗的细化管理带来了一定的难度。

⑦ 公司对余热余能的利用方面还没有给予足够的重视，对高热载炉的热烟气等余热能源未能进行回收利用，窑炉的排烟温度高达152℃，窑炉的出砖温度达191℃，超标，致使成品带出显热损失大，在出窑后还要喷水冷却。存在着3845.3t标煤的节能潜力，价值人民币1561.15万元。

⑧ 公司未能对大功率设备进行就地无功补偿，使得企业内部功率因数偏低，不但降低了末端电压，恶化了供电质量，而且增大了低压线路的损失率。根据测算结果，存在着456.6万千瓦时、价值178.8万元的电能节约量。

⑨ 2005年，在水资源利用方面，生活用水没有回收利用，日排放量达到了60t/d。存在着节能潜力。

⑩ 虽然公司对各单位生产过程的制成率进行了考核，但未能将废料回收率等指标列入考核内容，通过对抽查的物料平衡分析结果看，不少单位的过程损失均较大，与国内同行平均水平相比，多损失物料价值123.77万元以上。

综上所述，通过这次能源审计，基本上清楚了解了公司的能源利用状况和存在的问题，凸显公司节能空间。整改措施和技能建议如下。

a. 立即建立和完善科学的能源管理体系，从根本上扭转能源消耗居高不下的局面。

b. 优化能源结构，争取和扩大使用气体燃料。积极引进节能合同能源管理模式（energy management contract 简称 EMC）这一节能新机制、新模式，解决了开展节能改造所缺的资金、技术、人员、经验及时间等问题。

c. 同时开展清洁生产审核，从原辅材料和能源、技术工艺、生产设备、过程控制、制度管理、员工素质、产品（包括副产品和中间产品），以及废弃物八个方面全面系统地进行了科学分析研究，制定了确实可行的规划，并分步实施，将生产技术、生产过程、经营管理及产品等方面与物流、能量、信息等要素有机结合起来，并优化了运行方式，从而实现了最小的环境影响、最少的资源能源使用、最佳的管理模式以及最优化的经济增长水平。以求达到节能、降耗、减污、增效，最终持续不断降低生产成本的目的。

第7章 电镀行业能源审计

7.1 电镀行业特点及能源消耗现状

7.1.1 我国电镀行业的特点

电镀是工业上通用性强、使用面广、跨行业、跨部门的重要加工行业。它不仅可以装饰和保护很多工业产品,而且某些特殊的功能性镀层能满足电子等工业和某些尖端技术的需要。因此,电镀生产遍布国内经济各个部门。20多年来,我国工业高速发展,电镀工业经历了一个较大的变化和发展过程,其规模、产量及产值都进入了世界电镀大国的行列。特别是境外厂家转嫁电镀污染和乡镇企业急剧发展,东南沿海地区的电镀企业猛增,全国电镀企业已超过10000个,职工50万人,较正规的生产线已超过5000条,具有(2.5~3)亿平方米电镀面积的加工能力。由于近年来对电镀加工需求有所下降,造成加工能力过剩,专业化程度也有所下降。电镀行业年产值约为100亿人民币。在我国一般都将转化膜生产也归属于电镀生产。转化膜包括氧化、磷化、发黑、钝化等工艺。现有1500多个单位从事转化膜生产,生产线超过1000条,其中铝型材加工就有800多家,每年经氧化处理的型材约30万吨。电镀企业集中分布在一些工业部,机械工业占30%,轻工业占20.2%,电子工业占20%,这三个工业部门总计占整个电镀行业的70%以上,其余主要分布在国防工业及仪器仪表工业。我国电镀加工中涉及最广的是镀锌、镀铜、镀镍、镀铬,其中镀锌占45%~50%,镀铜、镀镍、镀铬占30%,转化膜占15%,电子产品镀铅、镀锡、镀金约占5%。

我国电镀行业目前存在的主要问题包括以下几个方面。

① 工业布局欠合理,电镀工业的分布和发展缺少总体和完整的规划。由于工厂多、规模小、专业化程度低,造成生产效率低,经济效益差。

② 对电镀工业和电镀技术研究投入不够,缺乏必要的技术支撑。生产工人缺乏必要的专业性训练和在岗培训,电镀企业的管理水平和技术更新能力普遍较低,适应市场变化的能力较差。

③ 大部分电镀企业的物耗、能耗和水耗都大大超过国外平均水平。

④ 电镀行业污染状况比较严重,电镀废弃物得不到充分的再生利用。

未来我国电镀工业的发展趋势基本可归纳为以下四点。

① 装饰性和高抗蚀性工艺技术将不断发展。我国随着汽车、电子、家用电器、

航空、航天工业、建筑工业及相应的装饰工业的发展和人们对美化生活需求的提高，对电镀产品的装饰性和抗蚀性的需求将有明显的增加。

② 某些传统装饰性电镀可能被喷涂、物理气相沉积等取代，对功能性电镀产品需求则有上升的趋势。

③ 某些污染严重的电镀工艺，可能被清洁的电镀工业所取代，如无氰电镀、三价铬镀铬、代镉、代铬镀层将有上升的趋势。

④ 某些性能好、无污染的表面工程的高新技术将会进入我国市场，如达克罗（Dacrotized）涂层，克罗赛（Corrosil）工艺等。

7.1.2 电镀行业能耗现状

电镀是金属表面改性的一个重要工艺，也是耗能大户。一座小型电镀厂日耗电为（3～5）万千瓦时，耗煤 20～30t，再加上后处理的污水及废弃物的处理更是一项耗能工程。根据对部分电镀企业的能耗、物耗和水耗进行的调查，结果列于表 7-1～表 7-3 中。

表 7-1 几种主要镀种的国际国内物耗水平比较

名　称	国际平均水平	国内平均水平
镀铜的物料利用率	90%	65%
镀镍的物料利用率	90%	75%
镀铬的物料利用率	24%	10.5%

表 7-2 电镀工业国际国内水耗比较

国 外 报 道	国内先进水平	国内平均水平
0.08t/m^2 镀件	0.8t/m^2 镀件	3.0t/m^2 镀件

表 7-3 电镀审计中一些厂的物料衡算、物耗、能耗、水耗数据

生产线名称		镀装饰铬				镀硬铬				镀锌	
所在单位		江西某摩托车厂	绍兴某自行车总厂	烟台某锁厂	西安某仪表厂	北京某机械厂	株州某发动机厂	贵州某发动机厂	汉中某机械公司	江西某摩托车厂	哈尔滨某发动机厂
物耗 /(g/$m^2 \cdot \mu$)	阳极板									8.72	7.07
	铬酐	161.76	137.53	138.89	164.3	32.37	54.70	79.85	73.6	67.56	1.74
	氧化钠									5.58	
	氧化锌										0.26
电耗 /(度/m^2)		11.08		4.166		2.48	18.30	5.18	4.6	0.28	0.12
蒸汽 /(kg/m^2)		89.11				15.48	0.11	233.3		0.05	2.23
用水量 /(t/m^2)		4.11	1.86	0.3	0.85	7.15	117.39	90.17	3.9	5.16	0.47

从以上 3 个表中的审核数据可以看出，目前我国电镀工业单位面积的物耗、能耗和用水量都很高，与国外先进水平相差甚远。因此必须加强节能减排，加强用能管理，采取技术上可行、经济上合理以及环境和社会可以承受的措施，减少从能源生产到消费各个环节中的损失和浪费，更加有效、合理地利用能源。当前电镀行业资源消耗的指标是：耗煤量的基准值为 $7000kJ/m^2$；耗电量的基准值为 $2kW\cdot h/m^2$。根据国家发展和改革委员会、国家环境保护总局发行的电镀行业清洁生产评价指标体系（试行）规定资源与能源的消耗指标为：整流器输出端线路压降不超过 10%，排风系统风量可调，使用可控硅整流电源和高频开关电源，淘汰高耗能设备，使用清洁燃料，极杠清洁，导电良好。

7.2 电镀行业主要的工艺路线及主要设备

7.2.1 主要的工艺路线

电镀工艺包括以下几个方面。

电镀的工艺流程一般为：工件→化学除油→电解除油→清洗→酸浸→电镀→清洗→干燥→产品，其中涉及耗能的工艺如下。

① 前处理　包括磨光、抛光、滚光、刷光、喷砂处理、除油等。前处理所用到的耗能设备主要是电机和加热仪器。

② 电镀　主要是镀锌、镀铜、镀镍、镀铬等。所用到的耗能设备主要是电源设备和加热仪器。其中镀锌、镀铜、镀镍的电流密度为 $2\sim10A/cm^2$，镀铬的电流密度为 $20\sim30A/cm^2$。镀锌、镀铜、镀镍的电流效率为 90% 以上，镀铬仅为 10%~20%。镀锌、镀铜、镀镍在常温下电镀就可以了，镀铬则需在 50~60℃ 的溶液中电镀。

7.2.2 主要设备

① 电机　包括固定槽、滚镀机、磨光抛光机等，主要是前处理所用到的耗能设备。

② 加热及烘干仪器等　前处理和电镀过程中所用到的耗能设备。

③ 电源设备　包括直流电机、硅整流电源、可控硅电源及开关电源等，主要是电镀所用到的耗能设备。

7.2.3 主要工艺设备的采用和计算

选择工艺设备时应该同时考虑保证工艺质量、完成产量指标、经济效益及节能环保四个方面。

生产量不大的车间手工操作时可采用固定槽和滚镀机。但如果属大批量生产时，则应尽可能采用自动生产线或自动机以提高生产效率。

（1）电机

① 固定槽和滚镀机 固定槽如无法按镀件数量计算时可按零件电镀面积和镀槽的平均负荷指标（见表7-4）进行计算。滚镀机的计算可按每个滚筒每次装载的零件质量进行。

表 7-4 镀槽平均负荷量指标　　　　　　　　　　　　　　　单位：m^2

加工类别	每千升溶液的平均负荷量
在酸性或碱性溶液中电镀	0.6~1.2
装饰性镀铬	0.4~0.6
镀硬铬	0.2~0.3
铝件阳极氧化处理	0.6~1.2
化学处理	1.6~3.0

② 磨光抛光机 目前国产的磨光抛光机有带吸尘装置的和不带吸尘装置的两种。如果台数不多，采用前一种较为方便。

（2）直线式电镀自动线

电镀自动线目前在国内应用较多的有环形（或称椭圆形）电镀自动线和直线式电镀自动线两种。前者生产效率较高，适用于单件大批生产。由于它的机械结构较为复杂，投资较大，工艺调整困难，因此它的应用不及直线电镀自动线那么普遍。

直线电镀自动线就是将各种工艺槽子布置成一条直线，在它的上空用装有特殊吊钩的电动行车来传送挂有零件的阴极棒或滚筒，进行升、降、进、退等动作，使工艺过程从电解去油到电镀和镀后处理等多道工序全部在线上完成。这种自动线的优点为机械结构简单、投资少、投产快、工艺易调整以及能达到节能降耗的作用。缺点是电气控制系统较为复杂以及清洗等辅助槽的利用率较低。

常用的直线式电镀自动线的控制系统有如下几种。

① 接触式读孔式 这种装置是利用纸带（或涤纶带）穿孔作为信号读入进行电镀程序控制的。普遍使用的有可控硅接触读孔式和继电器接触读孔式两种。读孔机目前大多数采用发报机头。这种控制装置使用较为方便，线路比较简单，维修容易，动作可靠，控制方便，变动工艺时只需调整纸带，所以广泛应用于直线式电镀自动线的程序控制。但纸带寿命较短，一般数天便要更换，否则同步小孔变成椭圆形便会产生错误动作。如采用涤纶带则寿命可以提高。

② 步进式顺序控制 这种装置目前正受到重视，已有工厂在生产不同程序量的步进式顺序控制器。其优点是通用性较强，变更工艺或改变程序灵活。

③ 光电读孔式 这种装置用晶体管放大线路带动继电器进行工作。在胶带上事先打好根据工艺所需的孔，孔的透光性能使光电开关打开。它具有接触读孔式的

同样优点，但稳定性尚需进一步提高。

④ 机械部进选线器式　这种装置在接触读孔机和光电控制元件难以购到时可以采用。其优点是结构简单，维护方便，稳定可靠。但如果改变工艺时需重新接线。

⑤ 微处理机控制　近年来有部分工厂开始采用微处理机来控制电镀自动线，但目前仅限于电镀生产流水线的自动程序控制，尚未进行电镀工艺技术参数的测量和控制。由于电镀车间有大量可控硅电源设备和交流接触器频繁跳电，造成电网正弦波形畸变严重，各种电磁干扰复杂，因此采用微处理机时必须考虑具有较强的抗干扰能力。此外，还应考虑工厂本身是否有维修力量。

(3) 电源设备

电镀电源有直流电源、硅整流电源、可控硅电源及开关电源四种。直流电源设备可以采用的有低压电动直流发电机组、硅整流器和可控整流器等。目前绝大多数采用后两种，因为低压电动直流发电机组虽然具有稳定性较好和过载能力较大的优点，但效率较低，调节不便，噪声大以及维修工作量大。

直流电源的波形对镀层质量有较大的影响，有时还可以弥补镀液的某些缺点和提高电流密度。在选用波形时必须对该电镀工艺所用波形进行调查研究或进行验证后方可决定。根据目前各工厂的实践，下面几点可供参考：

a. 光亮硫酸盐镀铜可用三相全波可控硅整流器或单相全波硅整流器；

b. 半光亮镀镍和镀锌可用单相全波可控硅整流器或硅整流器；

c. 光亮镀镍可用原边星点三角可控硅整流器或副边三相全波硅整流器；

d. 焦磷酸盐镀铜可用单相全波或单相半波可控硅整流器或硅整流器；

e. 焦磷酸盐镀铜锡合金可用单相半波或单相全波硅整流器或可控硅整流器。如果采用低压电动直流发电机组时则要增加间隙电流装置；

f. 镀铬可用双反星形带平衡电抗器（或滤波器）的硅整流器。直流电源最好采用单机单槽供电方式，因为这样可以有较好的电流调节效果。

7.3　电镀行业能源审计

在电镀企业生产过程中，能源审计的重点主要在于以下几个方面：电镀设备、电镀工艺及操作控制等。通过能源审计，起到节能减排、加快先进节能技术创新的作用。根据国务院关于加强节能工作的决定（国发［2006］28号）文件中提到的关于加快先进节能技术、产品研发和推广应用，各级人民政府要把节能作为政府科技投入、推进高技术产业化的重点领域，支持科研单位和企业开发高效节能工艺、技术和产品，优先支持拥有自主知识产权的节能共性和关键技术示范，增强自主创新能力，解决技术瓶颈问题。采取多种方式加快高效节能产品的推广应用。有条件的地方可对达到超前性国家能效标准、经过认证的节能产品给予适当的财政支持，引导消费者使用。落实产品质量国家免检制度，鼓励高效节能产品生产企业做大做强。有关部门要制定和发布节能技术政策，组织行业共性技术的推广。

电镀节能的原理如下。

在电镀过程中，电流从直流电源经外导线排引入阳极，经过镀液再进入阴极（钢铁制成的零件），然后又经外导线（铜排）重新回到直流电源。根据槽电压可以计算出生产中的电能消耗。电流与时间的乘积等于电量，电量与槽电压的乘积则为电能。分析镀槽的构成部分，可以明显地看出槽电压主要由下列几个部分组成：

① 为克服极板、极杠和挂具等导体及各接触点间的电阻所需的电压，即电子导体中的欧姆电位降；

② 为克服镀液电阻所需要的电压，即离子导体中的欧姆电位降；

③ 两种金属接触界面间的电位差；

④ 阴、阳两电极与镀液界面间的电位差。

因金属的电阻比电解质溶液小得多，故电子导体中的欧姆电位降可以略去不计。即：

$$V = \phi_A - \phi_K + IR$$

式中，V 为槽电压，V；ϕ_A 为阳极的电极电位，V；ϕ_K 为阴极的电极电位，V；IR 为镀液的欧姆电位降，V。

由此可知，在设备设计和选择工艺及操作控制的过程中，需选择高效率的整流电源设备和电镀工艺，同时应尽量降低槽电压，即可达到节能的目的。

7.3.1 电镀工艺能源审计

（1）镀前处理

电镀是连续化直链式的生产过程。前面的环节直接影响后面的工艺步骤，而我国电镀行业的不少工厂对于前处理却重视不够，前处理工艺十分粗略，造成槽液不稳定，生产不能正常进行，产品质量不稳定，浪费原材料。发达国家对电镀前处理工作极为重视。前处理槽液的成分主要是水，价格低廉，采用良好的前处理工艺，可以保证电镀生产线长期稳定地工作，使电镀槽液的大处理周期延长，从而节约大量的原材料，并可保证产品质量的稳定可靠。槽液出现问题的90%是出在前处理上。处理250g/L硫酸镍的瓦特槽液，如1t槽液造成贵重的镍金属的损失约为10%，将造成25kg的硫酸镍损失，设硫酸镍为40元/kg，将损失1000元，如包括氯化镍和硼酸等化工原料，则损失更大。前处理槽液（主要成分为水）成本一般为每吨只有十多元到几十元，如按照工艺流程严格进行前处理，每延长大处理一个周期就相当于增加了上千元的收入，而且节约的工时及产品质量的稳定产生的效益尚不包括在内，间接地降低了用能产品的单位能耗。一般产品都采用滚光去油，在用氢氧化钠溶液滚光时，加入乳化剂（如皂荚粉、平平加、OP乳化剂等）可以缩短滚光去油的时间。去油时间并非越长越好，这是造成电能浪费的不可忽视的原因。

（2）挂具

挂具设计合理能够提高电镀效率，如镀录音机喇叭圈，中间空当儿处插入四只旋钮，既能保证质量又能增产节能。

① 挂具的设计　关系到电力线分布是否均匀，能否最大限度地在保证质量的前提下，尽可能地多装挂工件，这关系到产品的质量和产量。在小型电镀车间，挂具的设计常被忽视，应请专业工厂进行设计和制作。

② 挂具的绝缘　绝缘涂料的性能对挂具的寿命和工件的电镀质量有很大影响。挂具的绝缘效果和寿命影响到槽液的带出量，好的挂具带出量应尽可能最少，暴露的导电部位的面积应尽可能小。挂具的带出量过大，将直接影响到槽液的稳定和化学药品的消耗，从而影响产品质量和生产成本。

③ 挂具上的镀层　挂具上黏附的镀层应尽可能地清除，这些镀层不仅浪费金属和电流，而且会降低产品的质量。特别是对于连续大生产的自动线，可采用BT-1型镀层电解退镀剂进行退镀。这种退镀工艺效率高，而且可在常温下工作，没有浓烈的气味，有利于环保和生产。可一次性退除钢铁基体上的铜、镍、铬镀层和多层镍、铬镀层，不腐蚀基底，退除后的基底能保持原有的金属光泽。国外许多大型电镀企业就在定期对挂具进行退镀。

（3）镀层匹配

众所周知，铜铬镍装饰性、防护性镀层是阴极防护层，当形成腐蚀原电解池时，底层为阳极，镀层为阴极，因此，镀层必须将底层（钢铁、锌基合金）全部包裹，没有孔隙，才能起到抗腐蚀的作用，减少镀层的孔隙率是提高镀层抗腐蚀性能的关键。氰化铜镀层具有分散性能好、覆盖能力强、致密度高的优点，广泛用于各种电镀工艺。一般而言，氰化镀铜层达到 $6\sim7\mu m$ 以上，基本上可以保证孔隙率能够满足要求。镍镀层的光亮性能比较好，耐蚀性能比较强，机械性能优良，但是镍镀层的孔隙率比铜高，一般镍镀层达到 $11\mu m$ 以上，才有可能完全封闭基底镀层的孔隙。众所周知，镍的价格是铜的4倍以上，而且镍是二价金属，镀同样量的镍所消耗的电力是同样量的铜的2倍，其结果浪费了宝贵的镍金属及电能，造成成本过高。而提高铜镀层的厚度，在降低镍镀层厚度的同时，不降低镀层的抗腐蚀性能和镀层的装饰性能，可达到厚铜薄镍，达到减少用能产品单位能耗的目的。双镍铬电镀体系中，必须保证半光亮镍和光亮镍之间的电位差，才能获得优良的抗腐蚀性能的防护层。但是，由于各种原因，如果半光亮镍槽液中的硫含量增加，将降低两层镍之间的电位差，这时，即使镀层很厚，其抗腐蚀性能也不可能达到要求，现在半光亮镍除硫剂的应用能够降低槽液中硫的含量，从而保证半光亮镍的电位差。

(4) 电镀

同样镀种，采用不同电镀液效率也不同，应选用效率高的电镀液。如镀锌，酸性铵盐与氯化钾镀锌效率都在90%以上，碱性锌酸盐镀锌效率则在65%~70%左右，氰化镀锌在70%~80%左右。同样的电流与时间，达到规定厚度以铵盐或氯化钾的时间为最短，提高了产量也等于节约了能源。有时凭印象认为酸性比碱性镀液容易镀得厚，但电镀是严格遵循法拉第电学第一定律进行的。若用氰化镀铜与硫酸铜比较，就会发现，用同样的电流与时间，因电化当量不同，氰化镀铜是一价铜，它的电化当量是2.371；硫酸镀铜是二价铜，它的电化当量是1.186，若不考虑电流效率，经计算氰化镀铜的厚度将是酸性镀铜的两倍。所以使用氰化预镀铜工艺能在1min内镀得覆盖良好的镀层，而酸性镀铜则达不到。电镀时，在保证质量的情况下，电流应尽可能大些，这既能提高阴极极化作用，又可缩短时间，还能促使氢的过电位增高而减少氢的析出。此外还要开发新的镀层，如双层镍、三层镍、微孔铬、微裂纹铬等，它们能减薄厚度和增加耐蚀性。

电镀电流效率的概念在生产实践中有很重要的含义，提高电流效率可以节约电能，从能源效率分析来看，可起到提高能源效率的作用。各种电镀工艺的电流效率有较大区别，具体举例列于表7-5中。

表 7-5　一些镀种的电流效率

镀种	普通镀铬	高速镀铬	氰化镀锌	锌酸盐镀锌	氯化钾镀锌
电流效率/%	13左右	22~27	60~85	70~85	95~100

在满足产品技术要求的情况下，应选择高效率的电镀工艺，以节约生产成本。如采用高速镀铬工艺，其节能效果相当明显，同时可节约风机电能，并减少废气排放等。

(5) 溶液控制

在电镀过程中，及时补充主盐，控制好溶液成分和温度，也能降低溶液电阻，取得一定的节能效果。在氰化电镀工艺中，碳酸钠含量较高时，溶液电阻增大，及时处理去除氰化电镀溶液中的碳酸钠，能取得较好的效果。络合物电镀时应控制好溶液中游离络合物的浓度，电镀添加剂也需少勤加，能减少电化学副反应，提高电流效率。

7.3.2　电镀设备能源审计

7.3.2.1　电镀电源

电镀电源属于低压大电流设备，要求操作简便，能承受输入端的突变和输出端短路及过载的冲击。同时电源是电镀行业最主要的能量消耗者，因此高品质的电源是电镀业节能增效的决定性因素,同时对电网的绿色化有重要影响。

电镀电源的选用是否正确,直接关系到镀层质量、镀槽生产能力、能源的消耗及投资的效益。电镀电源有直流电机、硅整流电源、可控硅电源及开关电源四种。直流电机因耗能大、效率低,已基本淘汰;硅整流电源价格低,但效率也不理想。近年来电镀用硅整流设备的结构设计有了很大改进,如采用低阻抗整流元件,冷轧定向硅钢片五柱式铁芯和卷板式结构的次线圈,设计了参数自动控制和完善的保护功能,较旧有结构节能约15%。可控硅电源的效率较高,在满载时其效率可达到65%~75%,但在半载或小于半载的情况下,效率只有30%左右。为了进一步提高整流设备效率,缩小整机体积和减小质量,最近生产出了高频开关电源设备。开关电源基本上不受负载多少的影响,其效率可达到80%以上。尽管开关电源设备的价格较高,但很快能收回投资,并能提高电镀质量。因此,加工大批量单一产品时,选用可控硅电源较好;加工负载经常有变化的多品种产品时,选用开关电源可取得较好的节能效果。整流器的额定电流,应稍大于镀槽最大负荷时所需的电流。额定电压切勿过高,应略高于槽端最高电压与线路压降之和,否则整流器效率不高,浪费电能。另外,采用脉冲电源、周期换向电源等,可以提高电镀质量和电镀速度,也可达到节能目的。

近年来,以现代电力电子技术的高速发展为基础,国内外相继研制出了电镀用第4代直流电镀电源高频开关电源。与传统工频整流电源相比,开关电源具有高效节能,质量小,体积小,动态性能好,适应性强,有利于实现工艺过程自动化和智能化控制等显著的优点。因此,大功率开关电源具有广泛的应用前景,是当前国内外研究、开发、应用的主流和方向。但是,开关电源特别是大功率硬开关电源在可靠性、稳定性、效率等方面的缺点成为制约其应用和发展的瓶颈,按照传统电源的设计思路和解决办法,不能从根本上解决其所面临的诸多问题。高频开关型电镀电源目前主要局限于1500W以下的中小功率领域,在国内也只有少量厂家生产。从技术角度看主要限于硬开关变换模式和模拟控制方式,具有明显的局限性,同焊接等领域全面推广应用开关电源的情况具有较大差距。未来高效节能的电镀电源需具备以下特点。

(1) 高频高效化

电镀行业是著名的耗能大户,其电能消耗是其主要生产成本之一。传统的电镀电源存在能耗高,效率低,控制精度低,体积大,笨重等缺陷;工艺过程缺乏科学合理的控制手段,也造成大量的电能损耗。因此,电镀电源装置的高效化是其必然的发展趋势,而高频化是提高电源效率的主要途径,主要包括下述几个方面。

① 在较大功率领域采用高频开关电源代替传统整流电源,降低损耗,提高功率密度。高频开关式电源比传统的工频整流电源材料减少80%~90%,节能20%~30%,体积减小到传统同容量电源的1/5以下,动态反应速度提高2~3个

数量级，因此，电源效率、功率密度及铜铁材料等指标用量均有大幅度的改善。

② 应用推广软开关技术，使高频开关电源的开关损耗明显降低，开关频率进一步提高。软开关技术具有降低电力电子器件开关功耗，提高开关频率，降低电磁干扰，改善器件的工作环境等优点。其本质是将器件换流过程和能量转换、控制过程分时加以区别处理。采用这种变换模式可以使工作在高频状态下的功率开关管的开关损耗显著降低，电源整体效率提高，同时使电源工作频率进一步提高成为可能。

（2）智能化

电镀工艺如何消除人为因素的影响及减少电镀过程能量损耗的需求，对电源的智能化提出了更高的要求。如迅速发展的铝型材表面处理技术，对质量的稳定性要求较高，通过不同程序改变电源调节曲线，可调整不同的阳极氧化层色调，使得氧化产品多姿多彩。一些在生产过程中频繁调节电源参数的电镀工艺，也要求采用专用智能化电源。脉冲换向电镀与直流叠加脉冲电镀等新工艺要求控制的参数较多，将脉冲电源与微机控制相结合的智能化脉冲电源，可以根据工艺要求选择直流供电、单向脉冲和换向脉冲供电以及直流叠加脉冲的多种复合电流波形，所有脉冲参数可以在给定的范围内设定。此外。还可以实现计时和定时功能、温度测控功能、电量（A·h）计量和定量功能等，有利于采用统计控制方法实现添加剂的补加和主盐浓度调整。

从节能的角度出发，电解电镀过程中，除电源装置的能耗以外，工艺过程的能耗占绝大部分。而影响工艺过程能耗的主要因素是电流效率和槽压，通过对电解液浓度、温度、电极距离等参数的在线检测，实时对电源的电流、输出电压进行调整和合理配置，进而达到节能增效和提高工艺质量的目的。

从控制的角度看，电镀工艺过程及开关式电镀电源的能量转换过程均为非线性时变系统，难以建立准确的模型进行传统的控制。智能控制能够不依赖受控对象的数学模型，利用人的操作经验、知识和推理以及控制系统的某些信息和性能得到相应的控制规则（如专家系统、模糊控制和神经网络等）。这些智能控制的应用将大大提高电镀电源的性能及工艺质量。

因此，随着电镀技术的不断发展，应迅速开发适应不同工艺过程的智能化电源设备，以满足新世纪的新技术发展需求。

（3）数字化

电镀电源的数字化技术意义重大。采用数字化技术，从电源的电气性能来看，可以应用现有电源的各种研究成果（功率电路拓扑及控制方式等），通过系统软件实现软开关技术并降低电磁干扰，提高电源的稳定性和智能化程度；从电源的工艺效果来看，数字化电源由于控制策略调整灵活，控制精度高以及控制参数稳定性高，所以具有更好的工艺稳定性和更好的工艺效果及节能效果。同时，数字化电源方便的通信接口功能为现代化的网络化生产提供了良好的硬件基础。从电镀工艺研究的角度来看，数字化电镀电源为实施创新性的工艺控制策略和实现多功能提供了全新的途径。数字化电源的在线控制程序升级将为新控制策略的实施提供方便、快捷的途径。

（4）绿色可靠

电镀电源需要长时间连续工作在极为苛刻的工况下，因此，其可靠性和绿色化是电源推广应用的前提。影响电源可靠性及绿色化的主要因素有电磁干扰、热效应、功率管工作环境、器件质量及工艺水平等因素。

由于开关电镀电源工作在开关状态且占空比变化较大，使输入波形发生畸变，由它产生的电磁干扰源，经某种传输途径传输至敏感设备，使该设备表现出某种形式的响应，并产生干扰的效果，而且功率愈大干扰愈强。在国外，德国、美国以及国际电子安全协会都制定了标准，按照这个标准规定，若不及早解决电磁兼容问题，将会带来严重后果。因此如何采取对策措施，提高逆变式电镀电源，特别是大功率逆变式电源的电磁兼容能力，是一个迫切任务，又是当前的热点问题。

电源器件的热效应是影响电源可靠性的另一关键因素，电镀开关电源传递变换着几十千瓦以上的电能量，功率开关管、功率变压器、平波电抗器、初次级整流管及其他器件均存在显著的热耗，如果热效应得不到合理的减少和控制，各环节的性能及寿命就会严重下降，电源的可靠性就会受到严重影响。

同传统电源不同的是，开关电源的功率开关管及次级整流管均工作在中高频状态，开关工作过程中存在较大的电压电流应力，较大的 dI/dt，dU/dt 也会对其可靠性产生较大影响。采用软开关技术、缓冲吸收、磁性参数的合理匹配等措施是解决问题的有效途径。

此外，电源的结构设计，降额容差设计，采用高性能器件和先进的工艺，控制电路的接地、隔离、屏蔽等因素也是影响电源可靠性的关键因素。

7.3.2.2 新型螺旋式走向电镀机组

为提高电镀的自动化程度，减少生产线的占地面积，增加电镀机组可镀产品的种类，节能降耗，可使用一种螺旋式走丝电镀机。该机电镀性能好，镀层结晶致密，可镀品种多，镀液消耗少，自动化程度高，环境污染少。

使用新型电镀机组的目的是让金属丝自由、松散、顺其自然地行进在电镀机各个工艺段，完成丝前处理（预电镀）、电镀、后处理。不论是镀锌还是镀铜，不论规格粗细，丝质硬软，都能适应。可使生产线最短，设备体积最小，达到作业自动化、节约工业用液、用水、高效、低耗地进行规模化金属丝电、化镀生产的目的。在研制（上下）往复式电镀机、圆环型电镀机均不理想的情况下，发现了一种新颖的金属丝走丝形态——螺旋状复绕走丝，研制出了一种新型金属丝电镀机——多根螺旋式走向电镀机。

(1) 螺旋式走向电镀机的电镀功能特性

阴极电流通过主传动轴辊电极,稳定流过镀槽内每一个丝圈。阳极板(块)依极距置放于丝圈的内外,呈双 U 形。液泵自外槽抽液输入镀槽,并作循环回流。作业中,镀液达到理想温度,可由配套的槽外镀液冷却器进行控温(冷却)电镀生产。冬季,在室内不冰冻的前提下,镀液无需加热后作业。多根螺旋走丝上机的方法是:金属丝同槽洗涤处理,分槽单丝电镀,各自收丝。电镀的阴极导电作用稳定,阳极布置得体合理。统一镀槽尺寸、布线长度、镀液、电源电流平均分配输入,自身镀液的搅拌流动,加上空气搅拌作用,使镀液活性好,槽内电流均匀,相应的电沉积速度快,均镀能力好。螺旋式走向电镀机电镀品种多,对镀液配方的要求及镀液清洁度质量要求较宽;阴极电极无需更换;阳极板(块)化学配料一次性投放少,占用流动资金少,作业中镀槽内阳极板(块)消耗均匀,生产周期长。同时,整理更换阳极板(块)方法简便,省工省力。

(2) 螺旋式走向电镀机组的实际应用

螺旋式走向电镀机组为"一"字型布局,机宽112m、高111m左右,动力箱与作业槽为标准化制造,组合装配结构,机器各部牢固耐用,整机从放丝、主机身到收丝,最长不过十几米。其运转高速,产量高。一套体积短小的螺旋机产量即是一条体积庞大的传统生产线的产量总和(见表7-6);还可组合增加镀槽(如增加一只镀槽,布线增加100m以上),延长其他槽布线。该机用于厚镀层产品比传统生产线成本消耗要低得多,仅设备和厂房基础投资一项就比传统生产线少了一半。

表 7-6 用于钢丝镀锌的传统电镀生产线与螺旋式电镀机的对比

机 型	设备尺寸 (长×宽)/m²	镀槽尺寸 (长×宽)/m²	电镀丝径 φ/mm	镀槽总布丝 长度/m	出丝速度 /(m/min)	电镀产量 /(t/h)	配套设施 投资/万元
传统生产线 (20根进)	36×1.2	18×1	20#丝 0.9 8#丝 4	20×18=360	20#丝 640 8#丝 680	20#丝 0.192 8#丝 4	60~80
螺旋式电镀机(20#丝4根进,8#丝3根进)	10.6×1.2	4×0.6	20#丝 0.9 8#丝 4	20#丝 700 8#丝 500	20#丝 880 8#丝 680	20#丝 0.238 8#丝 4	46

螺旋式走向电镀机由多镀槽体组合连通,被镀丝根数可多可少,且具备镀多种产品的能力,可用于金属丝镀锌、镀铜、镀锡、镀镍,镀层可薄可厚,甚至可以镀特厚层。该机也适用于电镀复镀层,有色金属丝复镀层。用螺旋式走向电镀机进行铝丝镀铜(铜包铝)国内已付诸实施。电镀法生产铜包铝比机械包裹法、金属熔融法生产工艺更简便。产量高,成本低,丝径更小,减少了后步拉拔工序和费用,提高了产品合格率。

用螺旋式走向电镀机组进行金属丝（如 CO_2 气保焊丝）化学镀生产，表面预处理更彻底，化学反应环境更合理，操作管理更简便，产量高，质量稳定。

7.3.2.3 镀槽设计安装

镀槽的大小必须综合考虑电镀零件、体积电流密度及溶液成分和温度稳定性等的影响。确定镀槽尺寸时，主要考虑零件吊挂情况和槽内处理零件之间和零件与槽壁、液面和阳极等的相关距离。其中镀槽阴阳极间距离要尽量小，一般应有 100～250mm 的间隔。同时需采用阴极移动或溶液流动工艺，以尽量减小溶液电阻。设备安装时必须采用防短路、防漏电技术，金属镀槽应衬绝缘衬里，槽内的金属加热管或冷却管与车间管线之间均应绝缘。当金属槽体无绝缘衬里时，槽体应垫瓷砖与地面绝缘。电源的安装首先需选择合适的导电铜排，并尽量使电镀电源靠近镀槽，减少铜排间的机械连接，在机械连接处需涂导电膏，以减少电能损耗。采用自动控制技术，如加温镀槽采取温度自动控制、酸性镀槽 pH 值自动控制、添加剂自动添加使添加剂含量稳定等，以减少析氢，提高电流效率，也可达到节能目的。传统滚镀设备的滚筒采用聚氯乙烯板钻孔结构，开孔率低，板厚孔长，溶液流动困难，电镀电压高。新型模压成型方孔结构的滚筒开孔率高，比钻孔结构的滚筒大一倍以上，可大大改善溶液流动，可使电压降减少 20%～45%，同时必须根据实际情况选用开孔大的滚筒，可明显提高能源效率。

7.3.3 操作控制能源审计

我国的电镀业曾经经历了大发展时期，厂家星罗棋布，水平参差不齐，其中不乏手工作坊式的简陋车间，也有自动化程度不等的生产线，因而造成了产品质量良莠不齐，资源浪费。这就有必要实现电镀行业的规范化生产，以期达到提高生产效率和产品质量、节能降耗以及合理布局能源消费结构的目的。

研制出通用的、带模块化结构的自动控制系统是解决上述问题的关键。它应该根据不同厂家的产品及生产特点、工艺流程、镀槽数量及形式、电镀参数等合理选用相关的功能模块组合，具有很强的灵活性、通用性。为此，采用 STD 总线（国际标准总线）工业控制微型计算机，该工控机的硬件一般具有模块化结构，根据电镀生产的功能要求即可配置成所需的硬件模块，从而构成完整的硬件、软件模块化结构。这样可对不同的工艺流程、镀液参数进行组合控制，既适用于直线电镀线，也适用于环形线、挂镀及滚镀线等；既能控制一部行车，也可同时控制多部行车接力运行及喷淋处理，还能实现不同镀槽的冲击电流、电镀电流、镀液温度、光亮剂等多种参数的自动监测与控制，从而可根据需要实现电镀生产的局部自动控制或全过程自动化。

STD 总线微机控制系统硬件结构如图 7-1 所示。图 7-1 中各模块可分为输入、输出、操作显示三大部分。左、右行车工位信号通过输入模块 IN_1～IN_n 输入（其数量可根据行车工位信号的数量增减），用以监测行车挂钩上下左右运行到达工位的情况，并由 STD 总线送入 CPU 处理，决定行车的运行走向。左、右行车的输出模块 OUT_1 接受 CPU 的指令实现对行车运行走向的控制，OUT_1 输出位数由行车数量、挂钩上下左右的运行状态决定。

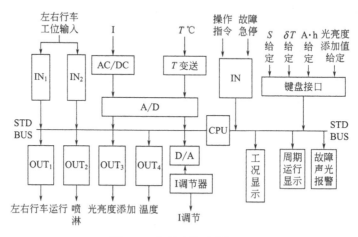

图 7-1 控制系统总体框图

镀液的温度信号通过温度变送器后进入 A/D 转换，电镀电流经交直变换（电镀电流为直流，但其检测在交流侧）后也送入 A/D 转换。微机定时对温度、电流进行采样，并与各自的给定值加以比较，将其偏差按一定规律处理后实现对温度、电流的自动调节。

喷淋是在某个镀槽的工件上升离开镀液后对其表面进行清水喷洗的一种工艺，用以回收该槽中的贵金属离子，要求工件升出液面起到工件移开该槽时止喷淋控制应同步进行。

某些镀槽（如镍槽和酸镀铜槽）中镀液的光亮剂需按时加以补充，以保持镀件的光亮度处于最佳状态。光亮剂的消耗与电镀电流大小及时间长短有关，将检测的电流值（A）与处理时间（h）的乘积（A·h）与设定的 A·h 值比较，需添加时通过 OUT_3 口驱动添加剂装置向槽内注入光亮剂。

操作指令包括工艺流程选择、行车数量及运行方式选择。电流量程是由镀件面积 S 及电流密度 δ 来确定的，其给定值与温度值 T、A·h 值、光亮剂添加值等由键盘输入，可按工艺要求灵活调整确定。工况显示是对镀槽及行车运行状况进行模拟显示，以便监控。运行周期显示是记录显示行车运行周次，用以计算镀件数量。

在设备和工艺确定后，需尽量降低各接触点间的电压降。首先要经常清洗阳极、阳极导电铜棒和导电羊角，保证阳极铜棒和阳极间、阴极铜棒和挂具间及羊角间的接触电阻尽量小。电镀挂具必须采取绝缘措施，以减小不必要的电镀面积，浪费电能和原材料。同时电镀操作中要尽可能多挂零件，使设备达到满负荷工作。为保证阳极正常溶解，操作中还要控制好阳极电流密度，保住镀液中一定量的游离络合剂和添加适当的阳极活化剂，并经常检查阳极导电情况，应避免阳极钝化，引起电压降增大，浪费电能等。镀铬电流效率与电流密度成正比，所以在镀铬生产中，应尽量采用大电流密度进行电镀，有利于提高电能利用率。生产过程中需保持槽体整洁和干燥，避免槽外结晶或镀槽潮湿等引起漏电，浪费电能。

7.4 某电镀厂能源审计案例分析

广东某电镀厂为达到节能效果，采取了以下措施。

在电源设备上，采用了高频整流器在活塞环电镀中进行应用，其节电效果非常明显，表7-7所列是2005年3月份，GGDF-2000/12型高频整流器和硅整流器11天100槽的用电对比记录平均值。表中列出的是电镀电流值，且电镀时间相同；装夹为短轴，镀槽为浅槽电镀工艺。

表7-7 某电镀厂采用的GGDF-2000/12型高频整流器和硅整流器用电对比记录

工位号	整流器类型	产品型号	输出直流电流（平均）/A	输出直流电压（平均）/V	输入交流电流（平均）/A	输入交流电压/V	同镀槽交流电流值相差值
2槽-3#	可控硅	S195气环	1650	6轴 8.2	34	380～392（共用电压表）	7.5
2槽-4#	高频电源	S195气环	1648	6轴 7.8	26.5		22.1%
3槽-5#	可控硅	S195气环	1650	6轴 8.3	34.5		7.5
3槽-6#	高频电源	S195气环	1651	6轴 7.9	27		21.7%
4槽-7#	可控硅	ZS1100气环	1550	5轴 8.5	35		7
4槽-8#	高频电源	ZS1100气环	1552	5轴 8.1	28		20%
5槽-9#	可控硅	ZS1100气环	1560	5轴 8.4	35		7.5
5槽-10#	高频电源	ZS1100气环	1553	5轴 8.1	27.5		25%

从表7-7中同镀槽交流电值相差值可以看出其节电值，平均百分数为22.2%，即高频电源整流器和可控整流器在同一电镀槽，电镀相同型号的活塞环可以节电22.2%；比硅整流器器预计可节电35%左右。

从经济效益来看，以表7-7中所列2槽为依据，计算一台高频整流器一年的节电效益为：

$7.5A \times (386V/1.732) \times 24h \times 26 天 \times 12 个月 \times 0.5 元/度 = 18777.24 元$

从以上数据看出，该厂采用了高频整流器进行节电，效果和效益非常明显。

从高频变压器的工作过程可以看出电能损耗主要表现在以下几方面。

① 从高频变压器的电能损耗来看，传统的铁氧体变压器铁芯受自身因素影响在高频状态下能量转换效率极低，所以高频整流器一般采用非晶软磁材料如铁钴合金等作为变压器铁芯，这种变压器在频率为25kHz左右时能量转换效率可达99%以上，即电能损耗仅为1%。

② 从主功率开关元件的损耗来看，主功率元件的电损耗主要表现为元件的开通损耗和关断损耗，其中开关元件在关断时的拖尾电流在器件开关损耗上占支配地位，其关断损耗远大于开通损耗。经过实验证明主功率开关能耗约为 5%。

③ 主功率整流肖特基二极管的电损耗主要表现为二极管导通内阻损耗。这种二极管的电损耗主要表现为二极管导通内损耗。这种二极管的管压降约为 0.7V 左右，其电能损耗约为 3.9%。

④ 高频整流器的控制系统及附件随着元件集成化和优化组合的提高，其能量损耗基本上维持在 0.02% 左右。

可以看出，高频整流器的总电能损耗约为 10%，即用电效率约为 90%。并且用电效率基本上不受输出负荷大小的影响。一般可控整流器的用电效率为 45%～70%，硅整流器的用电效率为 30%～60%。可见高频整流器比可控硅整流器可节电 20%～45%，比硅整流器可节电 30%～60%。

该电镀厂为达到降低用能单位能耗、提高能源效率、环保及经济效益的目的，还决定引进螺旋式走向电镀机组这项先进技术，使金属丝自由、松散、自然地行进在电镀机各个工艺段，完成丝前处理（预电镀）、电镀、后处理。不论是镀锌还是镀铜；不论规格粗细，丝质硬软，都能适应。使生产线最短，设备体积最小，达到作业自动化，节约工业用液、用水，高效、低耗地进行规模化金属丝电、化镀生产。在对丝的清洗功能上，每道清洗处理工艺都配有具有高效洗涤功能的作业槽，各槽体排列有序，槽内悬挂轴辊电极，便于丝的电解处理。多轴辊与丝圈在槽内带动溶液作涡流旋转流动，小型液泵自外槽不断输入新液，置换出旧液。良好的溶液循环回流，使溶液浓度保持适中。经化学液槽出来的丝即滑进水洗槽清洗。整机化学液带出少，用水少，且尽其用。各槽体肚大口小，废气逸散也少，而且很容易进行箱体加盖密缝，吸雾处理后排放。螺旋丝走丝在前、后各清洗干燥、工艺作业槽内快速作业，快速出丝，可布足够长度的丝，且尚有充分增加布丝余地，以便根据实际生产进行必要的调整。螺旋式走丝作业对各种金属丝的镀线去油脂、去锈层、去炭黑洗涤处理彻底，各种化学液、镀液带出少又不交叉污染，确保了电镀成品会因镀前处理不净造成镀层结合力差、脱落等质量问题。同时也省去了原丝上电镀机前进行大池预清的烦琐工艺，减少了污染源。镀后产品经过螺旋式作业槽的系列清洗、化学处理和干燥处理，成品丝外表质量更稳定、美观，产品存放保质期长。也使该厂的厚度层产品比传统生产线生产的产品成本消耗要低得多，仅设备和厂房基础投资一项就比传统生产线少了一半。由于该机组是多镀槽体组合连通，具备镀多种产品的能力，可用于金属丝镀锌、镀铜、镀锡、镀镍等，该机也适用于电镀复镀层、有色金属丝复镀层。该厂采用了一机多功能的螺旋式走向电镀机组后，使得该厂的生产工艺更简单、产量升高、成本降低，同时也明显降低了该厂的用电量（见表 7-8）。

表 7-8　用钢丝镀锌的传统电镀生产线与螺旋式电镀机对比

机　型	设备尺寸 （长×宽）/m²	镀槽尺寸 （长×宽）/m²	电镀丝径 ϕ/mm	镀槽总布丝 长度/m	出丝速度 /(m/min)	电镀产量 /(t/h)	配套设施 投资/万元
传统生产线 （20 根进）	36×1.2	18×1	20#丝 0.9 8#丝 4	20×18＝360	20#丝 640 8#丝 680	20#丝 0.192 8#丝 4	60～80
螺旋式电镀 机（20#丝 4 根进，8#丝 3 根进）	10.6×1.2	4×0.6	20#丝 0.9 8#丝 4	20#丝 700 8#丝 500	20#丝 880 8#丝 680	20#丝 0.238 8#丝 4	46

总结：电镀过程的节能主要是在电镀设备上，该电镀厂紧紧抓住这一点，进行了有效的节能改进。电镀过程中整流器是最大的用电设备，也是最大的电损耗设备，降低整流器的用电损耗，就可以大幅度降低电损耗，减少电耗费用，该厂采用的高频整流器，其用电效率高达 90%，是节电降耗整流器的首选电源。该电镀厂还采用螺旋式走向电镀机组，使得工艺变得简单，同时节约了电能。

附录一 中华人民共和国节约能源法

(1997年11月1日第八届全国人民代表大会常务委员会第二十八次会议通过 2007年10月28日第十届全国人民代表大会常务委员会第三十次会议修订)

目录

第一章 总则
第二章 节能管理
第三章 合理使用与节约能源
　　第一节 一般规定
　　第二节 工业节能
　　第三节 建筑节能
　　第四节 交通运输节能
　　第五节 公共机构节能
　　第六节 重点用能单位节能
第四章 节能技术进步
第五章 激励措施
第六章 法律责任
第七章 附则

第一章 总 则

第一条 为了推动全社会节约能源，提高能源利用效率，保护和改善环境，促进经济社会全面协调可持续发展，制定本法。

第二条 本法所称能源，是指煤炭、石油、天然气、生物质能和电力、热力以及其他直接或者通过加工、转换而取得有用能的各种资源。

第三条 本法所称节约能源（以下简称节能），是指加强用能管理，采取技术上可行、经济上合理以及环境和社会可以承受的措施，从能源生产到消费的各个环节，降低消耗、减少损失和污染物排放、制止浪费，有效、合理地利用能源。

第四条 节约资源是我国的基本国策。国家实施节约与开发并举、把节约放在首位的能源发展战略。

第五条 国务院和县级以上地方各级人民政府应当将节能工作纳入国民经济和社会发展规划、年度计划，并组织编制和实施节能中长期专项规划、年度节能计划。

国务院和县级以上地方各级人民政府每年向本级人民代表大会或者其常务委员

会报告节能工作。

第六条 国家实行节能目标责任制和节能考核评价制度，将节能目标完成情况作为对地方人民政府及其负责人考核评价的内容。

省、自治区、直辖市人民政府每年向国务院报告节能目标责任的履行情况。

第七条 国家实行有利于节能和环境保护的产业政策，限制发展高耗能、高污染行业，发展节能环保型产业。

国务院和省、自治区、直辖市人民政府应当加强节能工作，合理调整产业结构、企业结构、产品结构和能源消费结构，推动企业降低单位产值能耗和单位产品能耗，淘汰落后的生产能力，改进能源的开发、加工、转换、输送、储存和供应，提高能源利用效率。

国家鼓励、支持开发和利用新能源、可再生能源。

第八条 国家鼓励、支持节能科学技术的研究、开发、示范和推广，促进节能技术创新与进步。

国家开展节能宣传和教育，将节能知识纳入国民教育和培训体系，普及节能科学知识，增强全民的节能意识，提倡节约型的消费方式。

第九条 任何单位和个人都应当依法履行节能义务，有权检举浪费能源的行为。

新闻媒体应当宣传节能法律、法规和政策，发挥舆论监督作用。

第十条 国务院管理节能工作的部门主管全国的节能监督管理工作。国务院有关部门在各自的职责范围内负责节能监督管理工作，并接受国务院管理节能工作的部门的指导。

县级以上地方各级人民政府管理节能工作的部门负责本行政区域内的节能监督管理工作。县级以上地方各级人民政府有关部门在各自的职责范围内负责节能监督管理工作，并接受同级管理节能工作的部门的指导。

第二章 节能管理

第十一条 国务院和县级以上地方各级人民政府应当加强对节能工作的领导，部署、协调、监督、检查、推动节能工作。

第十二条 县级以上人民政府管理节能工作的部门和有关部门应当在各自的职责范围内，加强对节能法律、法规和节能标准执行情况的监督检查，依法查处违法用能行为。

履行节能监督管理职责不得向监督管理对象收取费用。

第十三条 国务院标准化主管部门和国务院有关部门依法组织制定并适时修订有关节能的国家标准、行业标准，建立健全节能标准体系。

国务院标准化主管部门会同国务院管理节能工作的部门和国务院有关部门制定

强制性的用能产品、设备能源效率标准和生产过程中耗能高的产品的单位产品能耗限额标准。

国家鼓励企业制定严于国家标准、行业标准的企业节能标准。

省、自治区、直辖市制定严于强制性国家标准、行业标准的地方节能标准，由省、自治区、直辖市人民政府报经国务院批准；本法另有规定的除外。

第十四条 建筑节能的国家标准、行业标准由国务院建设主管部门组织制定，并依照法定程序发布。

省、自治区、直辖市人民政府建设主管部门可以根据本地实际情况，制定严于国家标准或者行业标准的地方建筑节能标准，并报国务院标准化主管部门和国务院建设主管部门备案。

第十五条 国家实行固定资产投资项目节能评估和审查制度。不符合强制性节能标准的项目，依法负责项目审批或者核准的机关不得批准或者核准建设；建设单位不得开工建设；已经建成的，不得投入生产、使用。具体办法由国务院管理节能工作的部门会同国务院有关部门制定。

第十六条 国家对落后的耗能过高的用能产品、设备和生产工艺实行淘汰制度。淘汰的用能产品、设备、生产工艺的目录和实施办法，由国务院管理节能工作的部门会同国务院有关部门制定并公布。

生产过程中耗能高的产品的生产单位，应当执行单位产品能耗限额标准。对超过单位产品能耗限额标准用能的生产单位，由管理节能工作的部门按照国务院规定的权限责令限期治理。

对高耗能的特种设备，按照国务院的规定实行节能审查和监管。

第十七条 禁止生产、进口、销售国家明令淘汰或者不符合强制性能源效率标准的用能产品、设备；禁止使用国家明令淘汰的用能设备、生产工艺。

第十八条 国家对家用电器等使用面广、耗能量大的用能产品，实行能源效率标识管理。实行能源效率标识管理的产品目录和实施办法，由国务院管理节能工作的部门会同国务院产品质量监督部门制定并公布。

第十九条 生产者和进口商应当对列入国家能源效率标识管理产品目录的用能产品标注能源效率标识，在产品包装物上或者说明书中予以说明，并按照规定报国务院产品质量监督部门和国务院管理节能工作的部门共同授权的机构备案。

生产者和进口商应当对其标注的能源效率标识及相关信息的准确性负责。禁止销售应当标注而未标注能源效率标识的产品。

禁止伪造、冒用能源效率标识或者利用能源效率标识进行虚假宣传。

第二十条 用能产品的生产者、销售者，可以根据自愿原则，按照国家有关节能产品认证的规定，向经国务院认证认可监督管理部门认可的从事节能产品认证的机构提出节能产品认证申请；经认证合格后，取得节能产品认证证书，可以在用能产品或者其包装物上使用节能产品认证标志。

禁止使用伪造的节能产品认证标志或者冒用节能产品认证标志。

第二十一条 县级以上各级人民政府统计部门应当会同同级有关部门，建立健全能源统计制度，完善能源统计指标体系，改进和规范能源统计方法，确保能源统计数据真实、完整。

国务院统计部门会同国务院管理节能工作的部门，定期向社会公布各省、自治区、直辖市以及主要耗能行业的能源消费和节能情况等信息。

第二十二条 国家鼓励节能服务机构的发展，支持节能服务机构开展节能咨询、设计、评估、检测、审计、认证等服务。

国家支持节能服务机构开展节能知识宣传和节能技术培训，提供节能信息、节能示范和其他公益性节能服务。

第二十三条 国家鼓励行业协会在行业节能规划、节能标准的制定和实施、节能技术推广、能源消费统计、节能宣传培训和信息咨询等方面发挥作用。

第三章 合理使用与节约能源

第一节 一般规定

第二十四条 用能单位应当按照合理用能的原则，加强节能管理，制定并实施节能计划和节能技术措施，降低能源消耗。

第二十五条 用能单位应当建立节能目标责任制，对节能工作取得成绩的集体、个人给予奖励。

第二十六条 用能单位应当定期开展节能教育和岗位节能培训。

第二十七条 用能单位应当加强能源计量管理，按照规定配备和使用经依法检定合格的能源计量器具。

用能单位应当建立能源消费统计和能源利用状况分析制度，对各类能源的消费实行分类计量和统计，并确保能源消费统计数据真实、完整。

第二十八条 能源生产经营单位不得向本单位职工无偿提供能源。任何单位不得对能源消费实行包费制。

第二节 工业节能

第二十九条 国务院和省、自治区、直辖市人民政府推进能源资源优化开发利用和合理配置，推进有利于节能的行业结构调整，优化用能结构和企业布局。

第三十条 国务院管理节能工作的部门会同国务院有关部门制定电力、钢铁、有色金属、建材、石油加工、化工、煤炭等主要耗能行业的节能技术政策，推动企业节能技术改造。

第三十一条 国家鼓励工业企业采用高效、节能的电动机、锅炉、窑炉、风机、泵类等设备，采用热电联产、余热余压利用、洁净煤以及先进的用能监测和控制等技术。

第三十二条　电网企业应当按照国务院有关部门制定的节能发电调度管理的规定，安排清洁、高效和符合规定的热电联产、利用余热余压发电的机组以及其他符合资源综合利用规定的发电机组与电网并网运行，上网电价执行国家有关规定。

第三十三条　禁止新建不符合国家规定的燃煤发电机组、燃油发电机组和燃煤热电机组。

第三节　建 筑 节 能

第三十四条　国务院建设主管部门负责全国建筑节能的监督管理工作。

县级以上地方各级人民政府建设主管部门负责本行政区域内建筑节能的监督管理工作。

县级以上地方各级人民政府建设主管部门会同同级管理节能工作的部门编制本行政区域内的建筑节能规划。建筑节能规划应当包括既有建筑节能改造计划。

第三十五条　建筑工程的建设、设计、施工和监理单位应当遵守建筑节能标准。

不符合建筑节能标准的建筑工程，建设主管部门不得批准开工建设；已经开工建设的，应当责令停止施工、限期改正；已经建成的，不得销售或者使用。

建设主管部门应当加强对在建建筑工程执行建筑节能标准情况的监督检查。

第三十六条　房地产开发企业在销售房屋时，应当向购买人明示所售房屋的节能措施、保温工程保修期等信息，在房屋买卖合同、质量保证书和使用说明书中载明，并对其真实性、准确性负责。

第三十七条　使用空调采暖、制冷的公共建筑应当实行室内温度控制制度。具体办法由国务院建设主管部门制定。

第三十八条　国家采取措施，对实行集中供热的建筑分步骤实行供热分户计量、按照用热量收费的制度。新建建筑或者对既有建筑进行节能改造，应当按照规定安装用热计量装置、室内温度调控装置和供热系统调控装置。具体办法由国务院建设主管部门会同国务院有关部门制定。

第三十九条　县级以上地方各级人民政府有关部门应当加强城市节约用电管理，严格控制公用设施和大型建筑物装饰性景观照明的能耗。

第四十条　国家鼓励在新建建筑和既有建筑节能改造中使用新型墙体材料等节能建筑材料和节能设备，安装和使用太阳能等可再生能源利用系统。

第四节　交通运输节能

第四十一条　国务院有关交通运输主管部门按照各自的职责负责全国交通运输相关领域的节能监督管理工作。

国务院有关交通运输主管部门会同国务院管理节能工作的部门分别制定相关领域的节能规划。

第四十二条　国务院及其有关部门指导、促进各种交通运输方式协调发展和有效衔接，优化交通运输结构，建设节能型综合交通运输体系。

第四十三条　县级以上地方各级人民政府应当优先发展公共交通，加大对公共交通的投入，完善公共交通服务体系，鼓励利用公共交通工具出行；鼓励使用非机动交通工具出行。

第四十四条　国务院有关交通运输主管部门应当加强交通运输组织管理，引导道路、水路、航空运输企业提高运输组织化程度和集约化水平，提高能源利用效率。

第四十五条　国家鼓励开发、生产、使用节能环保型汽车、摩托车、铁路机车车辆、船舶和其他交通运输工具，实行老旧交通运输工具的报废、更新制度。

国家鼓励开发和推广应用交通运输工具使用的清洁燃料、石油替代燃料。

第四十六条　国务院有关部门制定交通运输营运车船的燃料消耗量限值标准；不符合标准的，不得用于营运。

国务院有关交通运输主管部门应当加强对交通运输营运车船燃料消耗检测的监督管理。

第五节　公共机构节能

第四十七条　公共机构应当厉行节约，杜绝浪费，带头使用节能产品、设备，提高能源利用效率。

本法所称公共机构，是指全部或者部分使用财政性资金的国家机关、事业单位和团体组织。

第四十八条　国务院和县级以上地方各级人民政府管理机关事务工作的机构会同同级有关部门制定和组织实施本级公共机构节能规划。公共机构节能规划应当包括公共机构既有建筑节能改造计划。

第四十九条　公共机构应当制定年度节能目标和实施方案，加强能源消费计量和监测管理，向本级人民政府管理机关事务工作的机构报送上年度的能源消费状况报告。

国务院和县级以上地方各级人民政府管理机关事务工作的机构会同同级有关部门按照管理权限，制定本级公共机构的能源消耗定额，财政部门根据该定额制定能源消耗支出标准。

第五十条　公共机构应当加强本单位用能系统管理，保证用能系统的运行符合国家相关标准。

公共机构应当按照规定进行能源审计，并根据能源审计结果采取提高能源利用效率的措施。

第五十一条　公共机构采购用能产品、设备，应当优先采购列入节能产品、设备政府采购名录中的产品、设备。禁止采购国家明令淘汰的用能产品、设备。

节能产品、设备政府采购名录由省级以上人民政府的政府采购监督管理部门会同同级有关部门制定并公布。

第六节　重点用能单位节能

第五十二条　国家加强对重点用能单位的节能管理。

下列用能单位为重点用能单位：

（一）年综合能源消费总量一万吨标准煤以上的用能单位；

（二）国务院有关部门或者省、自治区、直辖市人民政府管理节能工作的部门指定的年综合能源消费总量五千吨以上不满一万吨标准煤的用能单位。

重点用能单位节能管理办法，由国务院管理节能工作的部门会同国务院有关部门制定。

第五十三条　重点用能单位应当每年向管理节能工作的部门报送上年度的能源利用状况报告。能源利用状况包括能源消费情况、能源利用效率、节能目标完成情况和节能效益分析、节能措施等内容。

第五十四条　管理节能工作的部门应当对重点用能单位报送的能源利用状况报告进行审查。对节能管理制度不健全、节能措施不落实、能源利用效率低的重点用能单位，管理节能工作的部门应当开展现场调查，组织实施用能设备能源效率检测，责令实施能源审计，并提出书面整改要求，限期整改。

第五十五条　重点用能单位应当设立能源管理岗位，在具有节能专业知识、实际经验以及中级以上技术职称的人员中聘任能源管理负责人，并报管理节能工作的部门和有关部门备案。

能源管理负责人负责组织对本单位用能状况进行分析、评价，组织编写本单位能源利用状况报告，提出本单位节能工作的改进措施并组织实施。

能源管理负责人应当接受节能培训。

第四章　节能技术进步

第五十六条　国务院管理节能工作的部门会同国务院科技主管部门发布节能技术政策大纲，指导节能技术研究、开发和推广应用。

第五十七条　县级以上各级人民政府应当把节能技术研究开发作为政府科技投入的重点领域，支持科研单位和企业开展节能技术应用研究，制定节能标准，开发节能共性和关键技术，促进节能技术创新与成果转化。

第五十八条　国务院管理节能工作的部门会同国务院有关部门制定并公布节能技术、节能产品的推广目录，引导用能单位和个人使用先进的节能技术、节能产品。

国务院管理节能工作的部门会同国务院有关部门组织实施重大节能科研项目、节能示范项目、重点节能工程。

第五十九条　县级以上各级人民政府应当按照因地制宜、多能互补、综合利用、讲求效益的原则,加强农业和农村节能工作,增加对农业和农村节能技术、节能产品推广应用的资金投入。

农业、科技等有关主管部门应当支持、推广在农业生产、农产品加工储运等方面应用节能技术和节能产品,鼓励更新和淘汰高耗能的农业机械和渔业船舶。

国家鼓励、支持在农村大力发展沼气,推广生物质能、太阳能和风能等可再生能源利用技术,按照科学规划、有序开发的原则发展小型水力发电,推广节能型的农村住宅和炉灶等,鼓励利用非耕地种植能源植物,大力发展薪炭林等能源林。

第五章 激励措施

第六十条 中央财政和省级地方财政安排节能专项资金,支持节能技术研究开发、节能技术和产品的示范与推广、重点节能工程的实施、节能宣传培训、信息服务和表彰奖励等。

第六十一条 国家对生产、使用列入本法第五十八条规定的推广目录的需要支持的节能技术、节能产品,实行税收优惠等扶持政策。

国家通过财政补贴支持节能照明器具等节能产品的推广和使用。

第六十二条 国家实行有利于节约能源资源的税收政策,健全能源矿产资源有偿使用制度,促进能源资源的节约及其开采利用水平的提高。

第六十三条 国家运用税收等政策,鼓励先进节能技术、设备的进口,控制在生产过程中耗能高、污染重的产品的出口。

第六十四条 政府采购监督管理部门会同有关部门制定节能产品、设备政府采购名录,应当优先列入取得节能产品认证证书的产品、设备。

第六十五条 国家引导金融机构增加对节能项目的信贷支持,为符合条件的节能技术研究开发、节能产品生产以及节能技术改造等项目提供优惠贷款。

国家推动和引导社会有关方面加大对节能的资金投入,加快节能技术改造。

第六十六条 国家实行有利于节能的价格政策,引导用能单位和个人节能。

国家运用财税、价格等政策,支持推广电力需求侧管理、合同能源管理、节能自愿协议等节能办法。

国家实行峰谷分时电价、季节性电价、可中断负荷电价制度,鼓励电力用户合理调整用电负荷;对钢铁、有色金属、建材、化工和其他主要耗能行业的企业,分淘汰、限制、允许和鼓励类实行差别电价政策。

第六十七条 各级人民政府对在节能管理、节能科学技术研究和推广应用中有显著成绩以及检举严重浪费能源行为的单位和个人,给予表彰和奖励。

第六章 法律责任

第六十八条 负责审批或者核准固定资产投资项目的机关违反本法规定,对不符合强制性节能标准的项目予以批准或者核准建设的,对直接负责的主管人员和其他直接责任人员依法给予处分。

固定资产投资项目建设单位开工建设不符合强制性节能标准的项目或者将该项目投入生产、使用的,由管理节能工作的部门责令停止建设或者停止生产、使用,限期改造;不能改造或者逾期不改造的生产性项目,由管理节能工作的部门报请本级人民政府按照国务院规定的权限责令关闭。

第六十九条 生产、进口、销售国家明令淘汰的用能产品、设备的,使用伪造的节能产品认证标志或者冒用节能产品认证标志的,依照《中华人民共和国产品质量法》的规定处罚。

第七十条 生产、进口、销售不符合强制性能源效率标准的用能产品、设备的,由产品质量监督部门责令停止生产、进口、销售,没收违法生产、进口、销售的用能产品、设备和违法所得,并处违法所得一倍以上五倍以下罚款;情节严重的,由工商行政管理部门吊销营业执照。

第七十一条 使用国家明令淘汰的用能设备或者生产工艺的,由管理节能工作的部门责令停止使用,没收国家明令淘汰的用能设备;情节严重的,可以由管理节能工作的部门提出意见,报请本级人民政府按照国务院规定的权限责令停业整顿或者关闭。

第七十二条 生产单位超过单位产品能耗限额标准用能,情节严重,经限期治理逾期不治理或者没有达到治理要求的,可以由管理节能工作的部门提出意见,报请本级人民政府按照国务院规定的权限责令停业整顿或者关闭。

第七十三条 违反本法规定,应当标注能源效率标识而未标注的,由产品质量监督部门责令改正,处三万元以上五万元以下罚款。

违反本法规定,未办理能源效率标识备案,或者使用的能源效率标识不符合规定的,由产品质量监督部门责令限期改正;逾期不改正的,处一万元以上三万元以下罚款。

伪造、冒用能源效率标识或者利用能源效率标识进行虚假宣传的,由产品质量监督部门责令改正,处五万元以上十万元以下罚款;情节严重的,由工商行政管理部门吊销营业执照。

第七十四条 用能单位未按照规定配备、使用能源计量器具的,由产品质量监督部门责令限期改正;逾期不改正的,处一万元以上五万元以下罚款。

第七十五条 瞒报、伪造、篡改能源统计资料或者编造虚假能源统计数据的,依照《中华人民共和国统计法》的规定处罚。

第七十六条 从事节能咨询、设计、评估、检测、审计、认证等服务的机构提供虚假信息的,由管理节能工作的部门责令改正,没收违法所得,并处五万元以上十万元以下罚款。

第七十七条 违反本法规定，无偿向本单位职工提供能源或者对能源消费实行包费制的，由管理节能工作的部门责令限期改正；逾期不改正的，处五万元以上二十万元以下罚款。

第七十八条 电网企业未按照本法规定安排符合规定的热电联产和利用余热余压发电的机组与电网并网运行，或者未执行国家有关上网电价规定的，由国家电力监管机构责令改正；造成发电企业经济损失的，依法承担赔偿责任。

第七十九条 建设单位违反建筑节能标准的，由建设主管部门责令改正，处二十万元以上五十万元以下罚款。

设计单位、施工单位、监理单位违反建筑节能标准的，由建设主管部门责令改正，处十万元以上五十万元以下罚款；情节严重的，由颁发资质证书的部门降低资质等级或者吊销资质证书；造成损失的，依法承担赔偿责任。

第八十条 房地产开发企业违反本法规定，在销售房屋时未向购买人明示所售房屋的节能措施、保温工程保修期等信息的，由建设主管部门责令限期改正，逾期不改正的，处三万元以上五万元以下罚款；对以上信息作虚假宣传的，由建设主管部门责令改正，处五万元以上二十万元以下罚款。

第八十一条 公共机构采购用能产品、设备，未优先采购列入节能产品、设备政府采购名录中的产品、设备，或者采购国家明令淘汰的用能产品、设备的，由政府采购监督管理部门给予警告，可以并处罚款；对直接负责的主管人员和其他直接责任人员依法给予处分，并予通报。

第八十二条 重点用能单位未按照本法规定报送能源利用状况报告或者报告内容不实的，由管理节能工作的部门责令限期改正；逾期不改正的，处一万元以上五万元以下罚款。

第八十三条 重点用能单位无正当理由拒不落实本法第五十四条规定的整改要求或者整改没有达到要求的，由管理节能工作的部门处十万元以上三十万元以下罚款。

第八十四条 重点用能单位未按照本法规定设立能源管理岗位，聘任能源管理负责人，并报管理节能工作的部门和有关部门备案的，由管理节能工作的部门责令改正；拒不改正的，处一万元以上三万元以下罚款。

第八十五条 违反本法规定，构成犯罪的，依法追究刑事责任。

第八十六条 国家工作人员在节能管理工作中滥用职权、玩忽职守、徇私舞弊，构成犯罪的，依法追究刑事责任；尚不构成犯罪的，依法给予处分。

第七章 附 则

第八十七条 本法自 2008 年 4 月 1 日起施行。

附录二　中华人民共和国可再生能源法

（2005年2月28日第十届全国人民代表大会常务委员会第十四次会议通过）

目录

第一章　总则
第二章　资源调查与发展规划
第三章　产业指导与技术支持
第四章　推广与应用
第五章　价格管理与费用分摊
第六章　经济激励与监督措施
第七章　法律责任
第八章　附则

第一章　总　则

第一条　为了促进可再生能源的开发利用，增加能源供应，改善能源结构，保障能源安全，保护环境，实现经济社会的可持续发展，制定本法。

第二条　本法所称可再生能源，是指风能、太阳能、水能、生物质能、地热能、海洋能等非化石能源。

水力发电对本法的适用，由国务院能源主管部门规定，报国务院批准。

通过低效率炉灶直接燃烧方式利用秸秆、薪柴、粪便等，不适用本法。

第三条　本法适用于中华人民共和国领域和管辖的其他海域。

第四条　国家将可再生能源的开发利用列为能源发展的优先领域，通过制定可再生能源开发利用总量目标和采取相应措施，推动可再生能源市场的建立和发展。

国家鼓励各种所有制经济主体参与可再生能源的开发利用，依法保护可再生能源开发利用者的合法权益。

第五条　国务院能源主管部门对全国可再生能源的开发利用实施统一管理。国务院有关部门在各自的职责范围内负责有关的可再生能源开发利用管理工作。

县级以上地方人民政府管理能源工作的部门负责本行政区域内可再生能源开发利用的管理工作。县级以上地方人民政府有关部门在各自的职责范围内负责有关的可再生能源开发利用管理工作。

第二章　资源调查与发展规划

第六条　国务院能源主管部门负责组织和协调全国可再生能源资源的调查，并会同国务院有关部门组织制定资源调查的技术规范。

国务院有关部门在各自的职责范围内负责相关可再生能源资源的调查，调查结果报国务院能源主管部门汇总。

可再生能源资源的调查结果应当公布；但是，国家规定需要保密的内容除外。

第七条 国务院能源主管部门根据全国能源需求与可再生能源资源实际状况，制定全国可再生能源开发利用中长期总量目标，报国务院批准后执行，并予公布。

国务院能源主管部门根据前款规定的总量目标和省、自治区、直辖市经济发展与可再生能源资源实际状况，会同省、自治区、直辖市人民政府确定各行政区域可再生能源开发利用中长期目标，并予公布。

第八条 国务院能源主管部门根据全国可再生能源开发利用中长期总量目标，会同国务院有关部门，编制全国可再生能源开发利用规划，报国务院批准后实施。

省、自治区、直辖市人民政府管理能源工作的部门根据本行政区域可再生能源开发利用中长期目标，会同本级人民政府有关部门编制本行政区域可再生能源开发利用规划，报本级人民政府批准后实施。

经批准的规划应当公布；但是，国家规定需要保密的内容除外。

经批准的规划需要修改的，须经原批准机关批准。

第九条 编制可再生能源开发利用规划，应当征求有关单位、专家和公众的意见，进行科学论证。

第三章 产业指导与技术支持

第十条 国务院能源主管部门根据全国可再生能源开发利用规划，制定、公布可再生能源产业发展指导目录。

第十一条 国务院标准化行政主管部门应当制定、公布国家可再生能源电力的并网技术标准和其他需要在全国范围内统一技术要求的有关可再生能源技术和产品的国家标准。

对前款规定的国家标准中未作规定的技术要求，国务院有关部门可以制定相关的行业标准，并报国务院标准化行政主管部门备案。

第十二条 国家将可再生能源开发利用的科学技术研究和产业化发展列为科技发展与高技术产业发展的优先领域，纳入国家科技发展规划和高技术产业发展规划，并安排资金支持可再生能源开发利用的科学技术研究、应用示范和产业化发展，促进可再生能源开发利用的技术进步，降低可再生能源产品的生产成本，提高产品质量。

国务院教育行政部门应当将可再生能源知识和技术纳入普通教育、职业教育课程。

第四章 推广与应用

第十三条 国家鼓励和支持可再生能源并网发电。

建设可再生能源并网发电项目,应当依照法律和国务院的规定取得行政许可或者报送备案。

建设应当取得行政许可的可再生能源并网发电项目,有多人申请同一项目许可的,应当依法通过招标确定被许可人。

第十四条 电网企业应当与依法取得行政许可或者报送备案的可再生能源发电企业签订并网协议,全额收购其电网覆盖范围内可再生能源并网发电项目的上网电量,并为可再生能源发电提供上网服务。

第十五条 国家扶持在电网未覆盖的地区建设可再生能源独立电力系统,为当地生产和生活提供电力服务。

第十六条 国家鼓励清洁、高效地开发利用生物质燃料,鼓励发展能源作物。

利用生物质资源生产的燃气和热力,符合城市燃气管网、热力管网的入网技术标准的,经营燃气管网、热力管网的企业应当接收其入网。

国家鼓励生产和利用生物液体燃料。石油销售企业应当按照国务院能源主管部门或者省级人民政府的规定,将符合国家标准的生物液体燃料纳入其燃料销售体系。

第十七条 国家鼓励单位和个人安装和使用太阳能热水系统、太阳能供热采暖和制冷系统、太阳能光伏发电系统等太阳能利用系统。

国务院建设行政主管部门会同国务院有关部门制定太阳能利用系统与建筑结合的技术经济政策和技术规范。

房地产开发企业应当根据前款规定的技术规范,在建筑物的设计和施工中,为太阳能利用提供必备条件。

对已建成的建筑物,住户可以在不影响其质量与安全的前提下安装符合技术规范和产品标准的太阳能利用系统;但是,当事人另有约定的除外。

第十八条 国家鼓励和支持农村地区的可再生能源开发利用。

县级以上地方人民政府管理能源工作的部门会同有关部门,根据当地经济社会发展、生态保护和卫生综合治理需要等实际情况,制定农村地区可再生能源发展规划,因地制宜地推广应用沼气等生物质资源转化、户用太阳能、小型风能、小型水能等技术。

县级以上人民政府应当对农村地区的可再生能源利用项目提供财政支持。

第五章 价格管理与费用分摊

第十九条 可再生能源发电项目的上网电价,由国务院价格主管部门根据不同类型可再生能源发电的特点和不同地区的情况，按照有利于促进可再生能源开发利用和经济合理的原则确定，并根据可再生能源开发利用技术的发展适时调整。上网电价应当公布。

依照本法第十三条第三款规定实行招标的可再生能源发电项目的上网电价，按照中标确定的价格执行；但是，不得高于依照前款规定确定的同类可再生能源发电项目的上网电价水平。

第二十条 电网企业依照本法第十九条规定确定的上网电价收购可再生能源电量所发生的费用，高于按照常规能源发电平均上网电价计算所发生费用之间的差额，附加在销售电价中分摊。具体办法由国务院价格主管部门制定。

第二十一条 电网企业为收购可再生能源电量而支付的合理的接网费用以及其他合理的相关费用，可以计入电网企业输电成本，并从销售电价中回收。

第二十二条 国家投资或者补贴建设的公共可再生能源独立电力系统的销售电价，执行同一地区分类销售电价，其合理的运行和管理费用超出销售电价的部分，依照本法第二十条规定的办法分摊。

第二十三条 进入城市管网的可再生能源热力和燃气的价格，按照有利于促进可再生能源开发利用和经济合理的原则，根据价格管理权限确定。

第六章 经济激励与监督措施

第二十四条 国家财政设立可再生能源发展专项资金，用于支持以下活动：
（一）可再生能源开发利用的科学技术研究、标准制定和示范工程；
（二）农村、牧区生活用能的可再生能源利用项目；
（三）偏远地区和海岛可再生能源独立电力系统建设；
（四）可再生能源的资源勘查、评价和相关信息系统建设；
（五）促进可再生能源开发利用设备的本地化生产。

第二十五条 对列入国家可再生能源产业发展指导目录、符合信贷条件的可再生能源开发利用项目，金融机构可以提供有财政贴息的优惠贷款。

第二十六条 国家对列入可再生能源产业发展指导目录的项目给予税收优惠。具体办法由国务院规定。

第二十七条 电力企业应当真实、完整地记载和保存可再生能源发电的有关资料，并接受电力监管机构的检查和监督。

电力监管机构进行检查时，应当依照规定的程序进行，并为被检查单位保守商业秘密和其他秘密。

第七章 法律责任

第二十八条 国务院能源主管部门和县级以上地方人民政府管理能源工作的部

门和其他有关部门在可再生能源开发利用监督管理工作中，违反本法规定，有下列行为之一的，由本级人民政府或者上级人民政府有关部门责令改正，对负有责任的主管人员和其他直接责任人员依法给予行政处分；构成犯罪的，依法追究刑事责任：

（一）不依法作出行政许可决定的；

（二）发现违法行为不予查处的；

（三）有不依法履行监督管理职责的其他行为的。

第二十九条　违反本法第十四条规定，电网企业未全额收购可再生能源电量，造成可再生能源发电企业经济损失的，应当承担赔偿责任，并由国家电力监管机构责令限期改正；拒不改正的，处以可再生能源发电企业经济损失额一倍以下的罚款。

第三十条　违反本法第十六条第二款规定，经营燃气管网、热力管网的企业不准许符合入网技术标准的燃气、热力入网，造成燃气、热力生产企业经济损失的，应当承担赔偿责任，并由省级人民政府管理能源工作的部门责令限期改正；拒不改正的，处以燃气、热力生产企业经济损失额一倍以下的罚款。

第三十一条　违反本法第十六条第三款规定，石油销售企业未按照规定将符合国家标准的生物液体燃料纳入其燃料销售体系，造成生物液体燃料生产企业经济损失的，应当承担赔偿责任，并由国务院能源主管部门或者省级人民政府管理能源工作的部门责令限期改正；拒不改正的，处以生物液体燃料生产企业经济损失额一倍以下的罚款。

第八章　附　则

第三十二条　本法中下列用语的含义：

（一）生物质能，是指利用自然界的植物、粪便以及城乡有机废物转化成的能源。

（二）可再生能源独立电力系统，是指不与电网连接的单独运行的可再生能源电力系统。

（三）能源作物，是指经专门种植，用以提供能源原料的草本和木本植物。

（四）生物液体燃料，是指利用生物质资源生产的甲醇、乙醇和生物柴油等液体燃料。

第三十三条　本法自2006年1月1日起施行。

附录三　温家宝在全国节能减排工作电视电话会议上的讲话（摘要）

高度重视　狠抓落实

进一步加强节能减排工作

——在全国节能减排工作电视电话会议上的讲话

（2007年4月27日）

温家宝

今天电视电话会议的主要任务，就是动员和部署加强节能减排工作。总的要求是：统一认识，明确任务，加强领导，狠抓落实，以更大的决心、更大的气力、更有力的措施，确保国家"十一五"节能减排目标的实现，促进国民经济又好又快地发展。下面，我讲几点意见。

一、充分认识节能减排工作的重要性和紧迫性

"十一五"以来，全国上下加强了节能减排工作，国务院发布了加强节能工作的决定，制定了促进节能减排的一系列政策措施，各地区也相继作出了节能减排工作部署，加强了重点行业、重点企业和重点工程的节能工作，积极推进循环经济试点，加大重点流域和区域水污染防治力度，节能减排工作取得了积极进展。

必须清醒地看到，全国节能减排面临的形势仍然相当严峻。去年，全国没有实现年初确定的节能降耗和污染减排的目标，加大了"十一五"后四年节能减排工作的难度。我在十届全国人大五次会议上作的《政府工作报告》中郑重提出："'十一五'规划提出这两个约束性指标是一件十分严肃的事情，不能改变，必须坚定不移地去实现"。完成"十一五"规划目标任务，今年是关键。今年的节能减排任务完成得好，可以为今后几年的工作打下坚实的基础；今年的节能减排任务完成得不好，就会增加以后三年的工作压力。从一季度看，工业特别是高耗能高污染行业增长过快，占全国工业能耗和二氧化硫排放近70%的电力、钢铁、有色、建材、石油加工、化工6大行业增长20.6%，同比加快6.6个百分点。同时，节能减排工作中存在认识不到位、责任不明确、措施不配套、政策不完善、投入不落实、协调不得力等问题。这种状况如果不及时扭转，今年节能减排难以取得明显进展，"十一五"规划目标也难以实现。

近几年，我国经济快速增长，各项建设取得巨大成就，但也付出了很大的资源和环境代价，经济发展与资源环境的矛盾日趋尖锐，群众对环境污染问题反映强烈。这种状况与经济结构不合理、增长方式粗放直接相关。不加快调整结构、转变

增长方式,资源支撑不住,环境容纳不下,社会承受不起,经济发展难以为继。在这个问题上,我们没有任何别的选择,只有坚持节约发展、清洁发展、安全发展,才是实现经济又好又快发展的正确道路。

进一步加强节能减排工作,也是应对全球气候变化的迫切需要。温室气体排放引起的全球气候变化,备受国际社会广泛关注。我国是以煤炭为主的能源生产大国和消费大国,减少污染排放,是我们应该承担的责任。

我们要把节能减排作为当前加强宏观调控的重点,作为调整经济结构、转变增长方式的突破口和重要抓手,作为贯彻科学发展观和构建和谐社会的重要举措,进一步增强紧迫感和责任感,下大力气、下真功夫,实现"十一五"规划确定的节能减排目标,履行政府向人民的庄严承诺。

二、重点工作和主要措施

(一)有效控制高耗能高污染行业过快增长。电力、钢铁、有色、建材、石油加工、化工等行业,占了全社会能源消耗和污染排放的大头。遏制这些高耗能高污染行业过快增长,是推进节能减排工作的当务之急,也是当前宏观调控的紧迫任务。要按照管住增量、调整存量、上大压小、扶优汰劣的思路,加大调控力度。一要严格控制新建高耗能项目。严把土地、信贷两个闸门,提高节能环保市场准入门槛。严格执行新建项目节能评估审查、环境影响评价制度和项目核准程序,建立相应的项目审批问责制。二要落实限制高耗能高污染产品出口的各项政策。继续运用调整出口退税、加征出口关税、削减出口配额、将部分产品列入加工贸易禁止类目录等措施,控制高耗能高污染产品出口。三要加大差别电价政策实施力度。全面落实差别电价政策,提高高耗能产品差别电价标准。鼓励地方在国家政策的基础上进一步提高差别电价标准,扩大实施范围。四要清理和纠正各地在电价、地价、税费等方面对高耗能高污染行业的优惠政策,严肃查处违反国家规定和政策的行为。

(二)加快淘汰落后生产能力。落后生产能力是资源能源浪费、环境污染的源头。淘汰落后产能是实现节能减排目标的重要手段。要大力淘汰电力、钢铁、建材、电解铝、铁合金、电石、焦炭、化工、煤炭、造纸、食品等行业落后产能。抓紧制定淘汰落后产能分地区、分年度的具体工作方案,并认真组织实施。国务院有关部门每年向社会公布淘汰落后产能企业的名单和各地执行情况,接受社会监督。要建立落后产能退出机制,有条件的地方要安排资金支持淘汰落后产能。中央财政通过增加转移支付,对经济欠发达地区给予适当支持。

(三)全面实施节能减排重点工程。着力抓好节约和替代石油、燃煤锅炉改造、热电联产、电机节能、余热利用、能量系统优化、建筑节能、绿色照明、政府机构节能以及节能监测和服务体系建设等十项重点节能工程,"十一五"期间形成2.4亿吨标准煤的节能能力,其中今年形成5000万吨节能能力。认真实施燃煤电厂二氧化硫治理、城市污水处理厂及配套管网建设和改造、重点流域水污染治理等七项重点污染防治工程。同时，要加大其他重点领域的节能减排工作。交通领域要优先发展城市公共交通系统，控制高耗油、高污染机动车发展，严格实施机动车尾气排放标准。消费领域要推广应用高效节能产品，今年推广高效照明产品5000万支，中央国家机关率先更换节能灯。农村地区要大力发展户用沼气工程。要努力优化能源结构，大力搞好煤炭洗选等能源清洁利用工作，积极发展核电等清洁能源，加快开发利用水能、风能、太阳能、生物质能等可再生能源。

（四）突出搞好重点企业节能减排。国家已确定千家企业作为节能减排工作的重点，五年实现节能1亿吨标准煤，今年实现节能2000万吨。各级政府要加大对重点企业节能减排工作的检查和指导，今年要启动重点企业与国际国内同行业能耗先进水平对标活动，推动企业加大结构调整和技术改造力度，提高节能减排管理水平。

（五）推进节能减排科技进步。要组织实施节能减排科技专项行动，组建一批国家工程实验室和国家重点实验室，攻克一批节能减排关键和共性技术。积极推动以企业为主体、产学研相结合的节能减排技术创新与成果转化体系建设，增强企业自主创新能力。在电力、钢铁和有色冶炼等重点行业，推广一批潜力大、应用面广的重大节能减排技术。制定政策措施，鼓励和支持企业进行节能减排的技术改造，采用节能环保新设备、新工艺、新技术。

（六）大力发展循环经济。推进矿产资源综合利用、固体废物综合利用、再生资源循环利用，以及水资源的循环利用。深化国家循环经济试点，建成一批循环经济典型地区、典型企业、再生资源产业园区、生态工业示范园区，总结经验，逐步推广。全面推行清洁生产，制定和发布重点行业清洁生产标准和评价指标体系。积极推进垃圾资源化利用。

（七）完善体制和政策体系。要深化改革，消除制约节能减排工作的体制性机制性障碍，建立有效的激励约束机制。充分发挥市场机制作用，有效运用价格、收费、税收、财政、金融等经济杠杆，促进能源节约和环境保护。适时推进天然气、水、热力等资源性产品价格改革方案。按照补偿治理成本的原则，提高排污收费标准。健全矿产资源有偿使用制度，建立生态环境补偿机制，制定和完善鼓励节能减排的税收政策。

（八）加大节能减排的投入。建立政府引导、企业为主和社会参与的节能减排投入机制。各级政府要加大对节能减排的投入，引导社会资金投资节能减排项目。鼓励和引导金融机构加大对循环经济、环境保护及节能减排技术改造项目的信贷支持。解决节能减排的资金问题，主要采用市场机制的办法，按照"谁污染、谁治理、谁投资、谁受益"的原则，促使企业开展污染治理、生态恢复和环境保护。

（九）切实加强节能减排法制建设。加快完善节能减排法律法规体系，提高处罚标准，切实解决"违法成本低、守法成本高"的问题。要制定和执行主要高耗能产品能耗环保限额强制性国家标准。要加大节能减排执法力度。中央和地方政府每年都要开展节能环保专项执法检查，坚持有法必依、执法必严、违法必究，严厉查处各类违法行为。近期，要严肃处理一批严重违反国家能源管理和环境保护法律法规的典型案件，追究有关人员和领导者的责任。

（十）强化节能减排监督管理。首先要建立和完善节能减排指标体系、监测体系和考核体系，确保统计数据真实。要认真解决管理松懈，监督不力的问题。一些地方污水处理厂建成后长期不能正常运行，一些企业的污染减排设备只是应付检查，这种状况必须迅速扭转。各地方、各部门、各单位在近期内都要认真开展资源使用、污染排放情况的检查，找出存在问题和薄弱环节，认真整改，建立健全并严格执行各项规章制度。对重点用能单位和污染源要加强经常性监督，对恶意排污行为实行重罚，严重的要追究刑事责任。

三、加强领导，狠抓落实

节能减排既是一项现实紧迫的工作，又是一项长期艰巨的任务。实现节能减排的目标任务和政策措施，关键在于加强领导，狠抓落实。不抓落实，再完善的方案也是一纸空文，再明确的目标也难以实现，再好的政策也难以发挥作用。为此，必须做到：

第一，统一思想认识。各地区、各部门、各单位一定要真正把思想和行动统一到科学发展观上来，统一到经济又好又快发展的要求上来，统一到中央关于节能减排的决策和部署上来。要正确处理经济增长速度和节能减排的关系，真正把节能减排作为硬任务，使经济增长建立在节约能源资源和保护环境的基础上。

第二，加强组织领导。为进一步加强对节能减排工作的组织领导，国务院决定成立节能减排工作领导小组，由我任组长、培炎同志任副组长。领导小组的主要任务是，部署监督节能减排工作情况，审议年度节能减排工作安排，协调解决工作中的重大问题。地方各级政府也要加强对本地区节能减排工作的组织领导。

第三，全面落实责任。要建立健全节能减排工作责任制和问责制，把节能减排各项工作目标和任务逐级分解到各地和重点企业。加强对节能减排工作进展情况的考核和监督，国务院有关部门定期公布各地节能减排指标完成情况。要把节能减排指标完成情况纳入各地经济社会发展综合评价体系，作为政府领导干部综合考核评价和企业负责人业绩考核的重要内容。省级政府每年要向国务院报告节能减排目标责任的履行情况。国务院每年要向全国人大报告节能减排的进展情况，在"十一五"期末报告五年两个指标的总体完成情况。

第四，搞好协调配合。各部门都要切实履行职责，并要密切协调配合，形成工作合力。发展改革委、环保部门要抓好各项目标任务的分解落实和组织实施，加强指导监督，及时研究解决存在的问题。其他有关部门要尽快制定有关具体政策措施和贯彻落实意见。各地区、各中央企业要按照国务院的部署和要求，结合实际，抓紧制定贯彻落实的具体方案。

第五，广泛宣传动员。建设资源节约型、环境友好型社会是全社会共同的责任，需要动员全社会的力量积极参与。要让全体人民懂得，我国人口多、底子薄，节约能源资源、保护环境是一项长期而艰巨的任务，要在全社会形成节约资源、保护环境的良好风尚，每一个人都要负起责任，养成自觉节约资源、保护环境的意识。要进一步加强节约资源能源和环境保护的宣传舆论工作，宣传国家节能减排的方针政策，充分发挥舆论监督作用。

同志们，在迈向全面建设小康社会的进程中，节能减排任务艰巨，进一步做好节能减排工作意义重大。我们要在以胡锦涛同志为总书记的党中央领导下，以邓小平理论和"三个代表"重要思想为指导，坚定决心，知难而进，全面加强节能减排工作，为实现国家"十一五"节能减排的目标，促进经济社会全面协调可持续发展而努力奋斗。

附录四 国家发展改革委关于印发节能中长期专项规划的通知

国办发 [2005] 33 号

各省、自治区、直辖市人民政府，国务院各部委、各直属机构：

自《国务院批转国家建材局等部门关于加快墙体材料革新和推广节能建筑意见的通知》（国发 [1992] 66 号）下发以来，在各地区和有关部门的共同推进下，我国墙体材料革新和推广节能建筑工作取得了积极进展，新型墙体材料应用范围进一步扩大，技术水平明显提高，节能建筑竣工面积不断增加。但是，全国以黏土砖和非节能建筑为主的格局未得到根本改变，毁田烧砖、破坏耕地的现象屡禁不止，特别是近年来城乡建设的快速发展，对建材产品的需求量急剧增加，一些地区实心黏土砖生产呈增长态势。为巩固取得的成果，进一步推进墙体材料革新和推广节能建筑，有效保护耕地和节约能源，经国务院同意，现就有关问题通知如下：

一、提高思想认识，增强工作紧迫性

（一）推进墙体材料革新和推广节能建筑是保护耕地节约能源的迫切需要。我国耕地面积仅占国土面积的10%强，不到世界平均水平的一半。我国房屋建筑材料中70%是墙体材料，其中黏土砖占据主导地位，生产黏土砖每年耗用黏土资源达10多亿立方米，约相当于毁田50万亩，同时，我国每年生产黏土砖消耗7000多万吨标准煤。如果实心黏土砖产量继续增长，不仅增加墙体材料的生产能耗，而且导致新建建筑的采暖和空调能耗大幅度增加，将严重加剧能源供需矛盾。

（二）推进墙体材料革新和推广节能建筑是改善建筑功能、提高资源利用效率和保护环境的重要措施。采用优质新型墙体材料建造房屋，建筑功能将得到有效改善，舒适度显著上升，可以提高建筑的质量和居住条件，满足经济社会发展和人民生活水平提高的需要。另一方面，我国每年产生各类工业固体废物1亿多吨，累计堆存量已达几十亿吨，不仅占用了大量土地，其中所含的有害物质严重污染着周围的土壤、水体和大气环境。加快发展以煤矸石、粉煤灰、建筑渣土、冶金和化工废渣等固体废物为原料的新型墙体材料，是提高资源利用率、改善环境、促进循环经济发展的重要途径。

二、明确工作要求，落实任务目标

（三）逐步禁止生产和使用实心黏土砖。已限期禁止生产、使用实心黏土砖（包括瓦，下同）的170个城市，要向逐步淘汰黏土制品推进，并向郊区城镇延伸。

其他城市要按照国家的统一部署,分期分批禁止或限制生产、使用实心黏土砖,并逐步向小城镇和农村延伸。其中,经济发达地区城市和人均耕地面积低于 0.8 亩的城市,要逐步禁止生产和使用实心黏土砖;黏土资源较为丰富的西部地区,要推广发展黏土空心制品,限制生产和使用实心黏土砖;在新型墙体材料基本能够满足工程建设需要的地区,要禁止生产黏土砖。力争到 2006 年底,使全国实心黏土砖年产量减少 800 亿块。到 2010 年年底,所有城市禁止使用实心黏土砖,全国实心黏土砖年产量控制在 4000 亿块以下。

(四)积极推广新型墙体材料。各地区和有关部门要积极推广使用新型墙体材料,凡财政拨款或补贴的行政机关办公用房、公共建筑、经济适用房、示范建筑小区和国家投资的生产性项目等,都要执行节能设计标准,选用和采购新型墙体材料。新建建筑要向强制执行国家已颁布的建筑节能设计标准推进,逐步提高新型墙体材料的生产和应用比例,增加节能建筑面积。力争到 2006 年,新建建筑严格执行建筑节能设计标准,有条件的城市率先执行节能率 65% 的地方标准,到 2010 年,新型墙体材料产量占墙体材料总量的比重达到 55% 以上,建筑应用比例达到 65% 以上,严寒、寒冷地区应执行节能率 65% 的标准。

三、制定法规标准,强化监督管理

(五)制定和完善有关法规。要加快研究制定建筑节能管理及推进墙体材料革新的有关法规,依法加强对新型墙体材料生产、流通和应用的监督管理。各省、自治区直辖市人民政府要结合当地具体情况,制定并完善相关法规的实施细则,依法推进墙体材料革新和建筑节能。

(六)加强标准体系建设与监管。要制定和完善新型墙体材料产品、工程应用和节能建筑的技术标准,进一步提高新型墙体材料产品标准水平;加快研究新型复合墙体材料应用标准,完善节能建筑设计、施工、验收的标准化体系。要将禁止使用实心黏土砖、应用新型墙体材料、执行建筑节能设计标准等要求纳入立项、设计、施工图设计文件审查以及竣工验收备案等各个环节,促进新材料、新技术、新工艺的应用。强化新型墙体材料标准实施和应用技术培训,确保产品及工程质量。对涉及人身健康的墙体材料,要逐步纳入强制性产品认证范畴,不经认证不得销售使用。

(七)继续加强对黏土砖生产用地的监督管理。要依照《中华人民共和国土地管理法》等有关法律法规的规定和土地利用总体规划的要求,严格控制黏土砖生产企业取土范围和规模,严禁占用耕地建窑或擅自在耕地上取土。要禁止向新建、改建、扩建实心黏土砖生产项目供地,限制向空心黏土制品生产项目供地。对违反规定的,不予办理用地和采矿手续,停止发放土地使用证,并依法予以查处。

(八)严格对墙体材料生产企业的监管。要加大监督检查力度,对禁止生产和使用实心黏土砖地区的企业，仍然继续生产和使用实心黏土砖的，以及无照生产经营、销售使用国家明令淘汰产品的行为，要坚决依法严肃处理。要加强对墙体材料生产企业的环境监督执法，依法处罚污染环境的违法违规行为。要依据有关国家标准或行业标准，严格监督墙体材料生产企业的销售行为，禁止质量未达标的墙体材料产品出厂销售。

四、完善政策机制，加快技术进步

（九）加大政策支持力度。各地区和有关部门要充分发挥投资、税收、价格等经济政策的引导和调控作用，促进工业废物的循环利用，推动新型墙体材料和节能建筑的发展。在安排使用预算内基建投资（含国债项目资金）和中小企业发展专项资金时，要加大对开发技术含量高的新型墙体材料产品的支持力度。要积极落实国家鼓励新型墙体材料发展和抑制实心黏土砖生产的税收政策，研究新型墙体材料专项基金在2005年年底到期后的有关后续政策措施。研究推广节能建筑的扶持政策，鼓励建设单位采购优质的新型墙体材料，引导房地产开发商自觉建造节能建筑。

（十）发挥市场导向作用。要坚持以市场为导向，应用为龙头，逐步增强市场机制对墙体材料资源配置的基础作用，促进新型墙体材料产品优质优价。充分发挥中介组织的作用，建立健全墙体材料革新和推广节能建筑信息发布制度。

（十一）大力推进技术进步。有关部门要根据社会发展和技术进步要求，适时发布和调整鼓励、限制、淘汰的墙体材料生产技术、工艺、设备及产品目录。地方各级人民政府和有关部门要支持新型墙体材料及节能建筑技术的开发和应用示范，组织引进、消化、吸收国外先进技术，研究、开发科技含量高、利废效果好、节能效果显著、拥有自主知识产权的优质新型墙体材料生产技术与装备，提高墙体材料革新和节能建筑的技术水平。积极推动绿色建筑、低能耗或超低能耗建筑的研究、开发和试点，建设优质新型墙体材料示范生产线和节能建筑样板，推广新型建筑结构体系，拓宽新型墙体材料的应用范围。

五、加强组织领导，做好宣传工作

（十二）加强组织领导。各地区和有关部门要加强对墙体材料革新和推广节能建筑工作的组织领导，大力推动墙体材料革新和节能建筑推广工作。发展改革、科技、财政、国土资源、建设、农业、税务、工商、质检、环保等有关行政主管部门，要按照职能分工，认真做好相关工作，并由发展改革委牵头建立工作协调机制，指导和推进墙体材料革新与节能建筑推广工作。地方各级人民政府要将墙体材料革新与推广节能建筑工作列入政府工作的议事日程，纳入当地经济和社会发展总体规划、区域经济发展规划和城乡建设规划，并结合本地区的实际情况，研究制定墙体材料革新和推广节能建筑的发展目标、推广重点与政策措施，抓好各项工作的落实。

（十三）认真做好宣传工作。地方各级人民政府和有关部门要充分发挥舆论的导向与监督作用，通过广播、电视、展览等多种形式，加强对墙体材料革新和推广节能建筑的宣传。大力宣传我国能源、土地资源现状与发展新型墙体材料和推广节能建筑的重大意义，以及在墙体材料革新和推广节能建筑工作中做出显著成绩的单位与个人；对拒不执行有关政策和法规，造成浪费资源、严重污染环境的现象，要予以曝光，努力营造推进墙体材料革新和推广节能建筑的社会氛围。

附录五　国务院关于加强节能工作的决定

国发〔2006〕28号

各省、自治区、直辖市人民政府，国务院各部委、各直属机构：

为深入贯彻科学发展观，落实节约资源基本国策，调动社会各方面力量进一步加强节能工作，加快建设节约型社会，实现"十一五"规划纲要提出的节能目标，促进经济社会发展切实转入全面协调可持续发展的轨道，特作如下决定：

一、充分认识加强节能工作的重要性和紧迫性

（一）必须把节能摆在更加突出的战略位置。我国人口众多，能源资源相对不足，人均拥有量远低于世界平均水平。由于我国正处在工业化和城镇化加快发展阶段，能源消耗强度较高，消费规模不断扩大，特别是高投入、高消耗、高污染的粗放型经济增长方式，加剧了能源供求矛盾和环境污染状况。能源问题已经成为制约经济和社会发展的重要因素，要从战略和全局的高度，充分认识做好能源工作的重要性，高度重视能源安全，实现能源的可持续发展。解决我国能源问题，根本出路是坚持开发与节约并举、节约优先的方针，大力推进节能降耗，提高能源利用效率。节能是缓解能源约束，减轻环境压力，保障经济安全，实现全面建设小康社会目标和可持续发展的必然选择，体现了科学发展观的本质要求，是一项长期的战略任务，必须摆在更加突出的战略位置。

（二）必须把节能工作作为当前的紧迫任务。近几年，由于经济增长方式转变滞后、高耗能行业增长过快，单位国内生产总值能耗上升，特别是今年上半年，能源消耗增长仍然快于经济增长，节能工作面临更大压力，形势十分严峻。各地区、各部门要充分认识加强节能工作的紧迫性，增强忧患意识和危机意识，增强历史责任感和使命感。要把节能工作作为当前的一项紧迫任务，列入各级政府重要议事日程，切实下大力气，采取强有力措施，确保实现"十一五"能源节约的目标，促进国民经济又好又快地发展。

二、用科学发展观统领节能工作

（三）指导思想。以邓小平理论和"三个代表"重要思想为指导，全面贯彻科学发展观，落实节约资源基本国策，以提高能源利用效率为核心，以转变经济增长方式、调整经济结构、加快技术进步为根本，强化全社会的节能意识，建立严格的管理制度，实行有效的激励政策，充分发挥市场配置资源的基础性作用，调动市场主体节能的自觉性，加快构建节约型的生产方式和消费模式，以能源的高效利用促

进经济社会可持续发展。

（四）基本原则。坚持节能与发展相互促进，节能是为了更好地发展，实现科学发展必须节能；坚持开发与节约并举，节能优先，效率为本；坚持把节能作为转变经济增长方式的主攻方向，从根本上改变高耗能、高污染的粗放型经济增长方式；坚持发挥市场机制作用与实施政府宏观调控相结合，努力营造有利于节能的体制环境、政策环境和市场环境；坚持源头控制与存量挖潜、依法管理与政策激励、突出重点与全面推进相结合。

（五）主要目标。到"十一五"期末，万元国内生产总值（按 2005 年价格计算）能耗下降到 0.98 吨标准煤，比"十五"期末降低 20% 左右，平均年节能率为 4.4%。重点行业主要产品单位能耗总体达到或接近本世纪初国际先进水平。初步建立起与社会主义市场经济体制相适应的比较完善的节能法规和标准体系、政策保障体系、技术支撑体系、监督管理体系，形成市场主体自觉节能的机制。

三、加快构建节能型产业体系

（六）大力调整产业结构。各地区和有关部门要认真落实《国务院关于发布实施〈促进产业结构调整暂行规定〉的决定》（国发［2005］40号）要求，推动产业结构优化升级，促进经济增长由主要依靠工业带动和数量扩张带动，向三次产业协同带动和优化升级带动转变，立足节约能源推动发展。合理规划产业和地区布局，避免由于决策失误造成能源浪费。

（七）推动服务业加快发展。充分发挥服务业能耗低、污染少的优势，努力提高服务业在国民经济中的比重。要以专业化分工和提高社会效率为重点，积极发展生产服务业；以满足人们需求和方便群众生活为中心，提升生活服务业。大中城市要优先发展服务业，有条件的大中城市要逐步形成以服务经济为主的产业结构。

（八）积极调整工业结构。严格控制新开工高耗能项目，把能耗标准作为项目核准和备案的强制性门槛，遏制高耗能行业过快增长。对企业搬迁改造严格能耗准入管理。加快淘汰落后生产能力、工艺、技术和设备，不按期淘汰的企业，地方各级人民政府及有关部门要依法责令其停产或予以关闭，依法吊销排污许可证和停止供电，属实行生产许可证管理的，依法吊销生产许可证。积极推进企业联合重组，提高产业集中度和规模效益。

（九）优化用能结构。大力发展高效清洁能源。逐步减少原煤直接使用，提高煤炭用于发电的比重，发展煤炭气化和液化，提高转换效率。引导企业和居民合理用电。大力发展风能、太阳能、生物质能、地热能、水能等可再生能源和替代能源。

四、着力抓好重点领域节能

（十）强化工业节能。突出抓好钢铁、有色金属、煤炭、电力、石油石化、化工、建材等重点耗能行业和年耗能1万吨标准煤以上企业的节能工作，组织实施千家企业节能行动，推动企业积极调整产品结构，加快节能技术改造，降低能源消耗。

（十一）推进建筑节能。大力发展节能省地型建筑，推动新建住宅和公共建筑严格实施节能50%的设计标准，直辖市及有条件的地区要率先实施节能65%的标准。推动既有建筑的节能改造。大力发展新型墙体材料。

（十二）加强交通运输节能。积极推进节能型综合交通运输体系建设，加快发展铁路和内河运输，优先发展公共交通和轨道交通，加快淘汰老旧铁路机车、汽车、船舶，鼓励发展节能环保型交通工具，开发和推广车用代用燃料和清洁燃料汽车。

（十三）引导商业和民用节能。在公用设施、宾馆商厦、写字楼、居民住宅中推广采用高效节能办公设备、家用电器、照明产品等。

（十四）抓好农村节能。加快淘汰和更新高耗能落后农业机械和渔船装备，加快农业提水排灌机电设施更新改造，大力发展农村户用沼气和大中型畜禽养殖场沼气工程，推广省柴节煤灶，因地制宜发展小水电、风能、太阳能以及农作物秸秆气化集中供气系统。

（十五）推动政府机构节能。各级政府部门和领导干部要从自身做起、厉行节约，在节能工作中发挥表率作用。重点抓好政府机构建筑物和采暖、空调、照明系统节能改造以及办公设备节能，采取措施大力推动政府节能采购，稳步推进公务车改革。

五、大力推进节能技术进步

（十六）加快先进节能技术、产品研发和推广应用。各级人民政府要把节能作为政府科技投入、推进高技术产业化的重点领域，支持科研单位和企业开发高效节能工艺、技术和产品，优先支持拥有自主知识产权的节能共性和关键技术示范，增强自主创新能力，解决技术瓶颈。采取多种方式加快高效节能产品的推广应用。有条件的地方可对达到超前性国家能效标准、经过认证的节能产品给予适当的财政支持，引导消费者使用。落实产品质量国家免检制度，鼓励高效节能产品生产企业做大做强。有关部门要制定和发布节能技术政策，组织行业共性技术的推广。

（十七）全面实施重点节能工程。有关部门和地方人民政府及有关单位要认真组织落实"十一五"规划纲要提出的燃煤工业锅炉（窑炉）改造、区域热电联产、余热余压利用、节约和替代石油、电机系统节能、能量系统优化、建筑节能、绿色照明、政府机构节能以及节能监测和技术服务体系建设十大重点节能工程。发展改革委要督促各地区、各有关部门和有关单位抓紧落实相关政策措施，确保工程配套资金到位，同时要会同有关部门切实做好重点工程、重大项目实施情况的监督检查。

（十八）培育节能服务体系。有关部门要抓紧研究制定加快节能服务体系建设的指导意见，促进各级各类节能技术服务机构转换机制、创新模式、拓宽领域，增强服务能力，提高服务水平。加快推行合同能源管理，推进企业节能技术改造。

（十九）加强国际交流与合作。积极引进国外先进节能技术和管理经验，广泛开展与国际组织、金融机构及有关国家和地区在节能领域的合作。

六、加大节能监督管理力度

（二十）健全节能法律法规和标准体系。抓紧做好修订《中华人民共和国节约能源法》的有关工作，进一步严格节能管理制度，明确节能执法主体，强化政策激励，加大惩戒力度。研究制定有关节能的配套法规。加快组织制定和完善主要耗能行业能耗准入标准、节能设计规范，制定和完善主要工业耗能设备、机动车、建筑、家用电器、照明产品等能效标准以及公共建筑用能设备运行标准。各地区要研究制定本地区主要耗能产品和大型公共建筑单位能耗限额。

（二十一）加强规划指导。各地区、各有关部门要根据"十一五"规划纲要，把实现能耗降低的约束性目标作为本地区、本部门"十一五"规划和有关专项规划的重要内容，明确目标、任务和政策措施，认真制定和实施本地区和行业的节能规划。

（二十二）建立节能目标责任制和评价考核体系。发展改革委要将"十一五"规划纲要确定的单位国内生产总值能耗降低目标分解落实到各省、自治区、直辖市，省级人民政府要将目标逐级分解落实到各市、县以及重点耗能企业，实行严格的目标责任制。统计局、发展改革委等部门每年要定期公布各地区能源消耗情况；省级人民政府要建立本地区能耗公报制度。要将能耗指标纳入各地经济社会发展综合评价和年度考核体系，作为地方各级人民政府领导班子和领导干部任期内贯彻落实科学发展观的重要考核内容，作为国有大中型企业负责人经营业绩的重要考核内容，实行节能工作问责制。发展改革委要会同有关部门抓紧制定实施办法。

（二十三）建立固定资产投资项目节能评估和审查制度。有关部门和地方人民政府要对固定资产投资项目（含新建、改建、扩建项目）进行节能评估和审查。对未进行节能审查或未能通过节能审查的项目一律不得审批、核准，从源头杜绝能源的浪费。对擅自批准项目建设的，要依法依规追究直接责任人的责任。发展改革委要会同有关部门制定固定资产投资项目节能评估和审查的具体办法。

（二十四）强化重点耗能企业节能管理。重点耗能企业要建立严格的节能管理制度和有效的激励机制，进一步调动广大职工节能降耗的积极性。要强化基础工作，配备专职人员，将节能降耗的目标和责任落实到车间、班组和个人，并加强监督检查。有关部门和地方各级人民政府要加强对重点耗能企业节能情况的跟踪、指导和监督，定期公布重点企业能源利用状况。其中，对实施千家企业节能行动的高耗能企业，发展改革委要与各相关省级人民政府和有关中央企业签订节能目标责任书，强化节能目标责任和考核。

（二十五）完善能效标识和节能产品认证制度。加快实施强制性能效标识制度，扩大能效标识在家用电器、电动机、汽车和建筑上的应用，不断提高能效标识的社会认知度，引导社会消费行为，促进企业加快高效节能产品的研发。推动自愿性节能产品认证，规范认证行为，扩展认证范围，推动建立国际协调互认。

（二十六）加强电力需求侧和电力调度管理。充分发挥电力需求侧管理的综合优势，优化城市、企业用电方案，推广应用高效节能技术，推进能效电厂建设，提高电能使用效率。改进发电调度规则，优先安排清洁能源发电，对燃煤火电机组进行优化调度，限制能耗高、污染重的低效机组发电，实现电力节能、环保和经济调度。

（二十七）控制室内空调温度。所有公共建筑内的单位，包括国家机关、社会团体、企事业组织和个体工商户，除特定用途外，夏季室内空调温度设置不低于26摄氏度，冬季室内空调温度设置不高于20摄氏度。有关部门要据此修订完善公共建筑室内温度有关标准，并加强监督检查。

（二十八）加大节能监督检查力度。有关部门和地方各级人民政府要加大节能工作的监督检查力度，重点检查高耗能企业及公共设施的用能情况、固定资产投资项目节能评估和审查情况、禁止淘汰设备异地再用情况，以及产品能效标准和标识、建筑节能设计标准、行业设计规范执行等情况。达不到建筑节能标准的建筑物不准开工建设和销售。严禁生产、销售和使用国家明令淘汰的高耗能产品。要严厉打击报废机动车和船舶等违法交易活动。节能主管部门和质量技术监督部门要加大监督检查和处罚力度，对违法行为要公开曝光。

七、建立健全节能保障机制

（二十九）深化能源价格改革。加强和改进电价管理，建立成本约束机制；完善电力分时电价办法，引导用户合理用电、节约用电；扩大差别电价实施范围，抑制高耗能产业盲目扩张，促进结构调整。落实石油综合配套调价方案，理顺国内成品油价格。继续推进天然气价格改革，建立天然气与可替代能源的价格挂钩和动态调整机制。全面推进煤炭价格市场化改革。研究制定能耗超限额加价的政策。

（三十）加大政府对节能的支持力度。各级人民政府要对节能技术与产品推广、示范试点、宣传培训、信息服务和表彰奖励等工作给予支持，所需节能经费纳入各级人民政府财政预算。"十一五"期间，国家每年安排一定的资金，用于支持节能重大项目、示范项目及高效节能产品的推广。

（三十一）实行节能税收优惠政策。发展改革委要会同有关部门抓紧制定《节能产品目录》，对生产和使用列入《节能产品目录》的产品，财政部、税务总局要会同有关部门抓紧研究提出具体的税收优惠政策，报国务院审批。严格实施控制高耗能、高污染、资源性产品出口的政策措施。研究建立促进能源节约的燃油税收制度，以及控制高耗能加工贸易和抑制不合理能源消费的有关税收政策。抓紧研究并适时实施不同种类能源矿产资源计税方法改革方案。根据资源条件和市场变化情况，适当提高有关资源税征收标准。

（三十二）拓宽节能融资渠道。各类金融机构要切实加大对节能项目的信贷支持力度，推动和引导社会各方面加强对节能的资金投入。要鼓励企业通过市场直接融资，加快进行节能降耗技术改造。

（三十三）推进城镇供热体制改革。加快城镇供热商品化、货币化，将采暖补贴由"暗补"变"明补"，加强供热计量，推进按用热量计量收费制度。完善供热价格形成机制，有关部门要抓紧研究制定建筑供热采暖按热量收费的政策，培育有利于节能的供热市场。

（三十四）实行节能奖励制度。各地区、各部门对在节能管理、节能科学技术研究和推广工作中做出显著成绩的单位及个人要给予表彰和奖励。能源生产经营单位和用能单位要制定科学合理的节能奖励办法，结合本单位的实际情况，对节能工作中作出贡献的集体、个人给予表彰和奖励，节能奖励计入工资总额。

八、加强节能管理队伍建设和基础工作

（三十五）加强节能管理队伍建设。各级人民政府要加强节能管理队伍建设，充实节能管理力量，完善节能监督体系，强化对本行政区域内节能工作的监督管理和日常监察（监测）工作，依法开展节能执法和监察（监测）。在整合现有相关机构的基础上，组建国家节能中心，开展政策研究、固定资产投资项目节能评估、技术推广、宣传培训、信息咨询、国际交流与合作等工作。

（三十六）加强能源统计和计量管理。各级人民政府要为统计部门依法行使节能统计调查、统计执法和数据发布等提供必要的工作保障。各级统计部门要切实加强能源统计，充实必要的人员，完善统计制度，改进统计方法，建立能够反映各地区能耗水平、节能目标责任和评价考核制度的节能统计体系。要强化对单位国内（地区）生产总值能耗指标的审核，确保统计数据准确、及时。各级质量技术监督部门要督促企业合理配备能源计量器具，加强能源计量管理。

（三十七）加大节能宣传、教育和培训力度。新闻出版、广播影视、文化等部门和有关社会团体要组织开展形式多样的节能宣传活动，广泛宣传我国的能源形势和节能的重要意义，弘扬节能先进典型，曝光浪费行为，引导合理消费。教育部门要将节能知识纳入基础教育、高等教育、职业教育培训体系。各级工会、共青团组织要重视和加强对广大职工特别是青年职工的节能教育，广泛开展节能合理化建议

活动。有关行业协会要协助政府做好行业节能管理、技术推广、宣传培训、信息咨询和行业统计等工作。各级科协组织要围绕节能开展系列科普活动。要认真组织开展一年一度的全国节能宣传周活动，加强经常性的节能宣传和培训。要动员全社会节能，在全社会倡导健康、文明、节俭、适度的消费理念，用节约型的消费理念引导消费方式的变革。要大力倡导节约风尚，使节能成为每个公民的良好习惯和自觉行动。

九、加强组织领导

（三十八）切实加强节能工作的组织领导。各省、自治区、直辖市人民政府和各有关部门要按照本决定的精神，努力抓好落实。省级人民政府要对本地区节能工作负总责，把节能工作纳入政府重要议事日程，主要领导要亲自抓，并建立相应的协调机制，明确相关部门的责任和分工，确保责任到位、措施到位、投入到位。省级人民政府、国务院有关部门要在本决定下发后 2 个月内提出本地区、本行业节能工作实施方案报国务院；中央企业要在本决定下发后 2 个月内提出本企业节能工作实施方案，由国资委汇总报国务院。发展改革委要会同有关部门，加强指导和协调，认真监督检查本决定的贯彻执行情况，并向国务院报告。

国务院

二〇〇六年八月六日

附录六 国务院关于印发节能减排综合性工作方案的通知

国发〔2007〕15号

各省、自治区、直辖市人民政府,国务院各部委、各直属机构:

国务院同意发展改革委会同有关部门制定的《节能减排综合性工作方案》(以下简称《方案》),现印发给你们,请结合本地区、本部门实际,认真贯彻执行。

一、充分认识节能减排工作的重要性和紧迫性

《中华人民共和国国民经济和社会发展第十一个五年规划纲要》提出了"十一五"期间单位国内生产总值能耗降低20%左右,主要污染物排放总量减少10%的约束性指标。这是贯彻落实科学发展观,构建社会主义和谐社会的重大举措;是建设资源节约型、环境友好型社会的必然选择;是推进经济结构调整,转变增长方式的必由之路;是提高人民生活质量,维护中华民族长远利益的必然要求。

当前,实现节能减排目标面临的形势十分严峻。去年以来,全国上下加强了节能减排工作,国务院发布了加强节能工作的决定,制定了促进节能减排的一系列政策措施,各地区、各部门相继做出了工作部署,节能减排工作取得了积极进展。但是,去年全国没有实现年初确定的节能降耗和污染减排的目标,加大了"十一五"后四年节能减排工作的难度。更为严峻的是,今年一季度,工业特别是高耗能、高污染行业增长过快,占全国工业能耗和二氧化硫排放近70%的电力、钢铁、有色、建材、石油加工、化工六大行业增长20.6%,同比加快6.6个百分点。与此同时,各方面工作仍存在认识不到位、责任不明确、措施不配套、政策不完善、投入不落实、协调不得力等问题。这种状况如不及时扭转,不仅今年节能减排工作难以取得明显进展,"十一五"节能减排的总体目标也将难以实现。

我国经济快速增长,各项建设取得巨大成就,但也付出了巨大的资源和环境代价,经济发展与资源环境的矛盾日趋尖锐,群众对环境污染问题反应强烈。这种状况与经济结构不合理、增长方式粗放直接相关。不加快调整经济结构、转变增长方式,资源支撑不住,环境容纳不下,社会承受不起,经济发展难以为继。只有坚持节约发展、清洁发展、安全发展,才能实现经济又好又快发展。同时,温室气体排放引起全球气候变暖,备受国际社会广泛关注。进一步加强节能减排工作,也是应对全球气候变化的迫切需要,是我们应该承担的责任。

各地区、各部门要充分认识节能减排的重要性和紧迫性,真正把思想和行动统一到中央关于节能减排的决策和部署上来。要把节能减排任务完成情况作为检验科学发展观是否落实的重要标准,作为检验经济发展是否"好"的重要标准,正确处理经济增长速度与节能减排的关系,真正把节能减排作为硬任务,使经济增长建立在节约能源资源和保护环境的基础上。要采取果断措施,集中力量,迎难而上,扎扎实实地开展工作,力争通过今明两年的努力,实现节能减排任务完成进度与"十一五"规划实施进度保持同步,为实现"十一五"节能减排目标打下坚实基础。

二、狠抓节能减排责任落实和执法监管

发挥政府主导作用。各级人民政府要充分认识到节能减排约束性指标是强化政府责任的指标,实现这个目标是政府对人民的庄严承诺,必须通过合理配置公共资源,有效运用经济、法律和行政手段,确保实现。当务之急,是要建立健全节能减排工作责任制和问责制,一级抓一级,层层抓落实,形成强有力的工作格局。地方各级人民政府对本行政区域节能减排负总责,政府主要领导是第一责任人。要在科学测算的基础上,把节能减排各项工作目标和任务逐级分解到各市(地)、县和重点企业。要强化政策措施的执行力,加强对节能减排工作进展情况的考核和监督,国务院有关部门定期公布各地节能减排指标完成情况,进行统一考核。要把节能减排作为当前宏观调控重点,作为调整经济结构,转变增长方式的突破口和重要抓手,坚决遏制高耗能、高污染产业过快增长,坚决压缩城市形象工程和党政机关办公楼等楼堂馆所建设规模,切实保证节能减排、保障民生等工作所需资金投入。要把节能减排指标完成情况纳入各地经济社会发展综合评价体系,作为政府领导干部综合考核评价和企业负责人业绩考核的重要内容,实行"一票否决"制。要加大执法和处罚力度,公开严肃查处一批严重违反国家节能管理和环境保护法律法规的典型案件,依法追究有关人员和领导者的责任,起到警醒教育作用,形成强大声势。省级人民政府每年要向国务院报告节能减排目标责任的履行情况。国务院每年向全国人民代表大会报告节能减排的进展情况,在"十一五"期末报告五年两个指标的总体完成情况。地方各级人民政府每年也要向同级人民代表大会报告节能减排工作,自觉接受监督。

强化企业主体责任。企业必须严格遵守节能和环保法律法规及标准,落实目标责任,强化管理措施,自觉节能减排。对重点用能单位加强经常监督,凡与政府有关部门签订节能减排目标责任书的企业,必须确保完成目标;对没有完成节能减排任务的企业,强制实行能源审计和清洁生产审核。坚持"谁污染、谁治理",对未按规定建设和运行污染减排设施的企业和单位,公开通报,限期整改,对恶意排污的行为实行重罚,追究领导和直接责任人员的责任,构成犯罪的依法移送司法机关。同时,要加强机关单位、公民等各类社会主体的责任,促使公民自觉履行节能和环保义务,形成以政府为主导、企业为主体、全社会共同推进的节能减排工作格局。

三、建立强有力的节能减排领导协调机制

为加强对节能减排工作的组织领导，国务院成立节能减排工作领导小组。领导小组的主要任务是，部署节能减排工作，协调解决工作中的重大问题。领导小组办公室设在发展改革委，负责承担领导小组的日常工作，其中有关污染减排方面的工作由环保总局负责。地方各级人民政府也要切实加强对本地区节能减排工作的组织领导。

国务院有关部门要切实履行职责，密切协调配合，尽快制定相关配套政策措施和落实意见。各省级人民政府要立即部署本地区推进节能减排的工作，明确相关部门的责任、分工和进度要求。各地区、各部门和中央企业要在 2007 年 6 月 30 日前，提出本地区、本部门和本企业贯彻落实的具体方案报领导小组办公室汇总后报国务院。领导小组办公室要会同有关部门加强对节能减排工作的指导协调和监督检查，重大情况及时向国务院报告。

国务院
二〇〇七年五月二十三日

附件　节能减排综合性工作方案

一、进一步明确实现节能减排的目标任务和总体要求

（一）主要目标。到 2010 年，万元国内生产总值能耗由 2005 年的 1.22 吨标准煤下降到 1 吨标准煤以下，降低 20% 左右；单位工业增加值用水量降低 30%。"十一五"期间，主要污染物排放总量减少 10%，到 2010 年，二氧化硫排放量由 2005 年的 2549 万吨减少到 2295 万吨，化学需氧量（COD）由 1414 万吨减少到 1273 万吨；全国设市城市污水处理率不低于 70%，工业固体废物综合利用率达到 60% 以上。

（二）总体要求。以邓小平理论和"三个代表"重要思想为指导，全面贯彻落实科学发展观，加快建设资源节约型、环境友好型社会，把节能减排作为调整经济结构、转变增长方式的突破口和重要抓手，作为宏观调控的重要目标，综合运用经济、法律和必要的行政手段，控制增量、调整存量，依靠科技、加大投入，健全法制、完善政策，落实责任、强化监管，加强宣传、提高意识，突出重点、强力推进，动员全社会力量，扎实做好节能降耗和污染减排工作，确保实现节能减排约束性指标，推动经济社会又好又快发展。

二、控制增量，调整和优化结构

（三）控制高耗能、高污染行业过快增长。严格控制新建高耗能、高污染项目。

严把土地、信贷两个闸门，提高节能环保市场准入门槛。抓紧建立新开工项目管理的部门联动机制和项目审批问责制，严格执行项目开工建设"六项必要条件"（必须符合产业政策和市场准入标准、项目审批核准或备案程序、用地预审、环境影响评价审批、节能评估审查以及信贷、安全和城市规划等规定和要求）。实行新开工项目报告和公开制度。建立高耗能、高污染行业新上项目与地方节能减排指标完成进度挂钩、与淘汰落后产能相结合的机制。落实限制高耗能、高污染产品出口的各项政策。继续运用调整出口退税、加征出口关税、削减出口配额、将部分产品列入加工贸易禁止类目录等措施，控制高耗能、高污染产品出口。加大差别电价实施力度，提高高耗能、高污染产品差别电价标准。组织对高耗能、高污染行业节能减排工作专项检查，清理和纠正各地在电价、地价、税费等方面对高耗能、高污染行业的优惠政策。

（四）加快淘汰落后生产能力。加大淘汰电力、钢铁、建材、电解铝、铁合金、电石、焦炭、煤炭、平板玻璃等行业落后产能的力度。"十一五"期间实现节能1.18亿吨标准煤，减排二氧化硫240万吨；今年实现节能3150万吨标准煤，减排二氧化硫40万吨。加大造纸、酒精、味精、柠檬酸等行业落后生产能力淘汰力度，"十一五"期间实现减排化学需氧量（COD）138万吨，今年实现减排COD 62万吨（详见附表）。制订淘汰落后产能分地区、分年度的具体工作方案，并认真组织实施。对不按期淘汰的企业，地方各级人民政府要依法予以关停，有关部门依法吊销生产许可证和排污许可证并予以公布，电力供应企业依法停止供电。对没有完成淘汰落后产能任务的地区，严格控制国家安排投资的项目，实行项目"区域限批"。国务院有关部门每年向社会公告淘汰落后产能的企业名单和各地执行情况。建立落后产能退出机制，有条件的地方要安排资金支持淘汰落后产能，中央财政通过增加转移支付，对经济欠发达地区给予适当补助和奖励。

（五）完善促进产业结构调整的政策措施。进一步落实促进产业结构调整暂行规定。修订《产业结构调整指导目录》，鼓励发展低能耗、低污染的先进生产能力。根据不同行业情况，适当提高建设项目在土地、环保、节能、技术、安全等方面的准入标准。尽快修订颁布《外商投资产业指导目录》，鼓励外商投资节能环保领域，严格限制高耗能、高污染外资项目，促进外商投资产业结构升级。调整《加工贸易禁止类商品目录》，提高加工贸易准入门槛，促进加工贸易转型升级。

（六）积极推进能源结构调整。大力发展可再生能源，抓紧制订出台可再生能源中长期规划，推进风能、太阳能、地热能、水电、沼气、生物质能利用以及可再生能源与建筑一体化的科研、开发和建设，加强资源调查评价。稳步发展替代能源，制订发展替代能源中长期规划，组织实施生物燃料乙醇及车用乙醇汽油发展专项规划，启动非粮生物燃料乙醇试点项目。实施生物化工、生物质能固体成型燃料等一批具有突破性带动作用的示范项目。抓紧开展生物柴油基础性研究和前期准备工作。推进煤炭直接和间接液化、煤基醇醚和烯烃代油大型台套示范工程和技术储备。大力推进煤炭洗选加工等清洁高效利用。

（七）促进服务业和高技术产业加快发展。落实《国务院关于加快发展服务业的若干意见》，抓紧制定实施配套政策措施，分解落实任务，完善组织协调机制。着力做强高技术产业，落实高技术产业发展"十一五"规划，完善促进高技术产业发展的政策措施。提高服务业和高技术产业在国民经济中的比重和水平。

三、加大投入，全面实施重点工程

（八）加快实施十大重点节能工程。着力抓好十大重点节能工程，"十一五"期间形成2.4亿吨标准煤的节能能力。今年形成5000万吨标准煤节能能力，重点是：实施钢铁、有色、石油石化、化工、建材等重点耗能行业余热余压利用、节约和替代石油、电机系统节能、能量系统优化，以及工业锅炉（窑炉）改造项目共745个；加快核准建设和改造采暖供热为主的热电联产和工业热电联产机组1630万千瓦；组织实施低能耗、绿色建筑示范项目30个，推动北方采暖区既有居住建筑供热计量及节能改造1.5亿平方米，开展大型公共建筑节能运行管理与改造示范，启动200个可再生能源在建筑中规模化应用示范推广项目；推广高效照明产品5000万支，中央国家机关率先更换节能灯。

（九）加快水污染治理工程建设。"十一五"期间新增城市污水日处理能力4500万吨、再生水日利用能力680万吨，形成COD削减能力300万吨；今年设市城市新增污水日处理能力1200万吨，再生水日利用能力100万吨，形成COD削减能力60万吨。加大工业废水治理力度，"十一五"形成COD削减能力140万吨。加快城市污水处理配套管网建设和改造。严格饮用水水源保护，加大污染防治力度。

（十）推动燃煤电厂二氧化硫治理。"十一五"期间投运脱硫机组3.55亿千瓦。其中，新建燃煤电厂同步投运脱硫机组1.88亿千瓦；现有燃煤电厂投运脱硫机组1.67亿千瓦，形成削减二氧化硫能力590万吨。今年现有燃煤电厂投运脱硫设施3500万千瓦，形成削减二氧化硫能力123万吨。

（十一）多渠道筹措节能减排资金。十大重点节能工程所需资金主要靠企业自筹、金融机构贷款和社会资金投入，各级人民政府安排必要的引导资金予以支持。城市污水处理设施和配套管网建设的责任主体是地方政府，在实行城市污水处理费最低收费标准的前提下，国家对重点建设项目给予必要的支持。按照"谁污染、谁治理，谁投资、谁受益"的原则，促使企业承担污染治理责任，各级人民政府对重点流域内的工业废水治理项目给予必要的支持。

四、创新模式，加快发展循环经济

（十二）深化循环经济试点。认真总结循环经济第一批试点经验，启动第二批试点,支持一批重点项目建设。深入推进浙江、青岛等地废旧家电回收处理试点。继续推进汽车零部件和机械设备再制造试点。推动重点矿山和矿业城市资源节约和循环利用。组织编制钢铁、有色、煤炭、电力、化工、建材、制糖等重点行业循环经济推进计划。加快制订循环经济评价指标体系。

(十三) 实施水资源节约利用。加快实施重点行业节水改造及矿井水利用重点项目。"十一五"期间实现重点行业节水31亿立方米,新增海水淡化能力90万立方米/日,新增矿井水利用量26亿立方米;今年实现重点行业节水10亿立方米,新增海水淡化能力7万立方米/日,新增矿井水利用量5亿立方米。在城市强制推广使用节水器具。

(十四) 推进资源综合利用。落实《"十一五"资源综合利用指导意见》,推进共伴生矿产资源综合开发利用和煤层气、煤矸石、大宗工业废弃物、秸秆等农业废弃物综合利用。"十一五"期间建设煤矸石综合利用电厂2000万千瓦,今年开工建设500万千瓦。推进再生资源回收体系建设试点。加强资源综合利用认定。推动新型墙体材料和利废建材产业化示范。修订发布新型墙体材料目录和专项基金管理办法。推进第二批城市禁止使用实心黏土砖,确保2008年底前256个城市完成"禁实"目标。

(十五) 促进垃圾资源化利用。县级以上城市(含县城)要建立健全垃圾收集系统,全面推进城市生活垃圾分类体系建设,充分回收垃圾中的废旧资源,鼓励垃圾焚烧发电和供热、填埋气体发电,积极推进城乡垃圾无害化处理,实现垃圾减量化、资源化和无害化。

(十六) 全面推进清洁生产。组织编制《工业清洁生产审核指南编制通则》,制订和发布重点行业清洁生产标准和评价指标体系。加大实施清洁生产审核力度。合理使用农药、肥料,减少农村面源污染。

五、依靠科技,加快技术开发和推广

(十七) 加快节能减排技术研发。在国家重点基础研究发展计划、国家科技支撑计划和国家高技术发展计划等科技专项计划中,安排一批节能减排重大技术项目,攻克一批节能减排关键和共性技术。加快节能减排技术支撑平台建设,组建一批国家工程实验室和国家重点实验室。优化节能减排技术创新与转化的政策环境,加强资源环境高技术领域创新团队和研发基地建设,推动建立以企业为主体、产学研相结合的节能减排技术创新与成果转化体系。

(十八) 加快节能减排技术产业化示范和推广。实施一批节能减排重点行业共性、关键技术及重大技术装备产业化示范项目和循环经济高技术产业化重大专项。落实节能、节水技术政策大纲,在钢铁、有色、煤炭、电力、石油石化、化工、建材、纺织、造纸、建筑等重点行业,推广一批潜力大、应用面广的重大节能减排技术。加强节电、节油农业机械和农产品加工设备及农业节水、节肥、节药技术推广。鼓励企业加大节能减排技术改造和技术创新投入，增强自主创新能力。

（十九）加快建立节能技术服务体系。制订出台《关于加快发展节能服务产业的指导意见》，促进节能服务产业发展。培育节能服务市场，加快推行合同能源管理，重点支持专业化节能服务公司为企业以及党政机关办公楼、公共设施和学校实施节能改造提供诊断、设计、融资、改造、运行管理一条龙服务。

（二十）推进环保产业健康发展。制订出台《加快环保产业发展的意见》，积极推进环境服务产业发展，研究提出推进污染治理市场化的政策措施，鼓励排污单位委托专业化公司承担污染治理或设施运营。

（二十一）加强国际交流合作。广泛开展节能减排国际科技合作，与有关国际组织和国家建立节能环保合作机制，积极引进国外先进节能环保技术和管理经验，不断拓宽节能环保国际合作的领域和范围。

六、强化责任，加强节能减排管理

（二十二）建立政府节能减排工作问责制。将节能减排指标完成情况纳入各地经济社会发展综合评价体系，作为政府领导干部综合考核评价和企业负责人业绩考核的重要内容，实行问责制和"一票否决"制。有关部门要抓紧制订具体的评价考核实施办法。

（二十三）建立和完善节能减排指标体系、监测体系和考核体系。对全部耗能单位和污染源进行调查摸底。建立健全涵盖全社会的能源生产、流通、消费、区域间流入流出及利用效率的统计指标体系和调查体系，实施全国和地区单位GDP能耗指标季度核算制度。建立并完善年耗能万吨标准煤以上企业能耗统计数据网上直报系统。加强能源统计巡查，对能源统计数据进行监测。制订并实施主要污染物排放统计和监测办法，改进统计方法，完善统计和监测制度。建立并完善污染物排放数据网上直报系统和减排措施调度制度，对国家监控重点污染源实施联网在线自动监控，构建污染物排放三级立体监测体系，向社会公告重点监控企业年度污染物排放数据。继续做好单位GDP能耗、主要污染物排放量和工业增加值用水量指标公报工作。

（二十四）建立健全项目节能评估审查和环境影响评价制度。加快建立项目节能评估和审查制度，组织编制《固定资产投资项目节能评估和审查指南》，加强对地方开展"能评"工作的指导和监督。把总量指标作为环评审批的前置性条件。上收部分高耗能、高污染行业环评审批权限。对超过总量指标、重点项目未达到目标责任要求的地区，暂停环评审批新增污染物排放的建设项目。强化环评审批向上级备案制度和向社会公布制度。加强"三同时"管理，严把项目验收关。对建设项目未经验收擅自投运、久拖不验、超期试生产等违法行为，严格依法进行处罚。

（二十五）强化重点企业节能减排管理。"十一五"期间全国千家重点耗能企业实现节能1亿吨标准煤，今年实现节能2000万吨标准煤。加强对重点企业节能减排工作的检查和指导，进一步落实目标责任，完善节能减排计量和统计，组织开展节能减排设备检测，编制节能减排规划。重点耗能企业建立能源管理师制度。实行重点耗能企业能源审计和能源利用状况报告及公告制度，对未完成节能目标责任任务的企业，强制实行能源审计。今年要启动重点企业与国际国内同行业能耗先进水平对标活动，推动企业加大结构调整和技术改造力度，提高节能管理水平。中央企业全面推进创建资源节约型企业活动，推广典型经验和做法。

（二十六）加强节能环保发电调度和电力需求侧管理。制定并尽快实施有利于节能减排的发电调度办法，优先安排清洁、高效机组和资源综合利用发电，限制能耗高、污染重的低效机组发电。今年上半年启动试点，取得成效后向全国推广，力争节能2000万吨标准煤，"十一五"期间形成6000万吨标准煤的节能能力。研究推行发电权交易，逐年削减小火电机组发电上网小时数，实行按边际成本上网竞价。抓紧制定电力需求侧管理办法，规范有序用电，开展能效电厂试点，研究制定配套政策，建立长效机制。

（二十七）严格建筑节能管理。大力推广节能省地环保型建筑。强化新建建筑执行能耗限额标准全过程监督管理，实施建筑能效专项测评，对达不到标准的建筑，不得办理开工和竣工验收备案手续，不准销售使用；从2008年起，所有新建商品房销售时在买卖合同等文件中要载明耗能量、节能措施等信息。建立并完善大型公共建筑节能运行监管体系。深化供热体制改革，实行供热计量收费。今年着力抓好新建建筑施工阶段执行能耗限额标准的监管工作，北方地区地级以上城市完成采暖费补贴"暗补"变"明补"改革，在25个示范省市建立大型公共建筑能耗统计、能源审计、能效公示、能耗定额制度，实现节能1250万吨标准煤。

（二十八）强化交通运输节能减排管理。优先发展城市公共交通，加快城市快速公交和轨道交通建设。控制高耗油、高污染机动车发展，严格执行乘用车、轻型商用车燃料消耗量限值标准，建立汽车产品燃料消耗量申报和公示制度；严格实施国家第三阶段机动车污染物排放标准和船舶污染物排放标准，有条件的地方要适当提高排放标准，继续实行财政补贴政策，加快老旧汽车报废更新。公布实施新能源汽车生产准入管理规则，推进替代能源汽车产业化。运用先进科技手段提高运输组织管理水平，促进各种运输方式的协调和有效衔接。

（二十九）加大实施能效标识和节能节水产品认证管理力度。加快实施强制性能效标识制度，扩大能效标识应用范围，今年发布《实行能效标识产品目录（第三批）》。加强对能效标识的监督管理，强化社会监督、举报和投诉处理机制，开展专项市场监督检查和抽查，严厉查处违法违规行为。推动节能、节水和环境标志产品认证，规范认证行为，扩展认证范围，在家用电器、照明等产品领域建立有效的国际协调互认制度。

（三十）加强节能环保管理能力建设。建立健全节能监管监察体制，整合现有资源，加快建立地方各级节能监察中心，抓紧组建国家节能中心。建立健全国家监察、地方监管、单位负责的污染减排监管体制。积极研究完善环保管理体制机制问题。加快各级环境监测和监察机构标准化、信息化体系建设。扩大国家重点监控污染企业实行环境监督员制度试点。加强节能监察、节能技术服务中心及环境监测站、环保监察机构、城市排水监测站的条件建设，适时更新监测设备和仪器，开展人员培训。加强节能减排统计能力建设，充实统计力量，适当加大投入。充分发挥行业协会、学会在节能减排工作中的作用。

七、健全法制，加大监督检查执法力度

（三十一）健全法律法规。加快完善节能减排法律法规体系，提高处罚标准，切实解决"违法成本低、守法成本高"的问题。积极推动节约能源法、循环经济法、水污染防治法、大气污染防治法等法律的制定及修订工作。加快民用建筑节能、废旧家用电器回收处理管理、固定资产投资项目节能评估和审查管理、环保设施运营监督管理、排污许可、畜禽养殖污染防治、城市排水和污水管理、电网调度管理等方面行政法规的制定及修订工作。抓紧完成节能监察管理、重点用能单位节能管理、节约用电管理、二氧化硫排污交易管理等方面行政规章的制定及修订工作。积极开展节约用水、废旧轮胎回收利用、包装物回收利用和汽车零部件再制造等方面立法准备工作。

（三十二）完善节能和环保标准。研究制订高耗能产品能耗限额强制性国家标准，各地区抓紧研究制订本地区主要耗能产品和大型公共建筑能耗限额标准。今年要组织制订粗钢、水泥、烧碱、火电、铝等22项高耗能产品能耗限额强制性国家标准（包括高耗电产品电耗限额标准）以及轻型商用车等5项交通工具燃料消耗量限值标准，制（修）订36项节水、节材、废弃产品回收与再利用等标准。组织制（修）订电力变压器、静电复印机、变频空调、商用冰柜、家用电冰箱等终端用能产品（设备）能效标准。制订重点耗能企业节能标准体系编制通则，指导和规范企业节能工作。

（三十三）加强烟气脱硫设施运行监管。燃煤电厂必须安装在线自动监控装置，建立脱硫设施运行台账，加强设施日常运行监管。2007年底前，所有燃煤脱硫机组要与省级电网公司完成在线自动监控系统联网。对未按规定和要求运行脱硫设施的电厂要扣减脱硫电价，加大执法监管和处罚力度，并向社会公布。完善烟气脱硫技术规范，开展烟气脱硫工程后评估。组织开展烟气脱硫特许经营试点。

（三十四）强化城市污水处理厂和垃圾处理设施运行管理和监督。实行城市污水处理厂运行评估制度，将评估结果作为核拨污水处理费的重要依据。对列入国家

重点环境监控的城市污水处理厂的运行情况及污染物排放信息实行向环保、建设和水行政主管部门季报制度，限期安装在线自动监控系统，并与环保和建设部门联网。对未按规定和要求运行污水处理厂和垃圾处理设施的城市公开通报，限期整改。对城市污水处理设施建设严重滞后、不落实收费政策、污水处理厂建成后一年内实际处理水量达不到设计能力 60% 的，以及已建成污水处理设施但无故不运行的地区，暂缓审批该地区项目环评，暂缓下达有关项目的国家建设资金。

（三十五）严格节能减排执法监督检查。国务院有关部门和地方人民政府每年都要组织开展节能减排专项检查和监察行动，严肃查处各类违法违规行为。加强对重点耗能企业和污染源的日常监督检查，对违反节能环保法律法规的单位公开曝光，依法查处，对重点案件挂牌督办。强化上市公司节能环保核查工作。开设节能环保违法行为和事件举报电话和网站，充分发挥社会公众监督作用。建立节能环保执法责任追究制度，对行政不作为、执法不力、徇私枉法、权钱交易等行为，依法追究有关主管部门和执法机构负责人的责任。

八、完善政策，形成激励和约束机制

（三十六）积极稳妥推进资源性产品价格改革。理顺煤炭价格成本构成机制。推进成品油、天然气价格改革。完善电力峰谷分时电价办法，降低小火电价格，实施有利于烟气脱硫的电价政策。鼓励可再生能源发电以及利用余热余压、煤矸石和城市垃圾发电，实行相应的电价政策。合理调整各类用水价格，加快推行阶梯式水价、超计划超定额用水加价制度，对国家产业政策明确的限制类、淘汰类高耗水企业实施惩罚性水价，制定支持再生水、海水淡化水、微咸水、矿井水、雨水开发利用的价格政策，加大水资源费征收力度。按照补偿治理成本原则，提高排污单位排污费征收标准，将二氧化硫排污费由目前的每公斤 0.63 元分三年提高到每公斤 1.26 元；各地根据实际情况提高 COD 排污费标准，国务院有关部门批准后实施。加强排污费征收管理，杜绝"协议收费"和"定额收费"。全面开征城市污水处理费并提高收费标准，吨水平均收费标准原则上不低于 0.8 元。提高垃圾处理收费标准，改进征收方式。

（三十七）完善促进节能减排的财政政策。各级人民政府在财政预算中安排一定资金，采用补助、奖励等方式，支持节能减排重点工程、高效节能产品和节能新机制推广、节能管理能力建设及污染减排监管体系建设等。进一步加大财政基本建设投资向节能环保项目的倾斜力度。健全矿产资源有偿使用制度，改进和完善资源开发生态补偿机制。开展跨流域生态补偿试点工作。继续加强和改进新型墙体材料专项基金和散装水泥专项资金征收管理。研究建立高能耗农业机械和渔船更新报废经济补偿制度。

（三十八）制定和完善鼓励节能减排的税收政策。抓紧制定节能、节水、资源综合利用和环保产品（设备、技术）目录及相应税收优惠政策。实行节能环保项目减免企业所得税及节能环保专用设备投资抵免企业所得税政策。对节能减排设备投资给予增值税进项税抵扣。完善对废旧物资、资源综合利用产品增值税优惠政策；对企业综合利用资源，生产符合国家产业政策规定的产品取得的收入，在计征企业所得税时实行减计收入的政策。实施鼓励节能环保型车船、节能省地环保型建筑和既有建筑节能改造的税收优惠政策。抓紧出台资源税改革方案，改进计征方式，提高税负水平。适时出台燃油税。研究开征环境税。研究促进新能源发展的税收政策。实行鼓励先进节能环保技术设备进口的税收优惠政策。

（三十九）加强节能环保领域金融服务。鼓励和引导金融机构加大对循环经济、环境保护及节能减排技术改造项目的信贷支持，优先为符合条件的节能减排项目、循环经济项目提供直接融资服务。研究建立环境污染责任保险制度。在国际金融组织和外国政府优惠贷款安排中进一步突出对节能减排项目的支持。环保部门与金融部门建立环境信息通报制度，将企业环境违法信息纳入人民银行企业征信系统。

九、加强宣传，提高全民节约意识

（四十）将节能减排宣传纳入重大主题宣传活动。每年制订节能减排宣传方案，主要新闻媒体在重要版面、重要时段进行系列报道，刊播节能减排公益性广告，广泛宣传节能减排的重要性、紧迫性以及国家采取的政策措施，宣传节能减排取得的阶段性成效，大力弘扬"节约光荣，浪费可耻"的社会风尚，提高全社会的节约环保意识。加强对外宣传，让国际社会了解中国在节能降耗、污染减排和应对全球气候变化等方面采取的重大举措及取得的成效，营造良好的国际舆论氛围。

（四十一）广泛深入持久开展节能减排宣传。组织好每年一度的全国节能宣传周、全国城市节水宣传周及世界环境日、地球日、水日宣传活动。组织企事业单位、机关、学校、社区等开展经常性的节能环保宣传，广泛开展节能环保科普宣传活动，把节约资源和保护环境观念渗透在各级各类学校的教育教学中，从小培养儿童的节约和环保意识。选择若干节能先进企业、机关、商厦、社区等，作为节能宣传教育基地，面向全社会开放。

（四十二）表彰奖励一批节能减排先进单位和个人。各级人民政府对在节能降耗和污染减排工作中做出突出贡献的单位和个人予以表彰和奖励。组织媒体宣传节能先进典型，揭露和曝光浪费能源资源、严重污染环境的反面典型。

十、政府带头，发挥节能表率作用

（四十三）政府机构率先垂范。建设崇尚节约、厉行节约、合理消费的机关文化。建立科学的政府机构节能目标责任和评价考核制度，制订并实施政府机构能耗定额标准，积极推进能源计量和监测，实施能耗公布制度，实行节奖超罚。教育、科学、文化、卫生、体育等系统,制订和实施适应本系统特点的节约能源资源工作方案。

(四十四)抓好政府机构办公设施和设备节能。各级政府机构分期分批完成政府办公楼空调系统低成本改造;开展办公区和住宅区供热节能技术改造和供热计量改造;全面开展食堂燃气灶具改造,"十一五"时期实现食堂节气20%;凡新建或改造的办公建筑必须采用节能材料及围护结构;及时淘汰高耗能设备,合理配置并高效利用办公设施、设备。在中央国家机关开展政府机构办公区和住宅区节能改造示范项目。推动公务车节油,推广实行一车一卡定点加油制度。

(四十五)加强政府机构节能和绿色采购。认真落实《节能产品政府采购实施意见》和《环境标志产品政府采购实施意见》,进一步完善政府采购节能和环境标志产品清单制度,不断扩大节能和环境标志产品政府采购范围。对空调机、计算机、打印机、显示器、复印机等办公设备和照明产品、用水器具,由同等优先采购改为强制采购高效节能、节水、环境标志产品。建立节能和环境标志产品政府采购评审体系和监督制度,保证节能和绿色采购工作落到实处。

附:"十一五"时期淘汰落后生产能力一览表

"十一五"时期淘汰落后生产能力一览表

行业	内容	单位	"十一五"时期	2007年
电力	实施"上大压小"关停小火电机组	万千瓦	5000	1000
炼铁	300立方米以下高炉	万吨	10000	3000
炼钢	年产20万吨及以下的小转炉、小电炉	万吨	5500	3500
电解铝	小型预焙槽	万吨	65	10
铁合金	6300千伏安以下矿热炉	万吨	400	120
电石	6300千伏安以下炉型电石产能	万吨	200	50
焦炭	炭化室高度4.3米以下的小机焦	万吨	8000	1000
水泥	等量替代机立窑水泥熟料	万吨	25000	5000
玻璃	落后平板玻璃	万重量箱	3000	600
造纸	年产3.4万吨以下草浆生产装置、年产1.7万吨以下化学制浆生产线、排放不达标的年产1万吨以下以废纸为原料的纸厂	万吨	650	230
酒精	落后酒精生产工艺及年产3万吨以下企业(废糖蜜制酒精除外)	万吨	160	40
味精	年产3万吨以下味精生产企业	万吨	20	5
柠檬酸	环保不达标柠檬酸生产企业	万吨	8	2

附录七 国家发展改革委办公厅关于印发企业能源审计报告和节能规划审核指南的通知

各省、自治区、直辖市及计划单列市、副省级省会城市、新疆生产建设兵团发展改革委、经贸委(经委):

根据《千家企业节能行动实施方案》的要求,为指导千家企业开展能源审计和编制节能规划,并规范相关审核工作,现将《企业能源审计报告审核指南》和《企业节能规划审核指南》印发给你们,请在审核工作中参照执行。

国家发展和改革委员会办公厅
二○○六年十二月六日

附件一 企业能源审计报告审核指南

一、适用范围

本指南适用于各省、自治区、直辖市节能主管部门对辖区内千家企业(以下简称企业)提交的能源审计报告的审核工作。

二、审核要求和程序

(一)各省、自治区、直辖市节能主管部门要根据《千家企业节能行动实施方案》和"千家企业节能工作会议"的要求,在规定的时间内完成企业能源审计报告的审核工作,并在2007年3月底之前将审核情况汇总报国家发展改革委(资源节约和环境保护司)。在审核过程中,要认真核实企业提交的所有资料,避免弄虚作假和走过场。审核工作不向企业收取任何费用。

(二)各省、自治区、直辖市节能主管部门可以组织专家组开展审核工作,并以规范的专家组工作规则开展审核。专家组成员不应来自本辖区内的千家企业。专家组名单应上网公布,接受公众监督。

(三)在审核过程中,各省、自治区、直辖市节能主管部门要组织专家组对企业开展能源审计的情况进行实地抽查,每次抽查的比例不低于审核企业总数的10%。能源审计实地抽查可与节能规划实地抽查合并进行。

(四)如企业能源审计报告未通过审核,各省、自治区、直辖市节能主管部门应将详细的问题描述和修改意见尽快通知相关企业,以便于企业在规定时间内能够再次提交修改后的能源审计报告。

三、审核内容

（一）本指南所指的企业能源审计报告，是企业或企业委托的单位依据国家有关的节能规范和标准，对企业能源利用的物理过程和财务过程进行的检验测试、核查和分析评价的成果，报告应提出相应的节能改进措施意见。

（二）企业能源审计报告必须涵盖以下内容，未能涵盖的，应视为报告不完整，建议进行修改。

1. 企业概况（含能源管理概况、用能管理概况及能源流程）
2. 企业的能源计量及统计状况
3. 主要用能设备运行效率监测分析
4. 企业能源消耗指标计算分析
5. 重点工艺能耗指标与单位产品能耗指标计算分析
6. 产值能耗指标与能源成本指标计算分析
7. 节能效果与考核指标计算分析
8. 影响能源消耗变化因素的分析
9. 节能技术改进项目的经济效益评价
10. 企业合理用能的建议与意见

（三）企业能源审计报告应有企业法人代表签字确认，以确保报告内容的真实可靠。

四、其他

（一）企业能源审计报告可以由企业自行编制，也可以由企业委托节能中心或其他单位编制。

（二）对于未按要求完成能源审计报告，或在报告中弄虚作假的企业，各省、自治区、直辖市节能主管部门应根据情况给予通报批评，限期改进，并依照有关规定取消其享受节能优惠政策的资格。

（三）各省、自治区、直辖市节能主管部门及其组织的审核专家组有义务为企业保守商业秘密。

附件二　企业节能规划审核指南

一、适用范围

本指南适用于各省、自治区和直辖市节能主管部门对辖区内千家企业（以下简称企业）提交的节能规划的审核工作。

二、审核要求和程序

（一）各省、自治区、直辖市节能主管部门要根据《千家企业节能行动实施方案》和"千家企业节能工作会议"的要求，在规定的时间内完成企业节能规划的审核工作，并在 2007 年 3 月底之前将审核情况汇总报国家发展改革委（资源节约和环境保护司）。在审核过程中，要认真核实企业提交的所有资料，避免弄虚作假和走过场。审核工作不向企业收取任何费用。

（二）各省、自治区、直辖市节能主管部门可以组织专家组开展审核工作，并以规范的专家组工作规则开展审核。专家组成员不应来自本辖区内的千家企业。专家组名单应上网公布，接受公众监督。

（三）在审核过程中，各省、自治区、直辖市节能主管部门要组织专家组对企业编制节能规划的情况进行实地抽查，每次抽查的比例不低于审核企业总数的 10%。节能规划实地抽查可与能源审计实地抽查合并进行。

（四）如企业节能规划未通过审核，各省、自治区、直辖市节能主管部门应将详细的问题描述和修改意见尽快通知相关企业，以便于企业在规定时间内能够再次提交修改后的节能规划。

三、审核内容

（一）企业节能规划应建立定量的节能规划目标，其中五年目标不应低于企业所签订的节能目标责任书的承诺目标。规划目标中应包含企业主要产品单位能耗等具体指标的定量说明。

（二）规划应有切实可行的组织措施、管理措施、技术革新措施以及投资计划，应对目标的实现可能、实现途径进行论证。

（三）企业节能规划必须涵盖以下内容。未能涵盖的，应视为规划不完整，建议进行修改。

1. 企业概况
2. 企业能源利用和节能概况
3. 存在的问题及与国内外先进水平的差距
4. 规划指导思想
5. 规划目标（节能目标不应低于企业所签订节能目标责任书的节能量）
6. 规划的主要任务
7. 规划的重点工程措施（重点工程要满足节能规划目标的实现）
8. 规划的保障措施
9. 规划的实施计划

（四）企业节能规划应有企业法人代表签字确认，以确保规划内容的真实可靠。

四、其他

（一）企业节能规划可以由企业自行编制，也可以由企业委托节能中心或其他单位编制。

（二）对于未能按要求完成节能规划，或弄虚作假的企业，各省、自治区、直辖市节能主管部门应根据情况给予通报批评，限期改进，并依照有关规定取消其享受节能优惠政策的资格。

（三）各省、自治区、直辖市节能主管部门及其组织的审核专家组有义务为企业保守商业秘密。

附录八 民用建筑节能管理规定

第一条 为了加强民用建筑节能管理,提高能源利用效率,改善室内热环境质量,根据《中华人民共和国节约能源法》、《中华人民共和国建筑法》、《建设工程质量管理条例》,制定本规定。

第二条 本规定所称民用建筑,是指居住建筑和公共建筑。

本规定所称民用建筑节能,是指民用建筑在规划、设计、建造和使用过程中,通过采用新型墙体材料,执行建筑节能标准,加强建筑物用能设备的运行管理,合理设计建筑围护结构的热工性能,提高采暖、制冷、照明、通风、给排水和通道系统的运行效率,以及利用可再生能源,在保证建筑物使用功能和室内热环境质量的前提下,降低建筑能源消耗,合理、有效地利用能源的活动。

第三条 国务院建设行政主管部门负责全国民用建筑节能的监督管理工作。

县级以上地方人民政府建设行政主管部门负责本行政区域内民用建筑节能的监督管理工作。

第四条 国务院建设行政主管部门根据国家节能规划,制定国家建筑节能专项规划;省、自治区、直辖市以及设区城市人民政府建设行政主管部门应当根据本地节能规划,制定本地建筑节能专项规划,并组织实施。

第五条 编制城乡规划应当充分考虑能源、资源的综合利用和节约,对城镇布局、功能区设置、建筑特征,基础设施配置的影响进行研究论证。

第六条 国务院建设行政主管部门根据建筑节能发展状况和技术先进、经济合理的原则,组织制定建筑节能相关标准,建立和完善建筑节能标准体系;省、自治区、直辖市人民政府建设行政主管部门应当严格执行国家民用建筑节能有关规定,可以制定严于国家民用建筑节能标准的地方标准或者实施细则。

第七条 鼓励民用建筑节能的科学研究和技术开发,推广应用节能型的建筑、结构、材料、用能设备和附属设施及相应的施工工艺、应用技术和管理技术,促进可再生能源的开发利用。

第八条 鼓励发展下列建筑节能技术和产品:

(一)新型节能墙体和屋面的保温、隔热技术与材料;

(二)节能门窗的保温隔热和密闭技术;

(三)集中供热和热、电、冷联产联供技术;

(四)供热采暖系统温度调控和分户热量计量技术与装置;

(五)太阳能、地热等可再生能源应用技术及设备;

(六)建筑照明节能技术与产品;

（七）空调制冷节能技术与产品；

（八）其他技术成熟、效果显著的节能技术和节能管理技术。

鼓励推广应用和淘汰的建筑节能部品及技术的目录，由国务院建设行政主管部门制定；省、自治区、直辖市建设行政主管部门可以结合该目录，制定适合本区域的鼓励推广应用和淘汰的建筑节能部品及技术的目录。

第九条 国家鼓励多元化、多渠道投资既有建筑的节能改造，投资人可以按照协议分享节能改造的收益；鼓励研究制定本地区既有建筑节能改造资金筹措办法和相关激励政策。

第十条 建筑工程施工过程中，县级以上地方人民政府建设行政主管部门应当加强对建筑物的围护结构（含墙体、屋面、门窗、玻璃幕墙等）、供热采暖和制冷系统、照明和通风等电器设备是否符合节能要求的监督检查。

第十一条 新建民用建筑应当严格执行建筑节能标准要求，民用建筑工程扩建和改建时，应当对原建筑进行节能改造。

既有建筑节能改造应当考虑建筑物的寿命周期，对改造的必要性、可行性以及投入收益比进行科学论证。节能改造要符合建筑节能标准要求，确保结构安全，优化建筑物使用功能。

寒冷地区和严寒地区既有建筑节能改造应当与供热系统节能改造同步进行。

第十二条 采用集中采暖制冷方式的新建民用建筑应当安设建筑物室内温度控制和用能计量设施，逐步实行基本冷热价和计量冷热价共同构成的两部制用能价格制度。

第十三条 供热单位、公共建筑所有权人或者其委托的物业管理单位应当制定相应的节能建筑运行管理制度，明确节能建筑运行状态各项性能指标、节能工作诸环节的岗位目标责任等事项。

第十四条 公共建筑的所有权人或者委托的物业管理单位应当建立用能档案，在供热或者制冷间歇期委托相关检测机构对用能设备和系统的性能进行综合检测评价，定期进行维护、维修、保养及更新置换，保证设备和系统的正常运行。

第十五条 供热单位、房屋产权单位或者其委托的物业管理等有关单位，应当记录并按有关规定上报能源消耗资料。

鼓励新建民用建筑和既有建筑实施建筑能效测评。

第十六条 从事建筑节能及相关管理活动的单位，应当对其从业人员进行建筑节能标准与技术等专业知识的培训。

建筑节能标准和节能技术应当作为注册城市规划师、注册建筑师、勘察设计注册工程师、注册监理工程师、注册建造师等继续教育的必修内容。

第十七条 建设单位应当按照建筑节能政策要求和建筑节能标准委托工程项目的设计。

建设单位不得以任何理由要求设计单位、施工单位擅自修改经审查合格的节能设计文件，降低建筑节能标准。

第十八条 房地产开发企业应当将所售商品住房的节能措施、围护结构保温隔热性能指标等基本信息在销售现场显著位置予以公示，并在《住宅使用说明书》中予以载明。

第十九条 设计单位应当依据建筑节能标准的要求进行设计，保证建筑节能设计质量。

施工图设计文件审查机构在进行审查时，应当审查节能设计的内容，在审查报告中单列节能审查章节；不符合建筑节能强制性标准的，施工图设计文件审查结论应当定为不合格。

第二十条 施工单位应当按照审查合格的设计文件和建筑节能施工标准的要求进行施工，保证工程施工质量。

第二十一条 监理单位应当依照法律、法规以及建筑节能标准、节能设计文件、建设工程承包合同及监理合同对节能工程建设实施监理。

第二十二条 对超过能源消耗指标的供热单位、公共建筑的所有权人或者其委托的物业管理单位，责令限期达标。

第二十三条 对擅自改变建筑围护结构节能措施，并影响公共利益和他人合法权益的，责令责任人及时予以修复，并承担相应的费用。

第二十四条 建设单位在竣工验收过程中，有违反建筑节能强制性标准行为的，按照《建设工程质量管理条例》的有关规定，重新组织竣工验收。

第二十五条 建设单位未按照建筑节能强制性标准委托设计，擅自修改节能设计文件，明示或暗示设计单位、施工单位违反建筑节能设计强制性标准，降低工程建设质量的，处20万元以上50万元以下的罚款。

第二十六条 设计单位未按照建筑节能强制性标准进行设计的，应当修改设计。未进行修改的，给予警告，处10万元以上30万元以下罚款；造成损失的，依法承担赔偿责任；两年内，累计三项工程未按照建筑节能强制性标准设计的，责令停业整顿，降低资质等级或者吊销资质证书。

第二十七条 对未按照节能设计进行施工的施工单位，责令改正；整改所发生的工程费用，由施工单位负责；可以给予警告，情节严重的，处工程合同价款2%以上4%以下的罚款；两年内，累计三项工程未按照符合节能标准要求的设计进行施工的，责令停业整顿，降低资质等级或者吊销资质证书。

第二十八条 本规定的责令停业整顿、降低资质等级和吊销资质证书的行政处罚，由颁发资质证书的机关决定；其他行政处罚，由建设行政主管部门依照法定职权决定。

第二十九条 农民自建低层住宅不适用本规定。

第三十条 本规定自2006年1月1日起施行。原《民用建筑节能管理规定》（建设部令第76号）同时废止。

附录九　各种能源折标准煤参考系数

能源名称	平均低位发热量	折标准煤系数
原煤	20908kJ(5000kcal)/kg	0.7143kg 标准煤/kg
洗精煤	26344kJ(6300kcal)/kg	0.9000kg 标准煤/kg
其他洗煤		
洗中煤	8363kJ(2000kcal)/kg	0.2857kg 标准煤/kg
煤泥	8363~12545kJ(2000~3000kcal)/kg	0.2857~0.4286kg 标准煤/kg
型煤		0.5~0.7kg 标准煤/kg
焦炭	28435kJ(6800kcal)/kg	0.9714kg 标准煤/kg
原油	41816kJ(10000kcal)/kg	1.4286kg 标准煤/kg
汽油	43070kJ(10300kcal)/kg	1.4714kg 标准煤/kg
煤油	43070kJ(10300kcal)/kg	1.4714kg 标准煤/kg
柴油	42652kJ(10200kcal)/kg	1.4571kg 标准煤/kg
燃料油	41816kJ(10000kcal)/kg	1.4286kg 标准煤/kg
液化石油气	50179kJ(12000kcal)/kg	1.7143kg 标准煤/kg
炼厂干气	45998kJ(11000kcal)/kg	1.5714kg 标准煤/m^3
其他石油制品		1~1.4kg 标准煤/kg
天然气	32198~38931kJ(7700~9310kcal)/m^3	1.1~1.33kg 标准煤/m^3
液化天然气		1.7572kg 标准煤/kg
焦炉煤气	16726~17981kJ(4000~4300kcal)/m^3	0.5714~0.6143kg 标准煤/m^3
高炉煤气		1.286kg 标准煤/m^3
其他煤气		0.17~1.2143kg 标准煤/m^3
发生煤气	5227kJ(1250kcal)/m^3	0.1786kg 标准煤/m^3
重油催化裂解煤气	19235kJ(4600kcal)/m^3	0.6571kg 标准煤/m^3
重油热裂解煤气	19235kJ(4600kcal)/m^3	0.6571kg 标准煤/m^3
焦炭制气	16308kJ(3900kcal)/m^3	0.5571kg 标准煤/m^3
压力气化煤气	15054kJ(3600kcal)/m^3	0.5143kg 标准煤/m^3
水煤气	10454kJ(2500kcal)/m^3	0.3571kg 标准煤/m^3
煤焦油	33453kJ(8000kcal)/kg	1.1429kg 标准煤/kg
粗苯	41816kJ(10000kcal)/kg	1.4286kg 标准煤/kg
其他焦化产品		1.1~1.5kg 标准煤/kg
热力(当量)		0.03412kg 标准煤/MJ
		0.14286kg 标准煤/1000kcal
电力(当量)	3596kJ(860kcal)/kW·h	0.1229kg 标准煤/kW·h(用于计算火力发电)
电力(当量)		0.4040kg 标准煤/kW·h(用于计算最终消费)

参 考 文 献

[1] 王革华,田雅林,袁婷婷编.能源与可持续发展.北京:化学工业出版社,2005.
[2] 本书编委会编.中国节能降耗研究报告.北京:企业管理出版社,2006.
[3] 王金南,曹东,杨金田等著.能源与环境:中国2020.北京:中国科学出版社,2004.
[4] 王革华主编.新能源概论.北京:化学工业出版社,2006.
[5] 黄素逸编著.能源科学导论.北京:中国电力出版社,1999.
[6] 苏亚欣,毛玉如,赵敬德编著.新能源与可再生能源概论.北京:化学工业出版社,2006.
[7] 吴治坚主编.新能源和可再生能源的利用,北京:机械工业出版社,2006.
[8] 鄂勇,伞成立编著.能源与环境效应.北京:化学工业出版社,2006.
[9] 鞠美庭,张裕芬,李洪远主编.能源规划环境影响评价.北京:化学工业出版社,2006.
[10] 王冷一主编.节约型社会中的上海智慧.北京:社会科学文献出版社,2006.
[11] 成升魁,谷树忠,王礼茂等著.2002中国资源报告.北京:商务印书馆,2003.
[12] 中国产业地图编委会,中国经济景气监测中心编.中国能源产业地图2006~2007.北京:社会科学文献出版社,2006.
[13] 崔民选主编.2006中国能源发展报告.北京:社会科学出版社,2006.
[14] 孟昭利.企业能源审计方法.北京:清华大学出版社,2002.
[15] 中国化工节能技术协会组织编写.化工节能技术手册.北京:化学工业出版社,2006.
[16] 郭茶秀,魏新利编著.热能存储技术与应用.北京:化学工业出版社,2005.
[17] 国家发展与改革委员会等部门编写."十一五"十大重点节能工程实施意见.2006.
[18] 关山.积极发展钢铁行业重点节能技术.中国创业投资与高科技,2004,(8):31-32.
[19] 蔡九菊,赫冀成,陆钟武等.过去20年及今后5年中我国钢铁工业节能与能耗剖析.钢铁,2002,37(11):68-73.
[20] 郭汉杰,尹志明.钢铁冶金流程节能空间研究.钢铁,2007,42(2):77-81.
[21] 王永川,陈光明.钢铁企业能源管理系统方案研究.冶金能源,2003,22(6):5-8.
[22] 张琦,蔡九菊,段国建等.钢铁工业系统节能方法与技术浅析.节能,2006,(1):35-37.
[23] 王清成,罗永浩.钢铁工业的节能新技术.工业加热,2006,35(1):1-3.
[24] 王维兴.钢铁工业的节能潜力分析.冶金能源,2002,21(3):5-6.
[25] 中超联合能源科技(北京)有限公司编著.企业能源审计师培训教材,2007.
[26] 国家环境保护总局科技标准司编著.清洁生产审计培训教材.北京:中国环境科学出版社,2001.
[27] 河南省南阳市能源监测所编著.企业能源审计技术指南,2006.
[28] 北京市发展和改革委员会指导;北京节能环保服务中心组织编撰.企业节能读本.经济日报出版社,2006,34-36.
[29] 陈红雨,黄虹,唐明成主编.循环经济基础.广州:暨南大学出版社,2007.
[30] 臧树良,关伟,李川等.清洁生产、绿色化学原理与实践.北京:化学工业出版社,2005.
[31] 钱汉卿.化工清洁生产及其技术实例.北京:化学工业出版社,2005.
[32] 魏立安主编.清洁生产审计与评价.北京:中国环境科学出版社,2005.
[33] 陶毅,李先瑞.供热系统能源审计与节能.节能与环保,2007,(2):42-44.
[34] 李会太,李喜梅.能源管理与企业能源审计.技术经济,2000,(12):37-39.
[35] 史兆宪,庄乾涛.能源审计中应注意的几个问题.资源与发展,2006,(4):30-31.
[36] 高晋峰.企业能源审计的途径.大众标准化,2005,(7):38-39.

[37] 孙永东,陈文辉.企业能源审计应用探讨.节能,2005,(5):52-53.
[38] 中国建筑材料工业协会编著.中国行业年度报告:建材工业(2005).北京:中国经济出版社,2005.
[39] 戴永春编.建材企业节能基础知识.武汉:武汉工业大学出版社,1991.
[40] http://www.gzii.gov.cn/script/dweb/testnew/listinfo.asp? siteId=34686 广州市经贸委综合资源利用处,九个耗能行业重点节能技术概要,2006.
[41] 国家发改委等部门联合通知.《关于印发"十一五"十大重点节能工程实施意见的通知》,2006.
[42] 徐永模.坚持创新 努力建设资源节约型环境友好型建材工业,中国建设报,2007.
[43] 郭鹤桐等.电镀工艺学.天津科学技术出版社,1985.
[44] 张允诚.电镀手册(下册).北京:国防工业出版社,1997.
[45] 尤克平.直流电镀电源技术.材料保护,1995,28(3):38-39.
[46] 周全法,尚通明.电镀废弃物与材料的回收利用.北京:化学工业出版社,2004.
[47] 何文芳.电镀电源的选择.电镀与环保,1997,17(6):295.
[48] 杜桂平,姜立新.电镀电源的现状及展望.新技术新工艺,2005,6:68-70.
[49] 曾华梁,吴仲达,陈钧武等.电镀工艺手册.北京:机械工业出版社,1989.
[50] 李鸿年,张绍恭,张炳乾等.实用电镀工艺.北京:国防工业出版社,1990.
[51] Redl R, Sokal N O, Balogh L. A new soft2Switching full-bridge DC/DC converter: analysis, design considerations and experimental results at 1.5 kW 100 kHz. IEEE Transactions on Power Electronics,1991,6(3):408-418.
[52] 张湛.铝型材表面处理工厂的节能和降低化工原料消耗的方法.表面技术,1988,27(6):39.
[53] 《电镀用材料和设备手册》编写组.电镀用材料和设备手册.北京:国防工业出版社,1989.
[54] 陆兴元.电镀过程中的节能技术.材料与表面处理,2001,1:35-36.
[55] 向荣.开发新设备 迎接新世纪.电镀与涂饰,1999,18(4):54-57.
[56] 袁建英.新型螺旋式走向电镀机组.金属制品,1999,25(1):37-39.
[57] 向荣.21世纪我国电镀设备面临的挑战与对策.电镀与精饰,1999(9):1-5.
[58] 王敏.电镀与节能.石油化工腐蚀与防护.2001,18(4)57.
[59] 裴庆云,姜桂宾,王兆安等.大功率软开关电镀电源研制.全国第二届特种电源年会论文集,2002,104-106.
[60] 杜贵平.等离子体软开关逆变式电源及其应用研究:[博士学位论文].广州:华南理工大学,2003.
[61] Hua G C, Lee F C. Soft Switching Techniques in PWM Converters. IEEE Transactions on Industrial Electronics,1995,42(6):595-603.
[62] 杨国清,杨柳.电镀市朝鲜通用空中系统模块化结构设计,电工技术杂志,2000,10:29-30.
[63] 《电镀行业污染物排放标准》编制组.电镀行业污染物控制水平分析.涂料涂装与电镀,2006,41-48.
[64] 张立国.周期镀硬铬在活塞上的应用.表面技术,1999,28(3):41.
[65] 冯霄编著.化工节能原理与技术.北京:化学工业出版社,2003.
[66] 李永芹.世界背景下的我国石化产业分析(上).中国石油和化工经济分析,2006,(19):60-65.
[67] 李永芹.世界背景下的我国石化产业分析(下).中国石油和化工经济分析,2006,(20):30-33.
[68] 邬国英,李为民,单玉华.石油化工概论.第2版.北京:中国石化出版社,2006.
[69] 杨伟才.2007石油和化工经济形势回顾与展望,石油和化工设备,2007,(4):4-9.